2016年国家社会科学基金重点项目"跨太平洋伙伴关系协定对中国—东盟自由贸易区的影响测度及我国应对策略研究"[编号：16AJY019]

2020年陆海新通道北部湾研究院一般项目"西部陆海新通道与广西物流业发展研究"[编号：LHTKY202003]

2018年广西高等学校高水平创新团队及卓越学者计划（桂教人〔2018〕35号）

应用经济学广西一流学科建设项目

西部陆海新通道沿线节点物流业协同发展研究

张建中 ◎ 著

中国社会科学出版社

图书在版编目（CIP）数据

西部陆海新通道沿线节点物流业协同发展研究/张建中著.
—北京：中国社会科学出版社，2021.12
ISBN 978-7-5203-9427-7

Ⅰ.①西… Ⅱ.①张… Ⅲ.①交通运输发展—研究—中国②物流—产业发展—研究—中国 Ⅳ.①F512.3②F259.22

中国版本图书馆 CIP 数据核字（2021）第 265685 号

出 版 人	赵剑英
责任编辑	王　曦
责任校对	殷文静
责任印制	戴　宽

出　　版	中国社会科学出版社
社　　址	北京鼓楼西大街甲 158 号
邮　　编	100720
网　　址	http://www.csspw.cn
发 行 部	010-84083685
门 市 部	010-84029450
经　　销	新华书店及其他书店

印刷装订	北京君升印刷有限公司
版　　次	2021 年 12 月第 1 版
印　　次	2021 年 12 月第 1 次印刷

开　　本	710×1000　1/16
印　　张	16.5
插　　页	2
字　　数	249 千字
定　　价	99.00 元

凡购买中国社会科学出版社图书，如有质量问题请与本社营销中心联系调换
电话：010-84083683
版权所有　侵权必究

内容摘要

《中华人民共和国经济和社会发展第十四个五年规划和2035年远景目标纲要》均明确将建设西部陆海新通道作为服务国家大战略的重大工程之一，西部陆海新通道迎来新发展机遇，肩负新时代使命。西部陆海新通道是"一带"与"一路"的有机衔接，是促进我国形成"陆海内外联动、东西双向互济"的更加开放和融合发展新局面的重要举措之一。西部陆海新通道建设有助于完善国家物流枢纽布局、形成西部新格局、加快城市群和都市圈轨道交通网络化、带动城乡物流体系协调发展、促进现代化交通强国建设。作为一条综合性国际贸易大通道，西部陆海新通道将会是我国新时代下一体化、现代化物流运输体系的一个重要组成部分，其沿线节点现代物流业发展有利于解决西部地区要素流通不畅、内部分化及市场开放程度较低等问题，对于我国形成对外贸易新格局、加快构建国内国际双循环新发展格局具有重有意义。

鉴于此，本书将深入研究西部陆海新通道沿线节点物流业协同发展问题，按照理论分析——现状分析——问题分析——对策建议的研究思路，在阐述相关理论、提炼相关机理的基础上，描述了西部陆海新通道沿线节点现代物流业协同发展的现状，剖析了协同发展中存在的问题，并提出针对性的对策和建议。本书分八章对西部陆海新通道沿线节点现代物流业协同发展问题进行了深入、系统的探讨，研究的内容框架安排如下：

第一章是绪论。首先，论述了选题的背景和意义，并对与选题相关的国内外研究动态进行了详尽的阐述和梳理。其次，介绍了与本书有关的研究动态与研究评述，并对研究内容进行阐述。最后，阐述了本书研究方法的创新之处与研究不足。

第二章是研究理论基础。本章基于协同学理论、系统论、交易成本理论、产业联动理论的基本观点和方法，为西部陆海新通道及其沿线节点城市物流发展提供理论基础。并总结了西部陆海新通道与沿线节点城市物流发展的协同特征，西部陆海新通道与沿线节点城市物流发展引入协同学的可能性和必要性，以及西部陆海新通道与沿线节点城市物流发展融入交易成本理论的意义。

第三章分析西部陆海新通道的演变、战略定位与功能，结合现代物流业发展的内涵、特征与范畴，将基础设施互联互通机制、产业联动与协同机制、资源共享与互化机制、生产要素互用与对流机制、空间联动与耦合机制应用于西部陆海新通道沿线节点现代物流业协同发展中，形成了西部陆海新通道与沿线节点现代物流业协同发展的机理。

第四章详细介绍了西部陆海新通道建设现状、沿线节点现代物流业发展现状，并重点分析了西部陆海新通道沿线节点现代物流业发展的相关政策，这些政策主要集中于金融、交通物流设施发展、加强区域联动合作、深化国际贸易合作四个方面。

第五章利用西部城市2010—2019年的数据描绘了西部陆海新通道沿线节点现代物流业发展现状的特征事实，从发展基础、发展质量、发展效率以及发展贡献四个维度构建了西部陆海新通道现代物流业水平评估指标体系，并运用熵值法对西部陆海新通道沿线节点现代物流业发展水平进行了评估。

第六章从深度融通西部物流枢纽、促进区域要素流动、推动区域产业集群、维持国家经济稳定四个角度分析了内循环的协同发展效应，从建设西部国际通道、跨境电商、改善国际投资环境三个方面分析了外循环的协同发展效应，并进一步从建立要素对流通道、优化市场供需结构、抵御国际环境风险等视角深入研究了国际国内双循环的西部陆海新通道沿线节点现代物流业协同发展效应。

第七章分析了西部陆海新通道沿线节点现代物流业协同发展的机遇与障碍。一方面，结合"一带一路"建设、区域全面经济伙伴关系协定（RCEP）、中国—东盟自由贸易区（CAFTA）升级版建设、西部大开发、国际国内双循环等背景分析了西部陆海新通道沿线节点现代物流业协同带来的发展机遇。另一方面，从协调发展机制、现代物流业的信息化和标准化进程、区域交通和产业布局、西部陆海新通道物流长远发展规划等方面深入探讨了阻碍西部陆海新通道沿线节点物流业协同发展的潜在因素。

第八章是政策建议部分。分别从构建沿线节点现代物流业协调发展机制，加强西部陆海新通道现代物流信息平台建设，促进沿线节点交通、物流与商贸融合发展，统筹沿线节点现代物流业规划建设等方面提出了促进西部陆海新通道沿线节点现代物流业协同发展的对策建议。

关键词：西部陆海新通道；现代物流业；协同发展

Abstract

Both the "14th Five-Year Plan" andthe Long-Range Objectives Through the year 2035 clearly regard the new western land-sea corridor as one of the major projects for serving the national grand strategy. The new western land-sea corridor will usher in new development opportunities and shoulder the mission of the new era. The new western land-sea corridor is an organic connection between "One Belt" and "One Road", and is one of the important measures to promote China to form a new development situation of "land-sea domestic and foreign linkages, mutual assistance between the east and the west" which is more open and integrated. The construction of the new western land-sea corridor will help improve the layout of the national logistics hub, form a new pattern in the west, speed up the network of rail transit in urban agglomerations and metropolitan areas, promote the coordinated development of urban and rural logistics systems, and promote the construction of a modern transportation power. As a comprehensive international trade corridor, the new western land-sea corridor will be an important part of the integrated and modern logistics transportation system under the new era in China. The development of modern logistics industry at the nodes along the route is conductive to solve the problems of poor circulation of factors, internal differentiation and the degree of market opening in the western region, which is of great significance for China to form a new pattern of foreign trade and speed up the construction of a new development pattern of domestic and international dual circulation.

In view of this, this book will deeply study the problems of coordinated development of modern logistics industry at the nodes along the new western land-sea corridor. According to the research ideas of theoretical analysis, current situation analysis, problem analysis and countermeasures, this book is based on expounding relevant theories and refining relevant mechanisms to describe the current situation of the coordinated development of modern logistics industry at the nodes along the new western land-sea corridor. And this book discovers the problems in the coordinated development, and puts forward targeted countermeasures and suggestions. This book is divided into eight parts to conduct an in-depth and systematic discussion on the coordinated development of the modern logistics industry at the nodes along the new western land-sea corridor. The content framework of the research is as follows:

The first chapter is the introduction. Firstly, it discusses the background and significance of this topic, and also elaborates and sorts out the domestic and foreign research trends related to this topic. Secondly, it introduces the research trends and research reviews related to this topic, and expounds the research content. Finally, this chapter introduces the research methods, research innovations and research deficiencies.

The second chapter is the theoretical analysis. Based on the basic viewpoints and methods of synergetics theory, system theory, transaction cost theory, and industrial linkage theory, this chapter provides a theoretical basis for the new western land-sea corridor and the logistics development of nodes along the route. It also summarizes the synergistic characteristics of the western land-sea new corridor and the logistics development of nodes along the route, the possibility and necessity of introducing synergy between the new western land-sea corridor and the logistics development of nodes along the route, and the significance of integrating the transaction cost theory in the new western land-sea corridor and the logistics development of nodes along the route.

The third chapter analyzes the evolution, strategic positioning and functions of the new western land-sea corridor. Combining with the connotation, characteristics and scope of the development of modern logistics industry, it applies the mechanism of infrastructure interconnection, industrial linkage and coordination mechanism, resource sharing and mutualization mechanism, and production factors interoperability and convection mechanism, spatial linkage and coupling mechanism to the coordinated development of the modern logistics industry at nodes along the new western land-sea corridor, forming a mechanism for the coordinated development of the modern logistics industry at nodes along the new western land-sea corridor.

The fourth chapter introduces in detail the current situation of the construction of the new western land-sea corridor and the development status of the modern logistics industry at the nodes along the route, and focuses on the analysis of the relevant policies for the development of the logistics industry at the nodes along the new western land-sea corridor. These policies mainly focus on finance, the development of transportation and logistics facilities, strengthening regional linkage cooperation and deepening international trade cooperation.

The fifth chapter uses the data of western cities from 2010 to 2019 to describe the characteristics and facts of the logistics development situation at nodes along the new western land-sea corridor, and constructs the evaluation indicators of logistics level along the western land-sea corridors from the four dimensions of development foundation, development quality, development efficiency and development contribution. And it uses the entropy method to evaluate the development level of logistics at nodes along the new western land-sea corridor.

The sixth chapter analyzes the synergistic development effects of internal circulation from four perspectives of the deep integration of the western hub, the promotion of regional factor flow, the promotion of regional industrial clusters, and the maintenance of national economic stability. And it analyzes the synergistic development effect of external circulation from three aspects: the construction of western international corridor, cross-border e-commerce and improvement of the international investment environment. Furthermore, from the perspective of establishing factor convection channel, optimizing market supply and demand structure, and resisting international environmental risks, this chapter deeply studies the coordinated development effect of modern logistics industry at the nodes along the new western land-sea corridor route under domestic and international dual circulation.

The seventh chapter analyzes the opportunities and obstacles for the coordinated development of modern logistics industry at the nodes along the new western land-sea corridor. On the one hand, it analyzes the development opportunities in the context of "Belt and Road" construction, Regional Comprehensive Economic Partnership Agreement (RCEP), China-ASEAN Free Trade Area (CAFTA) upgrade construction, Western Development, and domestic and international dual circulation. On the other hand, it discussed in depth the potential factors hindering the coordinated development of modern logistics industry at nodes along the new western land-sea corridor from the aspects of coordinated development mechanism, informatization and standardization process of modern logistics industry, regional transportation and industrial layout, and the long-term development plan of logistics along the new western land-sea corridor.

The eighth chapter is the part of policy recommendations. Respectively from the perspectives of constructing a coordinated development mechanism for modern logistics at nodes along the route, strengthening the construction of a modern logistics information platform along the western land-sea new corridor, and promoting the integrated development of transportation, logistics and commerce at nodes along the route, coordinating the planning and construction of the modern logistics industry at the nodes along the route, this chapter puts forward countermeasures and suggestions to promote the coordinated development of modern logistics industry at nodes along the new western land-sea corridor.

Keywords: new western land-sea corridor; modern logistics industry; co-ordinated development

目　录

第一章　绪论 …………………………………………………（1）
　第一节　研究背景和意义 ………………………………（1）
　　一　研究背景 ………………………………………（1）
　　二　研究意义 ………………………………………（3）
　第二节　研究动态与述评 ………………………………（7）
　　一　关于西部陆海新通道研究 ……………………（7）
　　二　关于现代物流业研究 …………………………（10）
　　三　研究述评 ………………………………………（17）
　第三节　研究内容与方法 ………………………………（18）
　　一　研究内容 ………………………………………（18）
　　二　研究方法 ………………………………………（20）
　第四节　研究创新与不足 ………………………………（21）
　　一　创新之处 ………………………………………（21）
　　二　研究不足 ………………………………………（22）
　本章小结 …………………………………………………（23）

第二章　研究理论基础 ………………………………………（25）
　第一节　协同学理论 ……………………………………（25）
　　一　协同学的基本概念与发展 ……………………（25）

二　西部陆海新通道与沿线节点物流发展的协同特征……………（27）
　　三　西部陆海新通道与沿线节点物流发展引入协同学的
　　　　可能性和必要性…………………………………………………（30）
第二节　系统论………………………………………………………………（31）
　　一　系统论的发展与基本原理……………………………………（31）
　　二　系统的分类与基本规律………………………………………（34）
　　三　西部陆海新通道沿线节点物流发展引入系统论的
　　　　可能性和必要性…………………………………………………（36）
第三节　交易成本理论………………………………………………………（38）
　　一　交易成本理论的发展及含义…………………………………（38）
　　二　交易成本理论产生的原因……………………………………（39）
　　三　交易成本的分类………………………………………………（41）
　　四　西部陆海新通道沿线节点物流发展融入交易成本
　　　　理论的意义………………………………………………………（43）
第四节　产业联动理论………………………………………………………（44）
　　一　产业联动的主要方式和机理…………………………………（44）
　　二　产业联动的类型………………………………………………（46）
　　三　产业联动的模式………………………………………………（48）
　　四　产业联动的发展阶段…………………………………………（49）
本章小结………………………………………………………………………（50）

第三章　西部陆海新通道沿线节点现代物流业协同发展概述………（52）

第一节　西部陆海新通道的演变、战略定位与功能………………………（52）
　　一　西部陆海新通道的演变………………………………………（52）
　　二　西部陆海新通道的战略定位…………………………………（59）
　　三　西部陆海新通道的功能………………………………………（61）
第二节　现代物流业发展的内涵、特征与范畴……………………………（66）
　　一　现代物流业发展的内涵………………………………………（66）

二　现代物流业发展的特征 …………………………………………（69）
　　三　现代物流业发展的范畴 …………………………………………（71）
第三节　西部陆海新通道沿线节点现代物流业协同发展机制 ………（74）
　　一　基础设施互联互通机制 …………………………………………（74）
　　二　产业联动与协同机制 ……………………………………………（76）
　　三　资源共享与互化机制 ……………………………………………（78）
　　四　生产要素互用与对流机制 ………………………………………（80）
　　五　空间联动与耦合机制 ……………………………………………（82）
本章小结 …………………………………………………………………（84）

第四章　西部陆海新通道沿线节点现代物流业发展及相关政策 ……（85）
第一节　西部陆海新通道建设现状 ……………………………………（85）
　　一　交通运输 …………………………………………………………（86）
　　二　西部陆海新通道节点合作 ………………………………………（91）
　　三　西部陆海新通道建设存在的问题 ………………………………（92）
第二节　西部陆海新通道沿线节点现代物流业发展现状 ……………（93）
　　一　物流企业发展现状 ………………………………………………（93）
　　二　物流园区发展现状 ………………………………………………（95）
　　三　西部地区物流公共信息平台发展现状 …………………………（97）
第三节　西部陆海新通道沿线节点现代物流业发展相关政策 ………（99）
　　一　国家层面 …………………………………………………………（99）
　　二　区域层面 …………………………………………………………（100）
　　三　地方层面 …………………………………………………………（102）
本章小结 …………………………………………………………………（106）

第五章　西部陆海新通道沿线节点现代物流业发展水平评估 ………（108）
第一节　西部陆海新通道沿线节点现代物流业发展水平
　　　　评估方法 ………………………………………………………（108）

一　指标构建 …………………………………………………（108）
　　二　区域物流发展水平评估方法 ……………………………（109）
第二节　西部陆海新通道沿线节点现代物流业发展
　　　　水平测度 ………………………………………………（110）
　　一　数据来源和现代物流业发展现状 ………………………（110）
　　二　指标权重的确定 …………………………………………（118）
第三节　西部陆海新通道沿线节点现代物流业发展水平评估
　　　　结果分析 ………………………………………………（123）
　　一　广西物流业发展水平 ……………………………………（123）
　　二　重庆物流业发展水平 ……………………………………（125）
　　三　四川物流业发展水平 ……………………………………（127）
　　四　甘肃物流业发展水平 ……………………………………（129）
　　五　陕西物流业发展水平 ……………………………………（131）
　　六　贵州物流业发展水平 ……………………………………（133）
第四节　西部陆海新通道沿线节点现代物流业发展现状
　　　　对比分析 ………………………………………………（135）
　　一　发展基础 …………………………………………………（137）
　　二　发展质量 …………………………………………………（138）
　　三　发展效率 …………………………………………………（140）
　　四　发展贡献 …………………………………………………（140）
本章小结 …………………………………………………………（142）

第六章　西部陆海新通道沿线节点现代物流业协同发展效应 ……（144）
第一节　内循环 …………………………………………………（145）
　　一　深度融通西部枢纽，奠定国内大循环基础 ……………（145）
　　二　促进区域要素流动，以西部新格局创造经济增长新动力 …（149）
　　三　推动区域产业集群新发展，培育国内经济增长新高地 ……（153）
　　四　维持国家经济稳定，发挥经济助推器作用 ……………（157）

第二节　外循环 ·· (159)
　　一　建设西部国际通道，形成对外贸易新格局 ····················· (160)
　　二　助力跨境电商发展，打破国际贸易壁垒 ························ (165)
　　三　改善国际投资环境，扩大技术外溢效应 ························ (167)
第三节　国内国际双循环 ··· (170)
　　一　形成国内国际双循环枢纽，建立要素对流通道 ··············· (171)
　　二　优化市场供需结构，实现各区域平衡发展 ····················· (174)
　　三　抵御国际环境风险，助力经济稳步前行 ························ (177)
本章小结 ··· (179)

第七章　西部陆海新通道沿线节点现代物流业协同发展机遇与障碍 ·· (180)
第一节　西部陆海新通道沿线节点现代物流业协同发展机遇 ······ (180)
　　一　"一带一路"建设 ··· (180)
　　二　《区域全面经济伙伴关系协定》(RCEP) ······················ (184)
　　三　中国—东盟自由贸易区(CAFTA)升级版建设 ··············· (187)
　　四　西部大开发 ·· (193)
　　五　双循环为西部陆海新通道建设带来机遇 ······················· (200)
第二节　西部陆海新通道沿线节点现代物流业协同
　　　　发展障碍 ··· (204)
　　一　缺乏行之有效的西部陆海新通道沿线节点现代物流业
　　　　协调发展机制 ·· (204)
　　二　现代物流业的信息化和标准化进程相对滞后 ················· (206)
　　三　区域交通和产业布局不合理影响交通、物流、
　　　　商贸联动 ··· (208)
　　四　尚未形成对西部陆海新通道物流业长远发展的规划 ········ (211)
本章小结 ··· (213)

第八章 促进西部陆海新通道沿线节点现代物流业协同发展的对策 ……（215）

第一节 构建沿线节点现代物流业协调发展机制 ……（215）
一 统筹建立国家级协调机制 ……（215）
二 建立各物流节点省级协调机制 ……（217）
三 建立各物流节点企业间协调机制 ……（218）

第二节 加强西部陆海新通道现代物流信息平台建设 ……（219）
一 加快建设公共信息平台 ……（219）
二 支持建设市场信息平台 ……（221）
三 用好开放合作平台 ……（222）

第三节 促进沿线节点交通、物流与商贸融合发展 ……（223）
一 实现交通、物流有效联动 ……（223）
二 基于交通物流打造通道经济，带动沿线节点商贸发展 ……（226）
三 辅以保障机制促进各沿线节点产业联动 ……（227）

第四节 统筹沿线节点现代物流业规划建设 ……（228）
一 优化物流枢纽布局，加强物流运输组织建设 ……（229）
二 完善物流设施及装备，提升物流效率和质量 ……（230）
三 打造智慧物流运行体系，积极发展特色物流 ……（231）

本章小结 ……（233）

参考文献 ……（235）

第一章 绪 论

第一节 研究背景和意义

一 研究背景

西部陆海新通道是国际陆海贸易新通道的别称。为加快推进"一带一路"建设与发展，中国提出许多政策措施，而建设西部陆海新通道是主要政策之一。最初的西部陆海新通道仅仅是由广西、重庆、贵州和甘肃四个省份一同提出的"陆海新通道"项目。2018年11月，中国与新加坡经过友好协商，最终签订了"陆海新通道"项目建设备忘录，这一合作说明西部陆海新通道开始由国内建设迈向国际建设。"陆海新通道"项目建设的参与方在国内外进行扩容，即由最初的广西、重庆、贵州和甘肃四个省份逐步扩张为广西、重庆、贵州、甘肃、青海、新疆、云南、宁夏八个省份；2019年10月13日，国内15个直属海关[①]共同签订了《区域海关共同支持"西部陆海新通道"建设合作备忘录》。从整体来看，西部陆海新通道项目是促进我国形成"陆海内外联动、东西双向互济"的更加开放和融合发展新局面的重要举措之一，预计将在2035年全

[①] 此次签署合作备忘录的15个直属海关包括：重庆海关、南宁海关、贵阳海关、兰州海关、西宁海关、乌鲁木齐海关、昆明海关、银川海关、成都海关、呼和浩特海关、满洲里海关、拉萨海关、西安海关、湛江海关、海口海关。

面建成西部陆海新通道。

目前，我国正处于实现"两个一百年"奋斗目标的关键时期，物流业作为一国经济发展的支柱行业，是要素流动、贸易发展等经济活动的基础。解决物流业中存在的问题和完善物流业发展，对于实现我国"两个一百年"奋斗目标和推动我国经济发展具有重要的意义。由于地理环境、人文环境、地方性政策等多个方面的差异，我国西部地区与其他地区在经济发展水平方面存在较大的差距，并且这一差距有逐渐拉大的趋势，城乡分割分治局面仍然难以打破。我国宏观经济发展目标的实现离不开各区域协调平衡发展，为了构建合理的各区域协调对外开放格局、促进我国各区域经济协调发展以及推动城市和乡村要素对流和协同，我国政府提出了"一带一路"倡议和"乡村振兴"战略。但是由于西部地区长期存在的物流体系不发达、运输通道不畅通等问题，政策的推进与落实受到很大程度的阻碍。此外，西部地区内部在一定程度上还存在市场壁垒问题，即要素在西部地区内部市场自动配置和自由流动的程度较低，这一问题对我国区域协调发展以及国内大循环发展造成了阻碍，无法充分发挥"一带一路"倡议对西部区域经济发展的带动作用。而西部地区基础设施薄弱、西部地区内部分化、西部地区与外部交流不畅以及西部乡村地区"上不去、下不来"的物流困境等问题，都可以通过西部陆海新通道在西部地区建立完善的现代化物流体系来解决。西部陆海新通道的畅通运行有利于促进沿线地区的城乡融合，减少西部地区要素流动的时间、空间障碍，使得西部地区内部各省份之间以及与其他地区之间的要素能够高效互用与对流，克服西部地区要素流动不通畅问题对国内大循环形成的阻碍。

在国内国际双循环发展格局建设背景下，新冠肺炎疫情的暴发让全球经济的发展趋势变得更加难以预测，世界正处于百年未有之大变局，除了外部政治和经济环境的重大改变，我国还面临着国内经济如何进一步突破及跨越中等收入陷阱的困局。根据相关数据可知，我国整体居民消费价格指数水平仍然不高；工业产品出厂价格指数长期处于低位震荡甚至是负增长的状态；我国对外贸易企业仍然集中于东部沿海地区，西部地区的对外贸易发展难见增势，并且我国的对外贸易对欧盟、美国等国家（地区）具有严重的依赖；我国西部地区对于外商投资的吸引力有限，对外开放水平不高，其发展态势不利于我国经济的稳步高质量发展。西部陆海新通道的建设将进一步促进中西部地区融合，在中国内部连通中巴经济走廊、新亚欧大陆经济走廊、孟中印缅经济走廊等六大经济走廊，在以重庆为中心的新通道运营中心统筹下实现各通道节点的连通，促进地区间在信息互享、资源共用、技术共进等方面的交流合作，减少各地商品、要素等资源的流动时间与成本，有利于我国加强与东盟国家、南亚国家的贸易往来，降低对欧盟、美国等国家（地区）的贸易依赖，在国际形势日趋不确定的背景下，有利于与周边国家建立良好的贸易关系，对我国对外贸易新格局的形成有着极其重要的促进作用。西部陆海新通道的建设也将逐步完善西部地区的公、铁、水、空多式联运体系，为西部地区经济健康稳定发展提供基础设施支撑，强大的经济基础设施可以吸引更多的外商投资流入，还能够与外商投资产生正向协同效应，进一步扩大外商投资的技术外溢效应，促进西部地区经济发展，增强西部地区的经济发展动力。

二 研究意义

由于"一带一路"倡议落地落实产生的带动效应，我国西部地区的物流业已经有了一定程度的发展，但是与我国其他地区相比较而言，西部地区的物流业仍然存在很大的发展空间。我国西部地区的物流业发展仍然存在许多问题，如：西部地区物流行业的企业提供的物流服务缺乏整体性、综合性和融合性，只有极少的企业可以提供完整的物流服务；西部地区基础设施建设薄弱，不利于西部地区与其他地区的物流运输通道整合，难以形成完整的物流供应链；西部地区地理环境较差，物流运输成本明显高于其他地区等。而西部陆海新通道的畅通运行，将会促进形成以多种运输方式联动的交通运输网络，这一交通运输网络连接了广西、重庆、贵州、甘肃、青海、新疆、云南、宁夏等多个省份，打通了西部地区与中部地区、东部地区的联动道路，通过这条道路，沿线节点的现代物流业能够得到较好的发展，最终促进要素在区域之间的流动畅通，降低物流成本。

西部陆海新通道有三条主要通道，这三条通道都可以与东边的长江经济带沿江通道和北边的中欧班列西部通道相互连通，这一优势就实现了我国西部地区内部、西部地区与东部地区的基础设施互联互通，建立了高效率的国内各区域市场要素东西向对流通道，促进了西部地区加速融入全国市场一体化进程。西部陆海新通道建设之前，重庆—钦州港公海联运和重庆—钦州港铁海联运在途时间均为20天左右，而西部陆海新通道的畅通运行可以将在途时间分别控制在40小时左右和8天左右，这标志着西部各地区要素流动所需时间大幅度缩减。西部陆海新通道可以提供直接运输方式，加之政府补贴、铁路运价下浮、北部湾港减免或降低港口操作费等支持，根据相关数据可知，西部陆海新通道总体费用下降幅度达到26%，这大大地节约了运输成本和提高了经济效益。西部陆海新通道的建设也进一步扩大了我国公路网络覆盖范围，加快建设通江达海出省出边通道，彻底打通了我国内部交通，这有助于促进中西部地区深度融合，加快各类要素充分流动，激发县域经济蓬勃发展，为我国乡村振兴战略和"十四五"规划打下坚实基础。

从企业的视角看，一方面，西部陆海新通道的畅通运行不仅可以减少西部地区市场分化、促进要素在整个区域市场流通，而且打破了不同地区的企业之间业务往来以及商务合作的时空阻碍、促进了不同地区的企业之间合理构建高效流通的产业链，形成各区域之间的优势互补，对外交流成本进一步降低，便利性进一步提高，这有利于促进企业对外交流频次的提高。在与其他地区创新型企业的交流合作中产生的技术外溢效应将会提高各区域的专业化水平、技术水平、创新能力和生产效率。另一方面，西部陆海新通道促进不同地区产业互联互通，意味着企业将面临更广范围区域同行业企业的竞争压力，这对企业的生产效率和技术水平等提出了更高的要求，从而迫使行业内的企业提升管理水平、加大研发投入，促使区域创新能力进一步提高。总体而言，西部陆海新通道的建设将会促进企业生产率水平、技术水平和创新水平的提高。

从地区的视角看，西部陆海新通道的畅通运行大幅度提高了通道沿线各节点的基础设施建设水平，促进在西部地区建设和完善通道化、枢纽化和现代化多式联运物流网络，有利于提高物流、商流、信息流、资金流等关键要素的流通速度并降低流通成本。根据规模经济理论，西部陆海新通道的畅通运行将促进西部地区高水平现代物流业的形成与发展，进而推动沿线节点产业协同并形成规模经济。根据技术势差理论，创新能力较低的西部地区通过与技术先进地区的合作与交流，先进地区的生产要素将向西部地区流动与扩散，进而通过技术外溢效应促进西部地区创新能力的提高。总体而言，在西部陆海新通道畅通运行、区域要素流动壁垒逐步消除的背景下，东西部地区要素自由流动产生的联动效应和技术外溢效应，将对西部地区创新能力的整体提高产生积极的促进作用。

从国家的视角看，西部陆海新通道的建设有助于促进我国整体现代物流体系的建成，而现代物流体系将从多方面深层次拉动经济的发展，成为拉动经济增长的新动力，同时保证经济的持续稳定高质量发展，这对于抵御外部冲击、维持国家经济稳定及增长具有重大意义。2019 年年底新冠肺炎疫情的暴发让全球经济的发展趋势变得更加难以预测，并且此次疫情对我国经济造成了极大的冲击。在疫情极其严重时，人民无法自由地出入，这导致我国的消费以及生产等都受到了重创，而就在这个时期，电子商务成为我国各地区消费者、厂商的主要消费或采购模式，电子商务是一种跨区域消费及要素流动的新兴商业模式，无论是 B2B、B2C 还是 C2C 的电商模式，都高度依赖于区域物流体系的发展水平。西部陆海新通道畅通运行会加快我国公、铁、海多式联运现代化物流体系的建设，这一现代化物流体系的建成能够为国内跨区域要素流动、提振内需提供强有力的支撑，对区域经济稳定快速增长产生积极影响，保证经济的持续稳定发展，并且可以抵御外部疫情以及其他因素对我国经济的冲击。

虽然西部陆海新通道的畅通运行能够给企业、西部地区以及整个国家带来巨大效益，但是与此同时，西部陆海新通道的建设与完善的过程也存在着显著的复杂性以及艰巨的困难。这些困难主要体现在如下两个方面：一方面，西部陆海新通道的建设与运行不是简单的单向性而是具有双向性的特征，西部陆海新通道既向南建设连通了东盟地区，又向北建设连通了中亚和欧洲地区。西部陆海新通道的双向性特征意味着这一通道建设过程中涉及多个省份，物流网络体系也会具有复杂性、密集性等特点；另一个方面，西部陆海新通道的建设与运行范围具有广义的特征，而非狭义的特征。在西部陆海新通道建设与完善的过程中，这些显著的复杂性以及艰巨的困难必须要清晰地认识，这样才能够分析困难和解决困难，并且只有这些困难得到解决，西部陆海新通道才能够畅通地运行。

综上所述，西部陆海新通道沿线节点现代物流业作为国家整个物流体系的重要的组成部分，它的建设与发展对于国家未来的物流业与经济发展有着至关重要的作用。西部陆海新通道作为一条综合性国际贸易大通道，集区域联动、陆海联运、物流集聚、通关效能等多方面的功能与效用，它的建设与运行将会有助于完善国家物流枢纽布局、形成西部新格局、加快城市群和都市圈轨道交通网络化、带动城乡物流体系协调发展、促进建设现代化交通强国的步伐，西部陆海新通道建设对通道沿线节点现代物流业发展的带动作用，将与我国经济体系发展产生积极的协同效应，在西部陆海新通道框架下现代物流业建设将从多方面深层次拉动经济的恢复，激发经济增长新动力，同时保证经济的持续稳定发展，这对于抵御外部冲击、维持国家经济增长具有极其重要的现实意义。

第二节　研究动态与述评

一　关于西部陆海新通道研究

在梳理关于西部陆海新通道研究文献的过程中，本书发现以往关于西部陆海新通道的研究主要集中在以下四个方面：西部陆海新通道的内涵和意义、西部陆海新通道在建设和完善过程中所面临的挑战或难题、西部陆海新通道在建设和完善过程中所面临困难的应对策略或解决办法和西部陆海新通道未来潜在的发展路径。

（一）关于西部陆海新通道的内涵和意义研究

傅远佳（2019）、李锦莹（2019）、段艳平等（2020）以及丛晓男（2021）认为，西部陆海新通道的建设与完善是中国政府为了促进内陆更深层次开放和西部地区平衡协调发展的又一举措，西部陆海新通道的畅通运行可以促进中国尽快构成综合性的交通运输网络和现代化的多式联运物流体系，并且在"一带一路"建设的背景之下，西部陆海新通道将会促进中国与欧洲、非洲、大洋洲以及其他多个区域形成连通程度更高的互通性大区域，这将会进一步有利于中国对外贸易的结构调整和对外贸易的区域扩大，中国对外贸易市场过于集中的问题将会得到解决。

而余川江等（2021）认为，西部陆海新通道在国内的设计是基于点轴理论，最终建设成为点条轴线形式的互通互联大通道，而西部陆海新通道所具有的轴线特征将会有利于西部陆海新通道节点上的"轴"地区发挥经济向心力作用，即不同区域之间的产业产生更强的集聚性效应，这将有利于发挥各产业的多种优势，进而将使区域各产业的专业化水平、技术水平和生产效率得到提高。除此之外，西部陆海新通道也打通了我国西部地区与东盟国家的运输通道，将促进我国西部地区的对外贸易发展、提升我国与东盟国家的对外贸易合作。因此，综合来看西部陆海新通道建设，既有利于我国西部地区的经济发展和整个国家经济平衡发展，又有利于我国对外开放多元化稳定发展。

袁伟彦（2019）、庄堇洁（2019）、赵明飞等（2021）以及杨耀源（2021）认为，在"一带一路"倡议大背景下，我国提出区域发展战略以促进全国经济协调稳定发展，而西部陆海新通道的建设正是响应区域发展战略的实践措施之一。西部陆海新通道的建设与完善有利于我国西部地区对外贸易发展、基础设施建设以及综合性运输交通网络建设，不仅涉及国内多个地区的互联互通，而且还是一条连接欧洲、亚洲、东盟等多个国外地区的具有综合性特征的国际通道，它的综合性具体表现在路海集聚效应、生产链和供应链互通效应以及通关效应等多个方面。

（二）关于西部陆海新通道在建设和完善过程中所面临的挑战或难题研究

王景敏（2019）发现，西部陆海新通道在建设和完善过程中所面临的挑战主要体现在以下三个方面：第一，中国为了促进与新加坡的深度连通与友好合作，与新加坡签订了国际陆海贸易新通道的合作性框架文件，而中国与新加坡的这一合作性框架文件的内容缺乏细节且含糊不清，然而西部陆海新通道的建设和完善又涉及了多个地区、多个行业以及多个企业，即实际操作极具复杂性，因此中新双方的合作性框架协议难以对西部陆海新通道的建设和完善提供实操性支持；第二，西部陆海新通道连通了国内多个省份，这也意味着西部陆海新通道存在多个关卡节点，这一特性将会导致公路交通运输收费性质的项目增多，建设进程变慢，且不同节点之间的连通水平会降低；第三，西部陆海新通道畅通运行所产生的产业集聚效应和互联互通效应，将导致不同省份的主导性产业逐渐趋同，甚至导致主导性产业的重叠现象，这不利于国家整体产业的协调与平衡发展。除此之外，由于企业内部资源和区域政策对企业影响的差异，西部陆海新通道的畅通运行对于国有企业的效用会比私营企业的效用更大。

张倩（2020）、刘娴（2020）以及王水莲（2020）发现，西部陆海新通道在建设和完善过程中所面临的困难主要体现在以下四个方面：第一，西部陆海新通道的交通基础设施建设主要在我国西部地区，而我国西部地区存在铁路技术不高和基础设施建设薄弱等问题；第二，西部陆海新通道同时连接国外地区，由于新通道沿线国家间的法律差异、社会文化差异和语言差异等，导致西部陆海新通道的建设难度显著提高；第三，西部陆海新通道的畅通运行将会对不同区域和不同产业产生差异性影响，导致各自区域因为区域发展利益而对西部陆海新通道的具体建设和完善过程产生分歧，最终导致西部陆海新通道建设的协调水平大幅度下降；第四，我国有十二个西部省份参与西部陆海新通道的建设与完善，然而这些区域除了基础设施薄弱的问题，还存在经济与金融的发展水平不高的问题，这意味着这些地区可能难以达到西部陆海新通道的建设与完善所需要的资金和资源。

（三）关于西部陆海新通道在建设和完善过程中所面临困难的应对策略或解决办法研究

王景敏（2019）针对西部陆海新通道在建设和完善过程中所面临的困难提出了以下四条应对策略：优化对外贸易结构、实现产业多元化协调发展、物流与运输一体化合力升级以及各区域间政策协调发展。

韦锦泽等（2019）、张倩（2020）、吴俊（2020）、宁坚（2020）、岳阳（2020）、刘娴（2020）、王水莲（2020）、樊一江（2021）以及卢耿锋等（2021）针对西部陆海新通道在建设和完善过程中所面临的困难提出了以下解决办法：政府以资金补贴或者政策激励等多种方式对我国西部地区的基础设施建设提供帮助；针对各区域之间的产业发展差异和主导产业差异，政府可以通过构建跨区域的政策协调机制来化解不同区域的利益矛盾点，并且加强各区域之间的优势互补；在西部陆海新通道的国际化连通建设部分，依据不同国家的文化、法律以及商业偏好，与互联互通的国家（地区）进行友好协调和合作。

（四）关于西部陆海新通道未来潜在的发展路径研究

余川江等（2021）分别从国内和国际进行了实证研究，一方面，利用1987—2018年我国省份层级的进出口数据，对于西部陆海新通道连通节点所在省份的经济开放程度进行了比较分析，实证结果说明，除了四川、陕西、贵州、云南、广西以及重庆的经济开放程度较高外，西部陆海新通道其他的节点省区市经济开放程度都比较低；另一方面，利用2003—2018年我国与东盟国家的贸易数据和产业数据，从贸易竞争程度、贸易互补程度、产业比较优势和产业互补程度这四个方面进行实证测算，测算结果说明，我国与东盟国家之间贸易互利共赢产业主要为机械运输设备行业和纺织服装行业。综合以上两方面的实证分析结果，余川江提出了西部陆海新通道的发展路径：空间范围融合扩展的全面高度开放路径、产业间互补协调平衡发展的协同增长路径、贸易物流运输发展的双向联通路径以及不同区域之间协调机制构建的政策协商发展路径。全毅（2021）、马子红（2021）通过研究得到了与余川江等（2021）同样的结论。

而黄承锋等（2021）、杨耀源（2021）在梳理国内学界关于西部陆海新通道建设研究的基础上，在国内国外双循环的连通开放发展格局的大背景之下，结合西部陆海新通道高质量发展的含义，提出以下四条关于西部陆海新通道的稳定发展路径：第一，利用政策激励我国西部区域的市场加大对外开放，促进各生产要素在我国西部区域市场的自由流通、高效分配和高效利用，加快西部陆海新通道建设与完善的进度；第二，依据通道经济、口岸经济以及枢纽经济的发展理念，将西部陆海新通道打造成一条综合性和多元化的国际贸易大通道；第三，在西部陆海新通道的建设与完善过程中，要坚定不移地以平衡需求与供给之间的关系为主轴，将制度改革和创新作为重要的切入点，积极高效地发挥创新元素的作用，以此保证西部陆海新通道高质量发展；第四，在西部陆海新通道的建设与完善的过程中，要积极化解各类风险，这有助于确保我国产业链以及供应链的安全。

二　关于现代物流业研究

现代物流是相对于传统物流而言的，物流的概念最早是在美国形成的，当时被称为 Physical Distribution（即 PD），翻译为汉语就是"实物分配"或"货物配送"的意思。在 20 世纪 60 年代初，这一概念才被引入日本，日语译为"物的流通"。而"物流"这一概念引入我国的时间是 80 年代，与此同时，美国将最初的物流代名词 Physical Distribution 改为 Logistics，Logistics 是第二次世界大战时美国军事部门用于后勤管理的代名词，在第二次世界大战结束之后，这一名词被引入经济部门，最终演变成为现代物流的代名词。现代物流曾在军事应用方面被具体分为两个层级，即中级层级和高级层级。中级层级的物流主要是给军队提供移动、供应以及维护的功能，而高级层级的物流则是涉及军队所有相关的事情，如军队采购、军人招聘与培训以及军事工具的研究与开发等。

1999 年，国际公认的物流专业组织——美国物流管理协会（简称 CLM）将物流正式定义为：为了满足客户需要而进行的从起点到终点的原材料、中间过程库存、最终产品和相关信息有效流动和存储计划、实现和控制管理的流程。它们认同物流 7R 理论，7R 理论即"恰当的质量、恰当的数量、恰当的价格、恰当的商品、恰当的时间、恰当的场所以及恰当的顾客"，结合这一理论，将现代物流业定义为："现代物流是在合适的时间、地点和合适的条件下，将合适的产品以合适的方式和合适的成本提供给合适的消费者。"在物流业的不断发展与广泛应用的同时，国内外也有不同的学者对现代物流业提出不同的概念，如：靳林等（2009）认为其是一种集合了多种物流活动的新型综合性集成式管理活动，现代物流主要是为了降低物品在运输过程中所产生的费用成本并且给消费者提供最优质的服务。唐永波（2010）认为，现代物流是在传统物流的基础之上逐渐形成和发展的，现代物流的产生离不开传统物流，而现代物流必须要达到"运输的合理化、仓储的自动化、包装的标准化、装卸的机械化、加工配送的一体化、信息管理网络化等"多方面的要求。在 2001 年 3 月，在《关于加快我国现代物流发展的若干意见》这一官方文件中提出：现代物流是包含了原材料、半成品、成品从起点至终点及相关信息有效流动的全过程。它将运输、仓储、装卸、加工、整理、配送、信息等方面有机结合，形成完整的供应链，为用户提供多功能、一体化的综合性服务。

通过梳理现有研究文献，国内学者对现代物流的研究主要集中在以下几个方面：

（一）关于中国总体现代物流业的研究

丁俊发（2018）研究发现，中国现代物流业总体发展按照时间线可以分为三个阶段，这三个阶段具体为：1978年至2001年的初步探索与起步阶段、2002年至2012年的快速发展与进步阶段以及2013年至今的优化转型与升级阶段，现代物流业作为一国经济中的支撑性、战略性以及基础性的重要行业，它的发展与升级对于一国经济的高质量发展起着至关重要的作用，建议政府部门利用宏观调控的手段促进生产要素在市场中自由流通与高效配置，对于不同地区的运输网络以及物流体系进行合理的协调，根据供给侧结构性改革的政策去平衡物流需求与物流供给之间的关系，充分发挥现代物流业对其他产业的支撑作用，促进一国产业结构优化和经济高质量发展。

张亮亮等（2019）基于2007—2016年中国省际面板数据，运用PP-SFA模型测度能源和碳排放双重约束下的物流产业技术效率，分析其时间和空间维度上的变化和差异，以及宏观和中观层面的影响因素，并分区域剖析其演进背后的逻辑规律，最终的实证研究结果表明：中国总体的物流产业技术效率偏低，且呈现明显的下降趋势，认为区域分化明显，东部地区的物流产业技术效率最高，中部地区的物流产业技术效率次之，西部地区的物流产业技术效率最低；物流产业技术效率会因为产业结构优化、技术创新能力水平提升和企业平均规模扩大而产生上升趋势。在提高中国物流产业发展质量的路径中，实施节能减排、完善产业政策和探寻区域物流特色发展路径是最优的三条路径。魏修建等（2016）、陈恒等（2019）、刘华军等（2021）以及孙春晓等（2021）通过研究也得出与张亮亮等（2019）同样的结论，即中国不同地区的物流行业发展水平差异明显。

赵晓敏等（2019）基于2000—2017年我国物流行业的年度数据，利用计量经济学分析方法对经济发展与物流行业发展之间的关系进行了实证研究，研究表明：在中国，经济发展水平越高，则物流行业发展水平也就越高，即呈现出一种显著的正向影响作用，但是在现阶段的中国，物流行业发展水平对于中国总体经济发展水平的正向提升作用并不显著。戢晓峰等（2021）基于2008—2017年中国土地市场物流用地数据①，研究发现中国城市物流蔓延强度最高的地区是东北地区，但是从总体来看，中国约67.48%的城市的物流行业均处于慢速蔓延状态；中国的城市物流蔓延在全国范围内形成了长三角、山东半岛以及京津冀三个主要的核密度高值区，甘肃和云南等西部地区成为中国物流行业主要的用地冷点；中国城市物流蔓延的空间分布重心轨迹呈现出由东北向西南再向东南逐渐转变的过程，这种现象主要是由于政策导向、经济发展水平和地理环境等多方面原因形成的，戢晓峰等（2021）结合实证分析结果提出了应合理扩张物流用地，以此来降低物流蔓延负面影响的政策建议。

王颢澎等（2021）对我国物流业发展现状进行了研究，研究表明：第一，随着我国经济由高速发展阶段转向高质量发展阶段，我国物流行业的总额和发展水平都在不断地提高；第二，我国物流行业的商业模式发生了变化，现在正在向"准众包"的商业模式转变，这种模式会给我国物流行业的发展提供充足的资金支持，并且有助于物流行业的产业资金与市场上的金融资金相融合；第三，自进入21世纪以来，我国物流行业的发展得到了突飞猛进的提升，这主要是由于我国交通运输网络的发展完善给我国的物流行业提供了强有力的基础设施支撑；第四，2019年年底暴发的新冠肺炎疫情给全球经济带来了多方面的不利影响，如金融期货市场剧烈动荡、进出口贸易总额大幅度下降、全球产业链断裂等，我国经济同样受到了严重的冲击，但是在我国政府的英明决策之下，我国物流行业逐渐恢复运行并且给其他产业提供了强有力的支撑，这使我

---

① 中国土地市场网，http://www.landchina.com。

国有效化解了新冠肺炎疫情带来的负面影响。

(二) 关于中国西部地区现代物流业研究

张立国（2019）基于2006—2015年我国11个西部地区省份的面板数据，利用改进熵值方法分析了我国西部地区的物流行业发展水平，最终的实证分析结果显示：我国西部地区的物流行业发展水平总体呈现出一种缓慢的升级发展态势，西部地区各省份的物流行业发展水平指标均处于低位运行的状态，但是不同省份的物流行业发展水平指标也存在明显的差异和展现出不同的优势，具体而言，广西物流行业的发展集中度比较高，新疆物流行业的效率比较高，青海物流行业发展呈现出资源和环境友好型的态势，内蒙古物流行业的技术创新水平比较高。除此之外，张立国结合实证研究结果还提出了如下的政策建议：首先，通过政策激励为我国西部地区引进物流行业人才和促进我国西部地区的技术创新；其次，引导各生产要素在我国西部地区市场的自由流动与优化配置，以此提升整个西部地区物流行业的效率；最后，具体结合西部地区的各省份的物流行业的优势以及实际发展情况制定详细适合的发展策略，如重庆的物流市场需求规模较大，但是物流技术水平相对落后，因此需要激励重庆物流技术水平达到其需求水平。戴德宝等（2018）和陈龙等（2020）均基于我国西部地区12个省份的物流数据进行研究，最终得出与张立国（2019）同样的结论。

龚爱清等（2020）通过对2009—2017年我国西部地区各省级政府颁布的99份物流业政策进行系统梳理，在频数分析的基础上，运用共词聚类分析方法，从初期发展和转型升级两个阶段对我国西部地区物流业政策变迁和特征进行了分析，并探讨了政策的发展趋势。结果表明：资本、土地和税收等是物流业政策的重点，其中基础设施建设是重要领域，而降本增效、简政放权是未来的发展方向。因此，未来我国西部地区的物流业政策重点可能在政府职能转变、技术创新和应用、联动联运等方面。

闵思奇（2020）构建了物流产业竞争力水平评价指标体系，采用因子分析对"一带一路"沿线的中国九个省区市的物流行业的发展水平进行了比较研究，最终发现：青海省的物流业发展水平较低，闵思奇结合实证分析结果，为了提升中国西部地区的物流产业竞争力水平，提出以下建议：对于我国西部地区的水陆空运输网络进行修缮，为西部地区的物流业发展提供建设性支持；制定激励政策吸引更多的综合性人才；加强对西部地区整体经济发展的战略性支持。

李娟等（2020）基于2003—2016年我国西部地区的面板数据，在节能减排的政策大背景之下，采用Super-SBM模型、系统GMM模型以及面板Tobit模型建立了我国西部地区物流行业发展效率的评价体系，最终发现：我国西部地区总体物流行业发展水平较低，并且西部地区不同省份之间的物流行业发展水平差异显著。除此之外，还认为物流行业的发展主要是从物流行业内部因素和物流行业外部因素两方面受到影响，物流行业内部的主要影响因素有物流行业内物质资本存量比例、物流行业内劳务人员比例以及物流行业内能源消耗总量比例等，而物流行业外部的主要影响因素有地区的产业结构、地区的人均GDP以及地区的研发创新水平等。李娟等（2020）针对西部地区的物流行业发展提出了以下"六化"建议，即"物流业发展的标准化、专业化、绿色化、集约化、产业化以及智能化"。贺忠（2005）以及尚盈盈等（2016）研究了我国西部地区总体物流行业发展存在的问题，得出与李娟等（2020）一致的结论。

（三）关于中国广西地区现代物流业研究

谢名雪（2018）在经济新常态与新形势之下，对广西现代物流业的发展进行了详细分析，认为公路运输、铁路运输、水路运输以及航空运输等多种运输方式组合形成的多式联运方式将会促进广西现代物流业的发展与升级；多个区域间合作发展战略的积极实施带动了全国各区域的劳动要素、资源要素、创新要素以及产品等的流通与交换；"互联网+"行业的飞速发展与盛行，一方面为物流行业的发展提供了时代机遇，另一方面对于物流行业的物流服务也有了更高的要求，这将需要现代物流行业提高信息互通共享的水平。

庞春宁（2019）认为，"一带一路"倡议促进了中国广西地区的交通运输网络的建设与发展，进而为广西地区物流行业的发展强化了基础性建设，但是广西地区的总体物流行业目前也存在以下几个方面的问题：运输结构缺乏流畅性、物流园区的规划建设进程较慢、物流业的服务效率低下且服务质量不高、运输企业自身的经营成本过高等，基于以上广西物流行业存在的问题，提出了以下政策建议：首先，加快运输交通行业与物流行业的融合性发展；其次，结合广西不同区域的实际情况，政府对于不同区域提出针对性的政策与发展战略；最后，政府可以通过加大对于广西地区物流行业的市场干预，以此提升广西物流企业的整体物流服务效率与服务质量。

易城（2020）研究发现，广西现代物流业基础设施逐步完善、物流枢纽承载城市成果显著、物流园区加快发展，但广西现代物流业发展仍然存在以下几个方面的问题：广西物流园区的行业集聚效应薄弱，无法促进广西物流行业的信息共享与资源联通；广西的物流企业规模都较小，难以提供综合性、专业性以及高质量的物流服务。

李晓雯（2020）基于新时代的信息技术大背景，对现代物流行业的发展进程中存在的物流企业信息化进程慢、各物流环节应用信息化手段进行动态管理水平有待提高、产业链之间物流信息交互和共享程度低、缺少精通物流管理和信息化的复合型人才等问题，提出政府应加强政策引导，促进广西现代物流业发展，并通过层次分析法（AHP）在资金有限的前提下进行正确的引导。余丽燕（2021）、司志阳等（2021）通过对广西物流体系的研究，归纳出广西现代物流业发展所存在的问题，得出与易城（2020）同样的结论。

而覃家珍等（2021）采用熵权法（TOPSIS）对广西十四个地级市物流行业发展水平进行综合性评价及比较分析，最终按照物流行业发展水平的评价指标数值将十四个地级市分为三种类型，第一类为在物流行业发展中处于前列的地区，目前只有南宁市；第二类为在物流行业发展中处于中等地位的地区，目前有柳州市、桂林市、防城港市、玉林市以及崇左市；第三类为在物流行业发展中处于末等地位的地区，具体为贵港市、北海市、钦州市、梧州市、百色市、河池市、贺州市以及来宾市。

三　研究述评

目前，在"国际陆海新通道"和"南向通道"的文献研究中，国内外的学者对于"西部陆海新通道"的研究还停留在定性认识的阶段，大多数的学者对于西部陆海新通道建设与完善的内涵、动因、推进路径仅仅做了初步探讨，这意味着以往关于西部陆海新通道的研究缺乏深度。西部陆海新通道的畅通运行不仅有助于中国—东盟自贸区的全面升级发展，而且有助于提升西部地区的高水平发展和对外开放的水平，但是陆海新通道国际铁路的建设还不完善，物流系统协调机制也还不健全。从总体来看，点轴理论、国际贸易理论以及新经济地理学理论等多个理论均为审视"西部陆海新通道"提供了理论参考，但是"西部陆海新通道"的建设刚起步，其研究尚缺乏系统的理论框架和全面的量化分析。而目前相关文献仍停留在"南向通道""陆海新通道"的传统概念范畴，并多为定性的理论认识和先验性的发展思路，对"西部陆海新通道"的发展缺乏全面系统的理论解释、量化评估和经济学分析。"西部陆海新通道"的理论本质是开放型通道经济发展模式，已有的点轴理论、国际经济学理论仅仅提供了基本的参考，但又分别局限于对国内经济地理和国际经贸关系的各自孤立解释；对"西部陆海新通道"新战略的经济学解释，则需要将两个理论范畴进行有机结合。总体而言，关于西部陆海新通道的研究多集中于西部陆海新通道内涵、时代意义、建设挑战、发展路径等方面，而关于西部陆海新通道沿线节点现代物流业协同发展的研究仍然缺乏。

在研究区域物流空间格局时，大多数学者是从区域物流的发展水平去探析物流空间格局，从生产消费流通、交通运输、人力资源、社会经济发展、物流规模、需求状况、实现能力、效益指标等方面去构建区域物流的发展水平评价指标体系。国内外学者在研究物流业与经济发展关系时，经常从一个国家整体的角度和不同区域之间比较的角度进行分析，常用研究方法为分位数回归方法、计量经济学分析方法以及数据包络分析方法。在研究物流行业所提供的服务质量水平时，大多数学者是从企业视角和客户视角进行评价，最终得出一致的九个物流行业所提供的服务质量水平评价指标，即"人员沟通质量、订单释放数量、信息质量、订购过程、货品精确率、货品完好程度、货品质量、误差处理以及时间及时性"，而国内学者也结合我国物流行业发展的实际情况，提出了针对我国物流服务质量水平进行评价的五个关键指标，即"切实性、可靠性、响应度、保险性以及执着度"。从总体来看，目前有关现代物流业的研究还存在以下两个方面的不足：第一，现代物流业研究较为陈旧，创新性有些缺乏；第二，现代物流业研究的对象大多数为子行业系统或者有关物流行业的基础设施建设，但是地区层面的物流行业研究缺乏深度、全面性以及系统性。

综上所述，目前关于西部陆海新通道沿线节点现代物流业协同发展的研究比较稀缺，但是西部陆海新通道框架下现代物流业建设将从多方面深层次拉动经济的恢复，成为激发经济增长的新动力，同时保证经济的持续稳定发展，对于抵御外部冲击、维持国家经济稳定及增长具有重大意义。由此可见本研究成果具有重要的现实意义。

第三节　研究内容与方法

一　研究内容

本书致力于研究西部陆海新通道沿线节点现代物流业协同发展，主要是基于协同学理论、系统论、交易成本理论以及产业联动理论，梳理西部陆海新通道沿线节点现代物流业现状、西部陆海新通道沿线节点现代物流业发展及相关政策，具体包括西部陆海新通道的演变、战略定位与功能,现代物流业发展的内涵、特征与范畴,西部陆海新通道沿线节点现代物流业协同发展机制,对于西部陆海新通道沿线节点现代物流业发展从发展基础、发展质量、发展效率以及发展贡献四个方面进行评估,重点研究与总结出西部陆海新通道沿线节点现代物流业协同发展所具有的经济效应、贸易效应以及投资效应,通过分析总结西部陆海新通道沿线节点现代物流业协同发展机遇和西部陆海新通道沿线节点现代物流业协同发展障碍,指出当前西部陆海新通道沿线节点现代物流业存在的问题与建设难题,提出西部陆海新通道沿线节点现代物流业协同发展的针对性对策,以促进完善西部陆海新通道沿线节点现代物流业的建设与发展。

本书总共分为八章,每章的具体研究内容安排如下:

第一章是绪论,首先阐述了西部陆海新通道沿线节点现代物流业协同发展的研究背景与意义,其次从西部陆海新通道和现代物流业两个方面梳理了现有的相关文献并对现有的研究做出了评述,再次详细说明了研究内容以及所采用的研究方法,最后指出了研究过程中存在的创新之处以及研究不足。

第二章是研究理论基础,本书在研究过程中主要运用了四个理论,分别为协同学理论、系统论、交易成本理论以及产业联动理论。

第三章是西部陆海新通道沿线节点现代物流业协同发展概述,这一章对于西部陆海新通道的演变、战略定位与功能和现代物流业发展的内涵、特征与范畴进行了详细的阐述与说明,并且基于第二章的研究理论,分析总结得出西部陆海新通道沿线节点现代物流业协同发展机制,即基础设施互联互通机制、产业联动与协同机制、资源共享与互化机制、生产要素互用、对流机制以及空间联动与耦合机制。

第四章是西部陆海新通道沿线节点现代物流业发展及相关政策,首先是对西部陆海新通道建设现状以及沿线节点现代物流业发展现状进行介绍,接着分别从国家层面、区域层面以及地方层面出发,对于西部陆海新通道沿线节点现代物流业发展相关政策做了总结归纳。

第五章是西部陆海新通道沿线节点现代物流业发展水平评估，具体是评估西部陆海新通道沿线节点现代物流业的发展基础、发展质量、发展效率、发展贡献。

第六章是西部陆海新通道沿线节点现代物流业协同发展效应，具体是分析西部陆海新通道沿线节点现代物流业的经济效应、贸易效应以及投资效应。

第七章是西部陆海新通道沿线节点现代物流业协同发展机遇与障碍，一方面，西部陆海新通道沿线节点现代物流业协同发展主要有四个机遇；另一方面，也遇到了四个方面的障碍。

第八章是促进西部陆海新通道沿线节点现代物流业协同发展的对策，分别从四个方面提出了相关的政策建议，即构建沿线节点现代物流业协调发展机制，加强西部陆海新通道现代物流信息平台建设，促进沿线节点交通、物流与商贸融合发展，统筹沿线节点现代物流业规划建设。

二 研究方法

第一，文献研究分析方法。文献研究分析方法具体是指，基于研究学者的某一详细的研究内容或者研究目的，通过对现有的与研究内容相关的文献进行学习、调查以及梳理归纳，最终达成全面性、综合性以及系统性地了解以及学习现有的研究内容的目的。文献研究分析方法已然成为一种被国内外学者频繁使用的研究方法，这主要是因为此种研究方法可以帮助研究者了解研究内容的历史和现状。本书采用文献研究分析方法，对于西部陆海新通道和现代物流业的相关文献进行了梳理总结，最终对西部陆海新通道沿线节点现代物流业协同发展的相关研究，达到充分了解与掌握的目的。

第二，描述性研究分析方法。描述性研究分析方法是指，研究学者将现有的与研究内容相关的理论解释与研究结论，经过自己的分析、研究、论证与总结，描述出来。这种研究方法从表面上看，只是照搬与解释其他研究者的结论,但是从实际来看,它可以起到提出问题、揭示弊端、描述现象以及介绍经验等多方面的作用,因此描述性研究分析方法也成为一种必不可少的重要研究方法。本书采用描述性研究分析方法,对于西部陆海新通道的演变、战略定位与功能以及现代物流业发展的内涵、特征与范畴进行了详细的描述,以便研究中对西部陆海新通道和现代物流业的机制与效应进行分析。

第三,调查研究分析方法。调查研究分析方法是指,基于具体的研究内容,对于和研究内容相关的情况进行系统性的调查。本书采用调查研究分析方法,对于西部陆海新通道建设现状、沿线节点现代物流业发展现状以及西部陆海新通道沿线节点现代物流业发展相关政策进行了详细的调查研究。

第四节 研究创新与不足

一 创新之处

与以往的西部陆海新通道沿线节点现代物流业协同发展研究相比较,本书主要有以下几个方面的创新之处:

第一,从研究视角上看,在研究区域物流空间格局时,大多数学者是从区域物流的发展水平去探析,从生产消费流通、交通运输、人力资源、社会经济发展、物流规模、需求状况、实现能力、效益指标多个方面去构建关于区域物流的发展水平评价指标体系。在研究物流业与经济发展之间的关系时,国内外学者主要从全国、单个区域和多个城市间的比较等角度展开分析,本书对于西部陆海新通道沿线节点现代物流业发展从发展基础、发展质量、发展效率以及发展贡献四个方面进行水平评估,重点研究与总结西部陆海新通道沿线节点现代物流业协同发展所具有的经济效应、贸易效应以及投资效应,最后提出西部陆海新通道沿线节点现代物流业协同发展的针对性对策,以促进完善西部陆海新通道沿线节点现代物流业的建设与发展。

第二，从研究理论上看，本书基于协同学理论、系统论、交易成本理论以及产业联动理论，对西部陆海新通道沿线节点现代物流业发展从发展基础、发展质量、发展效率以及发展贡献四个方面进行水平评估。除此之外，本书通过分析总结西部陆海新通道沿线节点现代物流业协同发展机遇和西部陆海新通道沿线节点现代物流业协同发展障碍，指出当前西部陆海新通道沿线节点现代物流业存在的问题与建设难题，最后提出针对性对策，从一定程度上增强了研究的严谨性。

第三，从研究内容上看，现有的物流研究评价体系总是从物流服务质量或者物流行业效率等单方面进行研究，而本书结合发展基础、发展质量、发展效率以及发展贡献四个方面，对西部陆海新通道沿线节点现代物流业发展水平进行了评估，因此本书更具有综合性、全面性以及系统性。

第四，从研究实证上看，本书从中国当前的实际发展情况出发，运用实证数据分别从微观、中观以及宏观三个层面全面地考察西部陆海新通道沿线节点现代物流业协同发展，拓展了已有文献的解释范围。

二 研究不足

由于西部陆海新通道沿线节点现代物流业协同发展研究所具有的复杂性特点，本书在以下两个方面存在不足：

一方面，由于数据限制的问题，本书无法开展定量分析。由于西部陆海新通道仍然处于建设与完善的进程之中，关于西部陆海新通道沿线节点现代物流业协同发展研究的数据存在不够全面等问题，本书对西部陆海新通道沿线节点现代物流业协同发展动态状况的考察尚显不够，这将导致本书难以开展深入的定量分析，如果用连续多年的最新数据进行研究分析，那么就更能考察出动态变化过程。为了解决此方面的不足，本书计划在未来对西部陆海新通道沿线节点现代物流业协同发展进行更多的实地勘察并且记录数据，以便完善定量分析。

　　另一方面，本书的研究内容具有显著的现实意义与理论意义，研究的章节结构详略恰当并且章节之间相互联系。从总体来看，本书的研究思路清晰，内容观点具有逻辑性、科学性以及专业性，并且与现有的西部陆海新通道沿线节点现代物流业协同发展的其他研究相比，研究内容更具备全面性和系统性。然而，由于目前西部陆海新通道仍然处于发展与完善的过程之中，本书只能从现有的建设与发展的情况进行分析与研究，对于目前尚未显露而未来可能存在的情况难以预测并进行分析研究，因此对西部陆海新通道沿线节点现代物流业协同发展研究内容并不完备。针对这一方面的研究不足，在未来西部陆海新通道建设完成并畅通运行之时，本书将完善研究内容。

本章小结

　　本章主要围绕西部陆海新通道沿线节点现代物流业协同发展的研究背景和意义、研究动态与研究评述、研究内容和研究方法以及研究创新之处与研究不足进行阐述。在我国正处于实现"两个一百年"奋斗目标的关键时期，西部陆海新通道作为一个集区域联动、陆海联运、物流集聚、通关效能、重大项目建设等为一体的综合性国际贸易大通道，它的建成能够为国内跨区域要素流动、提振内需提供强有力的支撑，对区域经济稳定快速增长产生积极影响，保证经济的持续稳定发展，并且可以抵御外部疫情以及其他因素对我国经济冲击。本书通过梳理现有的"国际陆海新通道"和"南向通道"的文献研究可以发现国内外学者对"西部陆海新通道"的研究还停留在定性认识的阶段，而本书则基于文献研究分析方法、描述性研究分析方法以及调查研究分析方法对西部陆海新通道沿线节点现代物流业协同发展进行了深入的研究，主要是基于协同学理论、系统论、交易成本理论以及产业联动理论，梳理西部陆海新通道沿线节点现代物流业现状和相关政策，对于西部陆海新通道沿线节点现代物流业发展从发展基础、发展质量、发展效率以及发展贡献四个方面进行水平评估，重点研究与总结出西部陆海新通道沿线节点现代物流业协同发展所具有的经济效应、贸易效应以及投资效应，并分析总结西部陆海新通道沿线节点现代物流业协同发展机遇和西部陆海新通道沿线节点现代物流业协同发展障碍，指出当前西部陆海新通道沿线节点现代物流业存在的问题与建设难题，最后提出西部陆海新通道沿线节点现代物流业协同发展的针对性对策，以促进完善西部陆海新通道沿线节点现代物流业的建设与发展。

第二章 研究理论基础

第一节 协同学理论

一 协同学的基本概念与发展

协同学理论（synergetics）是一门关于多学科或多领域协同发展的科学理论，是基于系统论、控制论、信息论以及结构耗散理论等基础理论的融合理论，也称"协同学"或者"协和学"，这是多学科研究基础上逐渐派生的一门新兴学科。协同理论的奠基者是赫尔曼·哈肯（Hermann Haken），其不仅是斯图加特大学的教授，更是知名的物理学家。早在1969年，哈肯就曾在课堂上提出协同理论概念，并于1971年发表文章初步阐述了协同理论的基本思想，次年举办了一场关于协同理论的国际学术会。在哈肯的推动下，协同理论迅速发展，1976年哈肯出版了《协同论导论》一书，协同理论框架逐渐完善，这也标志着该学科的正式建立。具体而言，协同理论主要结合数理统计学和力学的方法，研究远离平衡态时的不同开放系统中所包含的各项要素是如何通过彼此协同合作达到相对平衡的状态，最终得到它们从无序态到有序态的共同规律。另外，系统的结构之所以有变化，是因为不同要素之间存在竞争和合作的关系。无论要素自身运动还是局部的协同运动，受到环境因素的影响时，都会出现变化，进而破坏稳态。如果系统中的要素在两种稳态之间进行迁移，那么即便是轻微的影响，也会被系统放大成明显的涨落，短时间内进入无序状态，而后通过一系列的调节，达到有序状态。所以，在宏观视角下，系统从无序到有序的转变过程中，时间、空间或者功能上的有序结构以自组织的形式产生规律，使得自己内部协同发挥作用。根据协同学理论的性质，可以把其研究内容分为以下四个方面。

（一）协同发展的不稳定性原理

在特定条件下，系统的有序与否并非一成不变，而是可以相互转化的，这也就是协同发展的不稳定性原理的重要结论。具体而言，在协同研究的某个系统中，当旧系统转向新系统时，不稳定状态即会产生，随后一个新的稳定系统也将出现，实现无序状态向有序状态转变的第一步。每一个系统的成分都包含大量的子系统，所以系统的整体行为主要由子系统之间的相互作用主导。当宏观系统表现为稳态时，子系统的独立性特征表现相对较弱，相互作用相对较强。相反，当宏观系统表现为非稳定结构时，子系统的相互作用较弱，而独立性较强。这是由于当子系统独立性较强时，宏观系统内部的大量子系统会进行毫无规律的"热运动"，处于无序状态。由此可见，内外部的共同条件决定着系统的有序与否。

（二）系统自组织原理

系统自组织原理是指各个子系统之间会按照一定规则自发地形成具有一定结构或功能的宏观系统，即便没有外部的干扰指令。自组织原理能够促进宏观系统的有序演化，在非平衡状态下，各个子系统之间通过自组织，以一种无形的具有影响性的参数方式来支配和役使，使系统区域达到平衡状态。另外，自组织理论具有内生性和自生性的特点，这意味着自组织演化过程中，不存在唯一的变动趋势，而是具有多种可能性，系统会通过大量子系统之间的协同作用而形成新的时间、空间或功能的有序结构（白列湖，2007）。换言之，系统的自组织也代表着复杂性的增长和创新。所以，系统在转化的过程中总是导致有序性的增加，即新的组织出现和结构的复杂化。

(三) 协同发展的序参量原理

序参量的概念起源于热力学，而协同学理论以此为基础，拓展到描述系统进化中从无序到有序的过程。具体而言，在旧系统向新系统转变过程中，序参量是对不稳定的临界现象进行描述的显示参量，旨在描述系统在时间进程中的状态、有序结构以及性能等。序参量形成以后，子系统会按照序参量的指令行动，这意味着序参量一旦已知，便可了解系统内部的一切变化与发展。若仅有一个序参量，那么该序参量必然决定系统的形态结构；若有多个序参量，那么任何一个序参量都会影响系统的宏观结构以及相应的微观态势，但最终会通过各个序参量之间的合作与竞争来决定系统的最终形态。不过，在各个子系统合作所形成的宏观结构中，往往会存在一个序参量来主导系统的变化，而这个起主导作用的序参量是在系统内部通过竞争产生的。总而言之，系统协同效应的表征和度量是通过序参量传递和表现的。

(四) 协同发展的役使原理

役使原理也称伺服原理，该原理认为一个系统中，存在快弛豫参量和慢弛豫参量两种变量。前者在系统转化时，由于变化迅速，往往消失或者变化在系统受到影响前，只在临界行为产生时有短暂作用，对系统发展不会产生巨大影响。后者则在系统的深化过程中起到重要作用，虽然数量不多，往往只有一个或者几个，变化相对缓慢，但却可以支配序参量的行为，进而对系统演化产生影响。所以，宏观系统实现稳定状态的前提条件就是让慢弛豫参量征服快弛豫参量，系统由无序参量支配，即：通过对子系统的支配或役使作用，序参量可以在系统整体演化的过程中起主导作用，最终实现协同效果。役使原理进一步解释了系统内部不同因素的相互作用是系统自由组织的驱动力，规定临界点上的系统简化原则即为其实质。

二 西部陆海新通道与沿线节点物流发展的协同特征

西部陆海新通道与沿线节点物流协同发展是一个宏观系统，内部涵盖着众多如地区、企业以及部门等协调组织的子系统。所以，即便是在受到外部干预的情况下，具有自组织能力的子系统也会建立起协调机制，保持各节点的稳定状态，实现区域物流高效率统一的目标，达到效益最大化。另外，由于开放系统下，各个子系统是相互独立且相互作用的，类似于网格计算能够进行资源动态调整，在原有的基础上不断优化，并且会将西部陆海新通道与沿线节点物流决策拓展到各个企业的子系统中，整个区域物流链得以协调，从而提高运作效率，进而产生一定的成本优势。总而言之，西部陆海新通道与沿线节点物流发展的协同特征主要包含以下三个方面。

（一）阶层性和同步性

西部陆海新通道与沿线节点物流协同发展理念存在于区域物流系统中，不再是一成不变的，而是具有多样化系统阶层性和同步性的特质。从物流运输区域来讲，陆海新通道主要通过国际铁海、国际铁路联运线路和跨境公路运输线路，使重庆与中南半岛实现连通，也将使中国大部分区域与东南亚、欧亚大陆、非洲等地区相连接。而无论是哪一种运输方式，货物都是从广西北部湾出海。西部陆海新通道与沿线节点物流协同发展反映的是国家物流系统和地区物流系统的联合效应，既有国家的宏观统筹规划，又要求各个物流节点物流系统的配合，目的是构建特有的区域物流协同系统。另外，为了确保每一个物流环节的衔接，西部陆海新通道各个物流节点应共同承担物流活动中可能出现的风险，并且有效率地解决问题，满足区域物流活动步调一致性的需求，大力发展西部陆海新通道与沿线节点具有优势的特色物流业，充分发挥主观能动性和创造性，科学布局物流产业，避免交叉重复的管理工作和监管空白，实现各个子系统之间的同步性配合。

（二）开放性和系统性

一个远离平衡态的开放系统若想实现有序的稳定结构，要解决内部的动态变化问题，而只有不断地与外界进行物质交换才可以抵消这种变化。当系统不与外界进行交换时，其无法形成有序结构，也毫无生命力可言。西部陆海新通道沿线节点物流协同发展的开放性主要体现为：西部陆海新通道位于我国西部地区腹地，北接丝绸之路经济带，南连 21 世纪海上丝绸之路，协同衔接长江经济带，是打开我国内陆地区和东盟市场的国际大通道。在开放性的宏观环境中，物流系统会进行不断的创新，与外界进行物质交换，以对区域物流管理为重点，合理分配物质与政策资源，减少物流成本和风险，提高各个物流节点的竞争力，从而实现物流协同发展。西部陆海新通道沿线节点物流的体制机制创新、技术创新、服务创新等活动均得益于协同学理论中的开放性和系统性。所以，针对开放性和系统性的物流系统，西部陆海新通道沿线节点物流协同发展需要各个子系统通过自组织进行创新发展，并针对区域、企业以及国家之间的物流管理、市场以及策略等进行物质和信息的交换，以一种无形的具有影响性的参数方式来支配和役使，在交换的过程中实现内外部协同创新发展，最终实现区域物流协调发展。

（三）适应性与差异性

物流系统具备较强的适应性是西部陆海新通道沿线节点物流协同机制所必需的形成条件。通过自组织过程，物流系统可以适应环境，进而产生新的结构、状态或者功能。所以，西部陆海新通道的建设会释放巨大政策红利，进一步推动重庆、广西等沿线物流节点深化物流管理体系改革创新，提高物流管理体系运行效率。保持环境适应性，实现物流体系快速持续成长。另外，虽然区域物流发展中存在共性，但还具有一定的差异性，由于受到内外系统的经济环境影响，各区域物流业的基础设施、服务能力以及运营管理发展不尽相同，较大的差异不利于区域物流的完善与发展。此外，各物流节点政府本位意识和局部利益主导西部陆海新通道建设规划，这在一定程度上使得西部陆海新通道物流建设功能与区域产业的整体布局出现矛盾和冲突，导致区域产业与物流布局不合理。因此，系统组织协调机制起到决定性作用，不同系统可以在系统内部进行自我约束和自我调节。在这种机制下，不同区域物流主体会关注共性领域并针对差异性问题进行协商，寻求双赢的解决途径。

三 西部陆海新通道与沿线节点物流发展引入协同学的可能性和必要性

（一）可能性

一方面，由于自组织理论包含协同论，协同论不仅能够发现一般本质规律，还在一定程度上架起了不同系统之间的桥梁。具体表现为：一是所有系统都是开放系统；二是各子系统的运动形式会决定系统演化过程中的结构。协同学理论所揭示的系统结构原理与构成可以为我们研究社会经济文化变革、物流体系发展等复杂的演化规律提供理论原则与研究方法，也具有普适性。此外，协同学理论的应用范围十分广泛，如在经济学领域中如城市发展、经济效率、技术创新等方面的协同效应；在物理学领域的力学模型形成等问题。正是这种特性，为把协同学理论引入西部陆海新通道沿线节点物流发展研究中，提供了新的理论视角与思维模式，这对物流管理体系以及区域协同发展问题具有重要意义。另一方面，西部陆海新通道沿线节点物流发展是一个复杂的开放系统。协同学理论的自组织原则会进一步揭示各个子系统之间的交换信息，保证宏观协调系统的活力，减少内耗，推动子系统发挥各自效应。

（二）必要性

首先，序参量是区域物流协同发展的主导因素。作为协同学理论的核心，序参量能够描述系统的整体行为，进一步展现系统从无序到有序协同转化的过程。所以，在西部陆海新通道沿线节点物流协同发展中，尽管影响区域物流协同发展系统的因素很多，但是如果能找到起主导作用的序参量，就可以很好地掌控物流协同发展的主要方向。所以，如果在西部陆海新通道沿线节点物流发展协调体系中审时度势，创造条件，加强区域物流内部协同，不断强化有益起主导作用的序参量，便可以促进物流体系平稳有序运行。其次，自组织是西部陆海新通道沿线节点物流协同发展自我完善的基本途径。因此，为了各个子系统的协调合作，减少内耗成本，充分发挥各自的功能，区域物流协同发展必然会通过自组织行为不断优化自身体系。最后，协同学理论是西部陆海新通道沿线节点物流协同发展的必然要求。由于面对复杂多样的子系统，在区域物流协同发展中会面临众多不确定性因素以及处于竞争相对激烈的环境中，如，西部陆海新通道各个物流节点的经济发展水平不一，会造成非对称性共生现象，其所带来的体制机制创新可能使得相关部门的职能范围产生交叉。另外，西部陆海新通道沿线节点产业布局雷同会导致相关地区的恶性竞争，这在一定程度上使得西部陆海新通道物流建设功能与区域产业的整体布局出现矛盾和冲突，导致区域产业布局不合理。在此背景下，西部陆海新通道沿线节点物流协同发展除了协调各内部子系统之间的关系外，还要同外部系统进行协调来提高自身的竞争优势，为了共同利益实现多方共赢。

第二节 系统论

一 系统论的发展与基本原理

20世纪中期，系统论由美国著名生物学家L. V. 贝塔朗菲（L. Von. Bertalanffy）正式提出，并于1945年撰写了《关于一般系统》一书，为系统论后续发展完善奠定了基础。1968年，贝塔朗菲正式发表了《一般系统理论基础、发展和应用》，这标志着系统论学科的正式成立。系统论是一个抽象且具有普适性的概念。具体而言，基于特定秩序，两个及以上可以进行相互区别、相互联系的要素为了实现特定目标而形成的整体即为系统。所谓的互相区别是指要素之间的形态区分，具有明确的边界，而互相联系是指要素之间具有相关关系。另外，要素会与外界环境产生联动，最终所构成的有机整体具有特定的功能。每个系统都可以看作宏观系统的组成部分，也称子系统或要素。系统论会把复杂的社会、自然、经济活动划分为多个保持动态平衡、彼此相互关联的子系统，尽管社会、自然、经济活动均可视为一个完整的系统，以便确保在资源有限的情况下尽可能实现各个要素效益最大化水平，体现其优势。系统论主要有以下四个原理。

（一）系统的整体性原理

当若干要素所组成的有机系统整体具有新的功能时，可看作系统的整体性原理。这是由于各个要素一旦成为系统整体的一部分，便会产生原来独立状态时不存在的新性质和新功能，整个系统的性质和功能也不再单纯地等于各个要素性质和功能的加和，而是会表现出大于各部分的总和。系统是由派生的要素组成的，各个要素通过集成和一体化过程逐步演化为一个整体。要素在系统中会以两种方式存在，一是在整体中保持相对独立，与其他部分结合；二是改变其原有形态并与其他部分相互组合，同时失去独立性。另外，要素中独立的部分可以通过一体化的进程形成整体。而整体与部分之间具有复杂的加和关系，常见的有两种。一是整体等于部分之和。加和性关系意味着整体与部分之间量的守恒。如果系统内各个要素的相互作用十分微小，以至于可以忽略不计，同时要素行为的关系是线性的，此时系统的整体与各个要素具有加和性。另一种具有非加和性，主要反映系统整体值的变化和量的非连续性、量的不守恒性质。系统内部各个要素的行为和性质会受到其他要素的影响。系统中各个要素都是按照特定方式进行相互联系，进而形成特定结构的整体，所以整体的功能不再等于各个要素的相加，而是具有非加和性。要素相加可以小于整体，也可以大于整体。前者是要素之间主要表现为相互抵消作用，后者则主要表现为相互协同作用。

（二）系统的层次性原理

系统的层次性原理是指系统是由数量和质量不同的要素组成的，所以在结构、功能以及地位上会存在等级秩序，表现出具有差异性的系统等级秩序。由于不同层次的要素会构建出不同的宏观系统，所以系统的层次是无限可分的。此外，系统的层次具有相对性，要素界定十分抽象，其本身也涵盖很多低一层次的要素，由此任何一个要素均可以看成一个系统。同理，对于更高层次的系统而言，其他系统也可以看成要素。由此可见，系统和要素都是相对的，所处的层次不同，代表的含义也不尽相同。另外，不同的属性、特征以及目的都可以成为划分系统层次的驱动因素。这是因为组成系统的要素会相互联动发挥各自的功能，为了达到特定目的，可以按照要素的属性、特征等对系统的层次进行划分，而这种划分并不会改变系统要素本身的客观存在。

（三）系统的开放性原理

系统与外界环境可以进行物质、能量、信息等交换，这就是系统的开放性原理。只有开放，系统内部要素和系统本身才会向有序状态演化。由于系统具有相对的层次性，所以一个系统的内部环境可以看作一个低一级系统的外部环境。而系统开放意味着系统内部的要素要产生联系，若无联系则说明该要素并非系统的一部分且没有功能，因为功能是对环境的影响，而只有系统本身保持开放性，才能促进其内外部的动态交换。

（四）系统的目的性原理

系统与外界环境进行交换信息、物质以及能量的过程中，在一定范围内受到细微条件变化影响时，仍然向某种预先确定的轨迹靠近，以达到特定的状态，这就是系统的目的性原理。系统存在的价值就在于通过系统对环境的交换功能而实现某种目的。功能存在于系统本身，目的则是通过功能的发挥而间接实现的。换言之，功能是系统达到目的的一个桥梁，系统的功能要服务于最终实现的目的，要根据目的来设计系统的功能，并根据功能来确定系统的结构。此外，系统的目的多元化有时会产生矛盾，为了形成统一目的的完整系统，使不同层次、不同性质以及不同重要程度的要素目标形成具有统一目标的宏观综合系统，要不断对系统内部具有不同目的的各个要素进行协调。因此，要合理地确立系统目的，化解系统内部要素矛盾，优化要素目的，降低矛盾存在的可能性，进而实现整个系统的统一目的。

二 系统的分类与基本规律

（一）系统的分类

系统的分类有助于厘清系统的结构。一方面，从系统特征角度出发，可以分为以下五种。一是封闭系统和开放系统。两者的区别主要在于是否与外界环境产生联系。但是真正意义上的封闭系统一般是不存在的，这是由于耗散结构理论表明封闭系统的熵值会不断增加至最大值，最后导致系统灭亡。另外，系统与环境的联动关系可以通过系统的输入和输出信息物质能力大小等来衡量。二是静态系统和动态系统。二者的主要区别在于系统输出和输入时是否与前后时间产生联动，若系统在某一时间的输出仅与同一时间的输入有关，则是静态系统；若系统在某一时间的输出与这一时间之前或者之后的输入有关，则是动态系统。所以，静态系统也称无记忆系统，动态系统也称为记忆系统。三是线性系统和非线性系统。二者的区别主要在于输入及输出和初始状态是否存在线性叠加，若存在则为线性系统，反之则否。但是，大多数系统都是非线性系统，只有在严苛的实验中人为干预才可以产生线性系统。所以，在一定程度上，线性系统的无穷逼近和叠加便可形成非线性系统。四是确定性系统和不确定性系统。二者主要区别在于，唯一的规定下某一时刻的输入与状态是否能确保下一时刻的输出与状态：若能，则为确定性系统；若不能，则为非确定性系统。其中，唯一的规定是指特定的状态集或输出集。

另一方面，从系统的实际内容出发，系统可以分为一般系统和具体系统。一般系统是指在若干系统中抽取特殊内容而得到一个具有共性的抽象系统，而会有内容的系统则为具体系统。一般系统不考虑组成系统的要素种类、性质以及元素之间的关系，而是具有一种融合特定种类的通用性。

(二) 系统论的基本规律

1. 结构功能相关规律

系统的基本属性就是结构和功能，二者的联动和转化规律即为宏观系统结构和功能的转化规律。系统的结构具有规定性，即在不同时空中仍具备的相互关系序列，并非机械的受限于系统内部要素的数量、时间和空间的排序等。此外，系统的功能具有有源性和多样性。系统的结构会影响其功能，而功能是结构的外在表现。所以，由系统内部结构所引起的功能变化通过协调最终会产生一个具有稳定的结构和功能状态的系统。若把系统看作黑箱，当改变要素的时间和空间排序，就会观察到不同时序要素所组成的系统功能差别，这有助于完善系统结构，确定最优化系统功能。

2. 信息反馈规律

信息反馈规律是指系统的输出有一部分是由系统的输入产生的，输出的结果也会有一部分内容反馈给系统的输入，系统会根据输出结果的调整，进一步控制系统的输入，最终使系统的输出实现系统的设计目的。由此可见，信息反馈规律是推动系统完善和优化的重要机制。

3. 竞争协同规律

竞争协同规律是指系统的内部因素与外部环境同时存在整体同一性和个体差异性两种性质。其中，同一性意味着协同因素，而差异性意味着竞争因素，所以，一个宏观系统内部竞争与协同不再仅仅是矛盾的对立面，而是通过相互联系，不断转化，共同推动系统的演化和发展。通过竞争，系统要素得以保持其适应系统宏观发展的个体特征，而协同是系统内部要素相互依赖的必要条件。总而言之，系统的竞争和协同关系是同时存在且相互依赖的，一个非平衡系统会通过竞争和协同完成自组织行为。

4. 涨落有序规律

涨落有序规律阐述的是系统发展演化的涨落可以使其从无序到有序。涨落就是起伏变化，是一种非平衡的状态，意味着偏离系统的平衡状态。

而有序则是指系统内部要素与外界环境有规则的联系。通过涨落实现有序，开放系统实现自组织，成功进化；否则，通过涨落系统达到无序状态，会导致其解体和退化。

5. 优化演化规律

优化演化规律是指系统在不断优化的演化过程中所产生的规律性变化。演化是指系统通过突变或者渐变，使得开放性系统内部要素不断调整，进而实现系统与环境的平衡状态。系统的演化是必然的，但是系统的优化却需要相对复杂的条件，往往都是通过改变外界环境来变更系统演化路径。由于系统的结构和功能的相关规律是联动的，所以系统的规律之间也是相互联系的，不同结构的系统通过信息反馈、要素之间的竞争与协同以及涨落、演化，来实现系统整体功能的优化。

三　西部陆海新通道沿线节点物流发展引入系统论的可能性和必要性

（一）可能性

一方面，系统论的基本规律具有动态性。构成西部陆海新通道沿线节点物流发展的系统中含有很多子系统，各个子系统之间通过信息反馈、竞争与协同以及涨落、优化演化等规律来动态协调整个宏观系统，使其达到平衡的状态。如：西部陆海新通道建设各节点物流协调机制可利用"国家—省区市—企业"三个层次的协调模式，不断优化西部陆海新通道综合布局，充分发挥主观能动性和创造性，实现输出结果最优化。

另一方面，系统论具有开放性。系统的开放性意味着系统可以借助开放结果从外界环境中获取物质、能力和信息，最终趋于有序状态。西部陆海新通道建设的开放性主要体现为深化各区域对外开放交流、搭建联动合作平台、促进交通物流商贸产业融合发展。不断优化开放体制环境，深化国际贸易合作是西部陆海新通道高质量发展的重要目标之一。西部陆海新通道的建设不仅仅是打造东西互济、南北联动的国内战略格局，更是强调陆海统筹、双向开放，重点突出与"一带一路"东南亚沿线国家战略联动的开放格局。既充分考虑与国家区域发展战略精准对接，服务国内市场建设，又侧重于以"一带一路"为统领全面对外开放。此外，基于系统的开放性，广西物流开放平台的搭建效率也有进一步提高的空间。由此可见，开放性可以激发西部陆海新通道沿线节点物流系统的活力和有序发展，使得最终效率得到提升。

（二）必要性

西部陆海新通道沿线节点物流发展系统是一个整体，利用系统论中的整体性原理能够帮我们深入了解区域物流体系的特征，并为西部陆海新通道沿线节点物流体系发展提供理论依据。由于系统内部要素相互作用方向不同，部分相加后的结果不尽相同，在西部陆海新通道沿线节点物流发展系统构成中，应该尽量规避国家与地区、物流体系与监管体系等要素之间的相互制约和反向影响，使系统内各个要素形成相互协同的整体，达到要素之和大于整体系统的目标，西部陆海新通道沿线节点物流体系发展具有完整的层次序列，比如：西部陆海新通道物流系统、各个区域节点物流系统、综合运输系统、公路铁路水路运输系统、路线规划系统等。通过将物流发展体系细化成各个具有层次性的子系统，分解复杂系统，以此提供清晰的量化标准，并对无结构的系统提供多目标多准则的系统评价，有助于为宏观决策提供参考标准。西部陆海新通道沿线节点物流发展的系统具有多重任务，比如：在国家、地区层面要构建面向东盟的国际大通道，打造西南、中南地区开放发展新的战略支点；在物流企业层面要不断完善物流体系平台建设，推动智慧化国际化物流融合，等等。这些目标任务本身就需要协调和优化，比如：降低运输成本和提高物流服务质量之间会存在一定矛盾；物流企业利益与社会责任目标也会存在一定的冲突，等等。由此可见，只有化解目标之间的冲突，实现系统统一的目的才能够促进西部陆海新通道沿线节点物流高质量发展。

第三节 交易成本理论

一 交易成本理论的发展及含义

1937年，科斯在《企业性质》一文中首次提到交易成本概念，这是新制度经济学学科上的一项重要分析。新古典主义中企业以追求利润最大化为目标，并且最优化的终极目标是在市场机制无摩擦的假设前提下实现的，忽略了交易费用的存在。他认为价格机制是存在成本的，而市场上的价格并非透明且随意获得的，所以将未知的交易价格信息化为已知时，必然会付出一定的代价。这意味着企业以利润最大化为目标时，必然要考虑市场上每一笔交易所付出的成本，而成本往往存在于交易或者谈判签约的过程中。1960年，科斯又发表了《社会成本问题》一文，进一步阐述了交易成本的本质，企业为了进行市场交易，需要获取供给方或者需求方的信息、交易的方式、讨价还价的谈判、缔结契约以及谈判履约等，而这些工作往往也要耗费一定成本。所以，价格机制的成本就是企业在市场上为了发现价格进行协商和达成协议所耗费的成本。科斯认为，企业与市场之间存在一种对等的资源配置方式，交易费用的增加会在一定程度上限制市场的扩大，而企业的扩张必然会带来自身组织成本的增加。

不过，科斯并未完整地定义交易成本，所以后续引出了两种学派对交易成本的定义，一类是以威廉姆森为代表的新制度学派的定义，另一类是以尼汉斯为代表的新古典主义学派的定义。一方面，交易成本是建立和维持产权的成本。所以，Williamson（1985）从契约和交易成本的角度出发，将交易成本的决定因素分为交易因素和人的因素。在交易过程中直接或者间接产生的成本费用，比如信息的收集、协议的起草、谈判和维护等，属于有形且客观的成本费用。而人的因素是指当交易偏离了计划准则时所引起的"人为"消耗成本，包括双方机构解决纠纷、建立和运作管理机构、交易主体自利的决策等产生的成本费用。张五常（1996）提出交易成本存在于产权、交易甚至是经济组织中，由于各种类型的成本无法全部细分，所以交易成本的范围十分广泛，可以看作总成本刨除物质生产过程的成本后的剩余。另一方面，新古典主义学派对交易成本的界定更为狭窄。汉尼斯（1987）给出了一个精简的定义，即：交易成本是产生自产权交换的成本。这意味着在市场经济中任何产权的转移变更都会产生交易的成本费用。因为交易的双方需要沟通交换信息，以便检查和衡量货物，草拟合约，并根据市场中商品买卖的价格利差决定交易。另外，交易成本的存在形式可以是费用投入或者资源投入。总而言之，新古典主义学派强调交易双方在交易过程中所产生的成本，但是行政执行性成本不包含在内。基于此，零交易成本的经济体系是可以在国营经济组织中存在的，此时的交易成本被看作由劳动投入量所决定的交易职能（Constantinides，1979）。

二 交易成本理论产生的原因

交易成本实质上与搜寻信息相关的成本有着密切的联系。非一人社会条件下，买卖双方在交易过程中获取信息需要支付一定的费用，交易成本就此产生。其中，社会财富并不会由交易成本的产生而体现，但是交易成本作为一项占用市场资源的因素却影响着社会的经济效率。交易成本产生的原因主要有以下三个方面。

（一）不确定性与复杂性

交易双方在签订契约时往往会考虑一些不确定和复杂的因素，在交易过程中必然增加了由于不可预期的因素带来的议价成本，同时也增加了交易难度，这个交易难度在一定程度上就可以表现为交易成本的大小。通常而言，不确定性和复杂性可以体现为两个方面。一方面是基于交易环境视角，市场具有不确定性与复杂性。在交易过程中，交易商品的种类、品质、供给情况未知。此外，商品的价格和制度安排是不确定的，可能存在竞争与垄断效应，而这种不确定性和复杂性往往无法通过技术手段消除。另一方面是基于买卖双方视角，知识和技术的供给具有不确定性和复杂性。一是人类知识有限，无法对交易的商品进行全面准确的评估，往往会受到其他非客观测评的干预。复杂的心理预期变化，导致交易双方会受到深层心理的力量影响来主观判断交易物品的好坏。二是交易双方对事物的评价具有不确定性和复杂性。在交易过程中除了物物关系，还会形成交易双方的权利关系。不同的买方或者卖方对权利的预期和评价不尽相同，即便是相同的买方或者卖方在不同阶段或者不同情境下对待事物的看法也是不同的。

（二）投机主义

投机主义是指买卖双方通过随机应变、投机取巧最大化自己利益的行为。经济活动中买卖双方都是理性的利己的，所以在达成契约时可能会隐瞒不利己的重要信息；即便是在履行契约阶段也会以不可抗要素为理由迫使对方妥协以谋求利益；或者是在合约纠纷发生时，可能会千方百计以各种理由宣判对方失约，等等。投机主义的产生往往来自经济人的有限理性、外部经济效应和信息不对称。此外，投机主义还会利用市场上的价差获取利益或者出卖信息来营利。由此可见，投机主义所产生的违背契约行为会增加交易成本，降低经济效率。

（三）资产和交易的专用性

一方面，资产的专用性是指在保持一定的生产价值的前提下，对某项资产进行重新配置，能够将其投入其他相似的生产用途或者重新调配使用的最大限度。换而言之，资产专用性是指用于特定用途后被锁定很难再作为其他性质的资产，这种资产与某种特定用途相结合时，才能体现其价值，否则其价值将会被大打折扣。与沉没成本相关，资产的专用性意味着交易成本在事前无法被预料。由于资产的专用性决定了资源的特定用途，资产专用性高的企业会为了降低交易成本而在企业内部自行生产，而资产专用性低的企业会把交易由企业内部转向市场，以便获取更低成本的生产资料。

另一方面，韩智勇和高玲玲（2004）认为交易的专用性可以用 K 来表示，其中，q 表示企业对该交易的需求量，Q 表示市场对该交易的总需求量，也就是所有企业对该交易的需求量之和。由式（2-1）可知，当企业对某一项交易的需求量 q 一定时，交易的专用性 K 与市场对该交易的总需求量 Q 成反比，这意味着市场交易的总需求量越大，与企业交易的需求量差距就越大，交易专用性 K 值越小；而市场交易的总需求量越小，越接近企业的交易需求量时，交易专用性 K 值越大。另外，交易的成本包含交易生产成本和交易转移成本，而交易最终能够实现的模式是由上述两种会随着交易专用性的改变而改变的交易成本决定的，其既可以通过企业组织也可以通过市场组织进行交易，主要取决于哪个成本更低。由此可见，交易的专用性会在一定程度上影响交易的方式。

$$K = \frac{q}{Q} \tag{2-1}$$

三 交易成本的分类

由于交易成本并未形成统一的界定，不利于经济学科建立健全的逻辑体系和交易成本的测度。为了进一步对交易成本进行划分，基于已有文献，本书认为交易成本是指交易双方相互作用的成本，而双方的相互作用表现为界定和规范利益关系以及人为消耗。交易成本与转型成本（投入转换为产出所产生的消耗成本）的和即为社会的经济成本。交易成本的分类有助于厘清不同研究框架下交易双方的权利与义务。

第一，按照宏微观的表现形式来划分，交易成本可以分为宏观交易成本和微观交易成本。二者的区别在于交易的范畴不同，宏观交易成本体现在国家范围内处理贸易双方交易时所产生的费用；而微观贸易成本是指发生在某一单位如企业或者某一交易中的贸易成本。

第二，按照交易成本的表现形式来划分较为常见。交易成本可以分为搜寻成本、谈判成本、制定和签署合同成本、执行成本等。搜寻成本是指在信息不对称的市场，为了获取价格最优的交易对象而支付的各种时间、精力以及风险等成本费用的总和。在搜寻过程中所耗费的时间成本不可忽视，所以，可以把信息搜寻看作一种机会成本，只有当这种机会成本小于信息搜集所带来的产品价格收益时，交易者才会继续搜寻，否则搜寻将会终止。谈判成本是指交易双方在合同谈判订立的过程中所投入的时间、人力、物力和财力等成本。制定和签署合同成本是指为完成合同所产生的直接和间接费用，直接费用是指可以计入合同成本核算对象的各项费用支出，而间接费用则是不宜直接归属合同成本核算的各项支出。执行成本是一种事后监督成本，如果贸易的一方并未履约，那么执行合同所发生的诉讼费用、违约费用都可以看作执行成本。

第三，按照交易类型来划分，交易成本可分为市场性交易成本、管理性交易成本以及政治性交易成本。市场性交易成本是一项直接成本，是交易活动的成本耗费。管理性交易成本是指存在于组织管理内部交易活动的费用，如单位制定政策、人事安排、代理费用和信息费用等。政治性交易成本是指国家或者国际社会团体建立，维持和改变相关制度、法律法规以及从事社会公益性活动所产生的费用。

第四，按照交易范围来划分，交易成本可以分为内部交易成本和外部交易成本。两者的区别在于交易双方是否属于同一个组织，组织内部交易活动发生的成本是内部交易成本，如代理费用、考核费用等；组织与其他组织交易发生的成本则为外部交易成本，如信息费用、诉讼费用等。

第五，从交易中是否存在机会主义来划分，可分为内生交易成本和外生交易成本。杨小凯和张永生（1999）认为在交易过程中由于决策之利益冲突所引起的价值损失，并导致资源分配产生背离帕累托最优的扭曲即为内生交易成本，这是一种典型的机会主义行为。而外生交易成本则是在交易过程中并非由利益冲突导致经济扭曲的直接或者间接费用，如商品运输过程中所耗费的资源。

第六，从是否产生经济效益来划分，交易成本可以分为无效交易成本和有效交易成本。无效交易成本是指由欺诈、制度不完善以及纠纷等商业不信任行为造成的交易成本，它丝毫不能助推经济发展，甚至还产生了阻碍作用。有效交易成本则是指能给交易双方带来效益的成本，并促进经济向好运行。所以这种分类方法可以将成本和效益有机结合起来，并进一步控制无效成本的产生。

第七，按照会计计入方式来划分，交易成本可以分为直接交易成本和间接交易成本。直接交易成本是指可以直接根据交易活动中消耗的费用凭证计入产品中的成本。比如，单位发给产品公关人员的劳务便可以直接计入会计账户中。另外，信息成本和搜寻成本也可以看作直接交易成本。而间接交易成本则不能直接计入生产产品的成本中，而是需要按照一定的方法通过分配计入其中。

四　西部陆海新通道沿线节点物流发展融入交易成本理论的意义

一方面，交易成本理论是西部陆海新通道沿线节点物流组织模式选择的关键。广西北部湾作为西部陆海新通道对外开放的重要门户，与西部陆海新通道的各个物流节点的物流组织模式的选择与融合十分重要。而根据交易成本理论，西部陆海新通道沿线节点物流形式是由其内部组织物流运行成本和市场交易成本所决定的，具体可以分为自营物流、物流外包以及物流协作。首先，自营物流的组织模式也称作第一方物流，对物流的需求通过自我提供的方式实现，可以适用于西部陆海新通道内部各自职能部门独立的物流资源和功能进行整合，资产专用性较高，会为了进一步降低交易成本而在内部自行流通，但是基础设施的沉没成本和功能成本不可忽视，适用于初期的物流基础设施搭建和整体规划的统筹。随着市场的逐渐扩大，物流设施的逐渐完善，自营物流模式的交易成本会逐渐下降，运输效率会随之提升。但是，规模扩大所带来的分散管理成本和资源的闲置浪费成本也不容忽视，否则难以形成一定的规模。其次，物流外包是以签订合约的方式，将物流活动委托给较为成熟的专业物流企业运作。因此各个物流企业之间便会形成竞争，此时各个物流节点要根据交易成本选择物流外包公司，形成具有周期性的、反复性的物流功能。最后，物流协作是指地区与物流企业基于物流长期目标而采用的合作，二者是以一定的机制形成多向流动、共担风险、长期互利的一种稳固合作关系。这种模式既可以让西部陆海新通道沿线节点物流外包模式获取规模效益和专业化服务，又会降低物流外包的交易成本，这是因为交易的风险、不确定性以及交易的频率都会大大下降，形成有效的交易成本，提高物流运输的经济效率。

另一方面，交易成本理论在一定程度上是西部陆海新通道沿线节点物流发展的宏观和微观视角基础。从宏观层面上剖析，西部陆海新通道战略是促进区域经济繁荣发展的契机，各个物流节点会进行经济制度的选择，并且会选择交易成本较低的经济制度，从而保持"均衡"的区域经济制度结构。

第四节 产业联动理论

一 产业联动的主要方式和机理

（一）要素流动

产业联动发生的基础条件之一便是生产要素流动。生产要素流动意味着生产资料、资金、技术以及劳动力等生产要素在空间上的转移。所以，区域之间产业联动的强度和水平由生产要素流动的程度和方向决定。产业联动过程中整个要素集合体的流动可以降低生产成本、拓展市场。此外，要素流动的发生机制在于不同产业的要素价格具有差异性，并从价格低的产业流入价格高的产业，要素价格的高低也反映了产业要素的稀缺程度。在产业发展的不同阶段，要素流动的特点也有所不同。发展初期，生产要素会从发展潜力较慢的行业转移到发展迅速的行业，以便获取更高的相对价格。而发展到一定阶段后，生产要素会流向发展缓慢的行业。要素流动所包含的内容也发生变化，发展初期为资金、劳动力等传统基础的生产要素；发展一段时间后，技术、信息等成为流动的主要生产要素。要素的流动可以节约产业之间的生产资源，减少恶性竞争，促进产业的积极发展。

(二) 产业转移

生产资源供给和产品需求状态的改变会影响产业的发展，导致某些产业从一个地区转移到另一个地区，这便是产业转移。产业的转移是一项具有时间和空间维度的动态演化过程，同时也是国家间和地区产业分工以及产业联动形成的主要途径。产业转移的主要动因有三个方面。一是市场扩张的需要，当市场的需求结构发生改变时，产业结构必然面临着调整的压力，市场上低技术和劳动密集型产业产品市场逐渐饱和，竞争日趋激烈。所以，为了顺应市场需求结构变化，那些市场饱和的产业会被逐步转移到市场需求尚未饱和的欠发达地区，实现调整优化产业结构的目的。二是产业分工的需要，产业分工是产业转移的主要目的。合理的产业分工有助于产业内要素流动质量的提高。同时，产业内的水平分工和垂直分工也会得到完善。三是综合利用资源的需要，跨行业要素资源的综合利用，对于优化区域产业结构、增强西部陆海新通道沿线节点物流企业竞争能力具有重要意义。此外，产业级差是产业转移存在的前提条件，西部陆海新通道各个物流节点经济发展水平差异较大，高梯度的区域内不具有比较优势的产业会转移至存在比较优势的低梯度区域，而同梯度内的产业布局雷同，会导致相关地区产业的恶性竞争。所以，随着市场供需结构的选择，产业转移总是在不断进行的，其最终结果会促使各个物流节点的产业类型与自身的经济要素禀赋以及经济发展整体水平相适应。

(三) 产业联盟

随着环境不确定性因素以及竞争压力的增加，产业联盟由此逐渐形成，产业联盟的主体往往具有相同的目标和共同的利益，通过各种协商或者契约的方式形成优势互补、风险共担以及生产要素多向流动的网络组织。产业联盟的特征可以分为以下几种：一是组织的松散性，产业联盟并非静态组织，不会始终保持一成不变的战略目标和合作形式，而是会随时调整的动态开放体系。二是合作的平等性以及合作关系的长期性，相对稳定和平等的合作可以实现长远收益的最大化。三是整体利益的互补性，每个企业都有其自身特定的优势，通过优势互补、扬长避短的协作可以产生"1+1＞2"的协同效应。

产业联盟的主体通常以某一主导产业为核心，大量相似产业为了追求产业间的规模效应，逐步凝聚成经济组合体，这种组合是在经验与前瞻、宏观与微观、市场与政府等一系列相互错杂的因素形成的。所以，产业联盟的类型可以分为内因型产业联盟和外因型产业联盟。内因型的产业联盟是指某一产业的生产企业过多，市场竞争激烈，企业为了实现资源的有效利用，加强合作交流而产生的产业联盟，通常以技术联盟为主要形式。内因型产业联盟的主要机理是创新与共享，创新能够更好地满足饱和市场的需求，从而解决单一企业的技术进步和重复研发问题，合理进行资源配置。另外，企业的合作意愿也是内因型产业联盟的运行机理，只有积极的主观协作才能够形成整体合力的群体。而外因型产业联盟是由于产业遇到了外来压力，比如关税和非关税壁垒、减少或取消配额等，为了使企业的生产避免惨重损失，在商会或者主导企业的组织协调下，自发主动形成的，它们的目标一致，同心协力对抗外来压力。由此可见，外因型产业联盟运行的主要机理是企业积极的应对意识和行为。

二 产业联动的类型

根据产业联动的方向，产业联动可以分为垂直型产业联动和水平型产业联动。

（一）垂直型产业联动

垂直型产业联动是基于产业链垂直联系而发生的联动过程，而产业内的垂直分工是垂直型产业联动的重要机理。具体而言，企业在生产过程中会按照价值链的比较优势将劳动密集型和技术密集型的生产组织体系予以划分,而技术密集型的工序大多被限制在发达国家和地区,跨国公司会将组装工序等劳动密集型生产组织转移到欠发达国家和地区,从而产业内便会形成非熟练劳动与技术交换的分工形式(杨曦宇,2001)。另外,由于经济体辐射力增强和产业结构的升级所引起的产业转移表现形式并不相同,前者产业转移的标准会考虑距离的远近而后者强调的是产业梯度的转移,即从较高的产业梯度向较低的产业梯度转移。由此距离因素不再是企业进行产业联动的唯一要素,产业转移的空间联动进一步拓展。西部陆海新通道的重要价值之一就是引导产业布局,紧密围绕区域产业发展需要,创新区域协同发展机制下的综合政策支持手段,促进交通物流与产业联动融合发展。而垂直型产业联动模式可以通过对产业上下游价值链的区位选择共享基础设施与资源,促进物流与产业协同发展。

(二)水平型产业联动

水平型产业联动是指基于企业之间的信任而形成的合作与联动,如:技术开发、信息交流以及市场开拓等,同时其主要特征表现为基于信任的合作竞争和技术扩散。其中,技术联动是产业联盟的高级化发展路径。张艳等(2006)认为区域内部的交互式学习、知识创造和分享以及社会文化等都会助推区域产业联动。西部陆海新通道对各个地区产业的带动作用、跨区域协同联动等已初见端倪,水平型产业联动能够产生较强的信息和知识累积效应,有助于产业的创新融合。同时,水平型产业联动可以降低处在西部陆海新通道同一经济区的联盟企业学习成本,推动不同类型的知识流动,逐渐强化联盟产业的创新能力和竞争能力。此外,水平型产业联动还可以通过高效的网络化互动与合作实现灵活的专业化生产,形成以信任为基础的、竞争与协作并存的机制,加快西部陆海新通道物流与其他产业的观念传播、调节经济利益、减少交易限制,实现建通道、拓平台、联产业,致力于打造高水平开放、高质量发展的新格局。

三 产业联动的模式

结合产业联动的方式和类型并基于产业联动的总体目标，产业联动的模式由低级向高级可以分为三种：基于产业链的产业联动模式、基于市场的产业联动模式以及基于创新的产业联动模式。

首先，基于产业链的产业联动模式是一种基础的产业联动模式，属于一种垂直型产业联动，为了获取稳定的要素和中间产品的供给，各企业可以通过在供求链中联合合作伙伴，从而创造出的一体化产业链的联动模式。此外，基于产业链的产业联动模式的主要实现方式是通过要素的流动和产业转移，利用转移区域相对廉价的生产要素资源，获得相对稳定的上游产品价值链位置。但是，这种传统的单纯依靠低成本要素来引导产业发展的联动模式相对初级，无法满足西部陆海新通道和广西物流发展的新机制和新路径的宏观要求。

其次，对于基于市场的产业联动模式而言，Ward（2000）认为区域产业联动的主要驱动力是市场机制。早期，产业之间的关联深化程度是以中间品投入的数量进行衡量，但是这忽略了市场的需求结构所带来的影响。具有高利润、低资本周转率特征的小市场成为行业拓展的绊脚石，要打破这种恶性循环，就需要寻求更广阔的合作市场展开合作，激发产业之间的良性竞争。比如，以制造业为代表的产业发展对市场化服务的需求较高，在当前知识经济背景下，信息技术的运用使得制造业的组织管理模式发生巨大变革，企业分工更细，组织生产也呈现柔性化发展趋势，这种生产过程中的服务业摆脱了附属地位，逐渐成为一种主导性的力量。由此，制造业与服务业由于市场供需结构的变化产生了联动。而西部陆海新通道的战略价值之一在于通过对运输链、物流链和供应链的融合联动发展，逐渐形成合理的、对接国内国际产能合作的产业分工体系，这大大凸显了产业联动模式的优势，通过产业联动对经济要素的空间组织进行优化与合理配置，从而引导产业布局。

最后，基于创新的产业联动模式的主要目标是提升整个产业能级，开展技术、制度等领域的联动。换言之，基于创新的产业联动模式就是产业技术在不同经济体之间的流动和融合的过程，属于水平型联动模式，且联动方式为产业联盟。互惠互利是其产业联动建立的前提，产业联盟之间的信任尤为重要，这种产业联动模式收益最大的同时所要承担的风险也最大。基于创新的产业联动模式可以满足西部陆海新通道区域产业发展的需要，不断促进交通物流与产业创新联动融合发展。

四 产业联动的发展阶段

产业联动并非一蹴而就，而是随着时间的推移逐步演化形成，在不同的经济发展阶段，产业联动呈现的特征也具有差异性，造成这种差异的驱动力量则是产业的集聚与扩散。其中，产业的集聚效应是指各生产要素由欠发达地区产业流入发达地区产业，区域产业差异化进一步扩大；扩散效应是指生产要素由发达地区产业流入欠发达地区产业，使得区域产业差异化逐渐缩小。两种效应共同作用于产业联动过程，形成不同的产业联动阶段，产生不同的联动效果。产业联动有以下三个阶段。

首先，在要素绝对集聚阶段，由于各个地区产业经济规模受限，大多依赖于当地生产资源和市场需求，和其他地区产业的联动动力不足。随着制度改革和经济发展，个别区域产业效率会迅速提升，当地生产资源供给以及市场需求无法支持产业的扩张时，周边地区的生产要素便会流入，产业联动由此产生。所以，要素流动是产业联动在要素绝对集聚阶段的主要方式。在这一阶段，上下游产业的集聚会大大降低中间投入品的消耗，减少运输成本。西部陆海新通道建设便为产业联动初期提供了政策红利，通过产业的前向关联或者后向关联以及外部效应促使生产要素集聚在各个物流节点区域，这种循环累计效应进一步强化了产业联动。

其次，传统要素扩散阶段主要是通过产业转移的方式实现的，生产要素由发达地区产业向欠发达地区产业流动，而高级生产要素仍然由欠发达地区流向发达地区。此时，在产业联动内部，发达地区产业会将价值链上的职能和环节重新配置，实行一体化经营，以低成本的协同效应实现产业整体最大化的收益。但是，联动的各个产业是不平等的，发达地区产业起着控制性作用。西部陆海新通道建设可以加强与东盟国家的联系，西部地区直接融入新加坡、文莱等较发达国家的价值链和供应链，由"幕后"走向"台前"，由"间接"对外开放走向"直接"对外开放，这在一定程度上会促进各个物流节点的产业向拥挤程度较低的外围迁移或者吸引外部性较高的产业流入，形成合理有效的产业联动。

最后，在区域产业互动发展阶段，要素的流动和产业转移不再是产业联动的主要方式，联动的产业相对平等，没有明显的产业级差，所以此时的产业联动形式主要是产业联盟。在此阶段，产业的空间组织结构会逐渐形成纵横交错的互动关系。从要素的流向和内容来看，随着区域产业创新水平和经济影响力的增强，技术等高级生产要素也会由发达地区产业流入欠发达地区产业，基于创新合作的水平式产业联动逐渐加强。交通物流与其他产业的联动是西部陆海新通道高质量发展的必经过程，也是各沿线节点物流未来发展的新方向，在区域产业互动发展阶段如何建立产业联动模式的保障机制，帮助物流业与其他产业了解市场的供需关系，合理配置资源，优化联动结构，是提升产业联动耦合度的关键。

本章小结

本章主要基于协同学理论、系统论、交易成本理论以及产业联动理论的基本观点和方法，为西部陆海新通道沿线节点物流发展提供理论基础。

第一，本章第一节首先介绍了协同学的基本概念与发展过程，并提出了协同学理论主要有四个方向。其次，总结了西部陆海新通道沿线节点物流发展的三个协同特征。最后，阐述了西部陆海新通道沿线节点物流发展引入协同学的可能性和必要性。

第二，本章第二节详细阐述了系统论的发展与基本原理。从系统特征角度和系统的实际内容两个角度对系统论进行分类，并总结了系统论的基本规律，进一步讨论了西部陆海新通道沿线节点物流发展引入系统论的可能性和必要性。

第三，本章第三节首先介绍了交易成本理论的发展进程和含义，认为交易成本产生的原因主要有三个方面。其次，按照不同的视角将交易成本进行分类，旨在厘清不同研究框架下，交易双方的责任与义务。最后，阐述了在西部陆海新通道沿线节点物流发展中融入交易成本理论的意义。

第四，本章第四节首先介绍了产业联动的主要方式和机理。其次，进行了产业联动分类。再次，阐述了产业联动的三种模式。最后，明晰了产业联动在不同发展阶段的表现形式。

第三章 西部陆海新通道沿线节点现代物流业协同发展概述

第一节 西部陆海新通道的演变、战略定位与功能

一 西部陆海新通道的演变

纵览西部陆海新通道的演变历史，我们可以发现打通西部地区南向海陆通道的想法并非一时兴起，而是早有计划和准备。而西部陆海新通道的前身又可以追溯到西部大开发战略和"一带一路"倡议。

（一）西部大开发战略

随着改革开放浪潮的高涨，我国东部沿海地区经济得到了率先支持和发展，但由此带来的区域发展不平衡问题也受到了国家的关注与重视。2000年，国家为了巩固边疆国防安全，实现共同富裕和民族团结，不失时机地提出了西部大开发战略。一方面，整个西部地区面积约占全国陆地面积的56%，但其人均国内生产总值却低于全国平均水平，更是远低于东部沿海地区。此时，加快改革开放步伐、提高经济发展水平已成为西部地区人民的迫切诉求。另一方面，为推动经济高质量发展，促进产业结构转型升级，东部沿海地区的产业向西部地区转移的步伐逐渐加快。西部大开发战略能够同时平衡东部地区和西部地区经济发展需求，对于扩大内需、协调地区发展、推动整体国民经济的增长起着至关重要的作用。西部大开发战略主要从"大开荒""点线面结合""调整产业结构"

这三条工作路线出发。

1. "大开荒"工作路线

西部大开发战略作为一项规模宏大的工程，需要一个系统的规划，而交通基础设施建设则是整个规划的基础。"大开荒"的重点就是加快西部地区的交通基础设施建设。西部地区只有将交通基础设施建设发展起来，才能积极地承接东部产业转移，做到厚积薄发。自西部大开发战略实施以来，西部地区都得到政策和资金的倾斜与投入，各级政府机关对西部地区交通基础设施的投入不断加大。秉持着"要想富，先修路"的理念，西部地区的交通基础设施得到了大规模的发展，取得了明显的成效。西部地区经过20多年的发展，在高速公路、铁路、机场和港口等方面都取得了有目共睹的成就。此外，各类能源基础设施和通信基础设施也取得了长足的发展，西气东输、西电东送、水利枢纽、退耕还林还草等项目的展开不仅提高了资源利用效率，还有效地遏制了生态恶化。

2. "点线面结合"工作路线

"点"一般指的是省会中心城市和交通枢纽城市，"线"指的是交通干线，如亚欧大陆桥、长江黄金水道、西南出海通道等。以线串点，交通干线的两端连接的是中心城市和交通枢纽城市，以点带面，发挥中心城市的集聚功能和辐射作用，促进周边区域的发展，最终实现西部地区点、线、面的结合，推动西部经济区、经济带的形成。"点线面结合"的工作路线能让我们集中精力，集聚资源去发展中心城市，进而带动周围地区和农村发展。

3. "调整产业结构"工作路线

调整产业结构就是推动东部沿海地区产业大规模地向西部地区转移，产业转移既能促进东部地区产业结构升级，又能合理开发利用西部地区的自然资源优势和劳动力优势。一方面，为了承接东部地区的产业转移，西部地区借助国家利好政策不断改善营商环境，同时各类产业园区项目逐步落地。另一方面，随着西部地区承接东部产业转移步伐的加快，西部地区对于部分货物需求增加，进口量激增。自西部大开发战略实施以来，西部地区经过20多年的努力发展，不仅推动了汽车、化工、家电等传统产业的发展，而且吸引了信息技术、新能源等产业项目的落地，实现"质"与"量"齐头并进发展，为其积极参与国际贸易提供了产业基础。

（二）西部大开发战略与西部陆海新通道的联系

西部大开发战略通过三条工作主线，促进了西部地区经济发展，积极推动经济结构战略性调整，努力实现区域平衡发展。"大开荒"工作路线加快了西部地区交通基础设施建设步伐；"点线面结合"工作路线发挥了中心城市集聚作用，带动了周边地区发展；"调整产业结构"工作路线壮大了优势产业，发展了新兴产业，促进了产业集聚发展。

随着中国特色社会主义进入新时代，西部大开发战略也被赋予了新时代色彩。如果没有西部大开发战略实施以来20多年的努力，西部地区的基础设施建设就发展不起来，当代的西部陆海新通道物流组织和营运组织更无从谈起。西部地区积极承接东部沿海地区产业转移，形成了适应西部区位优势的特色产业体系，构建了新兴产业集群，这为西部陆海新通道建设提供了产业保证。作为西部大开发战略的升级版，西部陆海新通道利用西部大开发战略已有的基础，将视野从国内舞台转向国际舞台。而广西位于西部陆海新通道建设的关键节点，必须紧抓时代机遇，畅通西部出海口。

（三）"一带一路"倡议

为了开启中国与周边国家合作共赢的新时代，实现交通和通信的互联互通，贸易和投资的自由便利，更好地扩大经贸合作与人文交流，2013年习近平同志适时地提出共建"丝绸之路经济带"和"21世纪海上丝绸之路"的合作倡议。而为了积极推动"一带一路"建设，加强与沿线国家的政策沟通，促进与沿线国家的经贸交流，国家就必须在设施连通和贸易畅通这两个方面加强合作。

1. 设施连通

一方面，基础设施建设是经济合作的基础，也是"一带一路"倡议的重中之重。只有加强与沿线国家基础设施的合作规划，共同推进建设国际骨干交通线，才能更好地推动商贸往来。自"一带一路"倡议提出以来，在中国与沿线各国的共同努力下，"海陆空"三位一体的立体交通基础设施网络正在加快形成。在国家政策的支持下，各种境外高速公路、跨境铁路、国际航空航运、跨境管道等都得到了迅速的完善，全方位、多层次、复合型的国际基础设施网络已见雏形。在"一带一路"倡议框架指引下，"中孟友谊七桥"、"柬埔寨六号公路"项目顺利完结，中老、中泰铁路建设取得实质性进展，科伦坡港口、汉班托特港顺利施工，这些都标志着基础设施建设取得了可喜成果。

另一方面，要抓住基础设施建设这个优先领域，就必须配备完善的交通管理设备和安全防护措施，建立国际性兼容的交通规范和运输机制。只有推动国际多式联运的发展，建立统一的国际运输准则，才能逐步形成适合沿线各国的交通体系，提高国际交通物流通关效率。因此，在各项标志性基础设施建设项目取得实质性进展的同时，也要加快形成沿线各国协调统一的规制和机制。

2. 贸易畅通

加强商贸往来是"一带一路"倡议的另一个核心内容。推动贸易畅通不仅可以争取利用国内外两个市场，消化本国过剩产能和多余外汇储备，而且还能够利用"一带一路"沿线的资源禀赋优势，互通有无，释放贸易潜能，进而全方位深化与沿线国家（地区）经贸合作。在"一带一路"倡议的带领下，中国积极地与沿线国家（地区）进行自由贸易区的谈判与协定，旨在顺应区域一体化趋势，消除贸易壁垒，推动贸易自由化，合理配置资源。经过多年努力，中国与沿线国家（地区）在贸易领域取得了实质性进展。

在贸易领域，中国与"一带一路"沿线国家（地区）的贸易量和贸易额都得到了迅速的提升，据商务部统计，2020年中国与"一带一路"沿线国家（地区）的贸易额突破1.35万亿美元[①]。在新冠肺炎疫情弥漫、

---

① 中华人民共和国商务部，http://www.mofcom.gov.cn/.

全球经济低迷的背景下，中国与沿线国家的贸易往来仍然取得了亮眼的成绩。

在投资领域，中国与"一带一路"沿线国家（地区）在能源合作、资源开发合作方面都取得了重大成就，推动了一批项目落地，项目涉及矿产开发、有色金属等领域。为了促进投资便利化，中国还与东南亚和中亚各国共建经济合作区，签署双边投资协议，加强税收机制沟通合作。截至2019年年底，中国对外投资存量突破2万亿美元，仅次于美国与荷兰，居全球第三位。尽管新冠肺炎疫情肆虐，中国在承包海外工程上面仍然持续开拓。

（四）"一带一路"倡议与西部陆海新通道的联系

如果说西部大开发战略是西部陆海新通道的前身，那么"一带一路"倡议的提出则加快了西部陆海新通道的孵化。"一带一路"倡议自提出以来，中国与沿线国家（地区）共建基础设施、共商项目投资、共享合作成果。基础设施取得实质性进展，沿线各国（地区）通用规则得到完善，这给西部陆海新通道的建设提供了强有力的支撑。同时，伴随着中国与沿线国家（地区）贸易量持续增长，投资稳步提升，国家需要打通南北通道，发挥"一带一路"的最优效用，促进交通、物流、贸易、经济的深度融合。总而言之，"一带一路"既给建设西部陆海新通道提供了一定的条件，又创造了交通以及物流方面的极高需求，加快了西部陆海新通道的诞生。为了更好地实现"陆海内外联动、东西双向互济"的发展格局，打通连接"一带"和"一路"的南北通道，西部陆海新通道应运而生。

（五）西部陆海新通道的发展过程

中国自古以来主要的交通干线基本为东西走向，但要实现商贸往来，就必须打通南北走向的通道。自改革开放和"一带一路"倡议提出以来，为推动内陆地区制造业、国际贸易和经济发展，迫切需要一条新的高效运行的陆海运输通道。随着中国与东盟自贸区正式启动，中国与东盟的物流量已引起了国家关注，有关打通南北走向通道的构想由此诞生。2017年中国和新加坡在中新（重庆）项目的联合协调理事会上首次提出"南向通道"这个概念，随后"南向通道"更名为"国际陆海贸易新通道"。此后，西部陆海新通道朋友圈逐步扩大，建设范围逐渐拓展，成为连接中国西部地区与东盟及其他国家（地区）的重要通道。2019年国家发改委印发关于《西部陆海新通道总体规划》的通知，西部陆海新通道建设正式拉开序幕。2019年10月13日，重庆海关、南宁海关、贵阳海关、兰州海关等15个海关在重庆签署《区域海关共同支持"西部陆海新通道"建设合作备忘录》，将在提升通关便利化水平、促进沿线产业发展、完善监管模式三个方面，支持西部陆海新通道建设。此次合作备忘录的签署有效地提升了海关通关效率，促进国际贸易的发展。

广西处于"一带"与"一路"的关键节点，必须紧抓时代机遇，积极发挥西部地区唯一出海口优势。同时，凭借得天独厚的区位优势，向北着眼于西部内陆腹地，向南连通东盟各国，广西有望成为西部向海经济的关键门户和西部内陆经济开放发展的新引擎，并在此基础上加快打造跨区域国际铁海联通大枢纽。在这次新冠肺炎疫情的笼罩之下，广西努力克服不良影响，整合物流、商流、资金流、信息流，开辟北部湾国际门户港，不断增强产业吸引力。

（六）西部陆海新通道的演变特点

党的十九大报告指出要推动"实施区域协调发展战略"。促进区域之间互联互通既是区域协调发展的行动指南，又是贯穿区域合作开放的重要抓手。在中国特色社会主义建设新时期，西部陆海新通道作为西部大开发战略转型升级版被推向区域协调发展的新舞台。同时，与西部大开发战略相比，西部陆海新通道呈现出以下四个新特点。

第一，视野的拓展。当前中国正处于百年未有之大变局的历史交汇期，因此目光不能局限在国内，更要放眼世界。西部陆海新通道打破了西部大开发视野局限性，将目光从西部内陆转向东盟乃至世界，连接"一带"与"一路"，推动建成国内外双循环发展新格局。近年来，中国与"丝绸之路经济带"沿线国家和地区的经济互补性日益增强，对外贸易保持着快速增长的势头。而西部陆海新通道的方向不同于以往西部大开发战略，其突出的重点是西南地区开放，尤其强调东南亚陆海新通道建设。总之，西部陆海新通道创新了对外开放模式，拓展了国际服务空间和范围。

第二，城市群的联动。西部大开发战略的工作路线之一就是"点线面结合"，西部陆海新通道在"点线结合"的基础上，将该工作路线进一步发展成为"点轴联动"。"点轴联动"工作路线是由点轴开发理论发展转变而来，点轴开发理论由波兰经济学家萨伦巴和马利士首次提出，主要强调的就是经济要素在空间上的集聚方式，从点到轴最后再到空间的一种集聚与扩散模式。其中，"点"代表着中心城市，"轴"代表着交通干线，"点"与"点"之间开辟了"轴"，而"轴"则成长为经济增长轴，在区域经济发展过程中，足够的"点"与"轴"联动形成一张充满活力的城市群经济网络。西部陆海新通道依托南北向物流通道，发挥沿线城市群集聚作用，连接西部内陆市场与东盟市场及其他海外市场，重点打造物流经济和枢纽经济发展模式。区域经济发展开始摆脱增长极过于单一的缺陷，迈向城市群联动发展的第一步。

第三，突出物流业的先导作用。西部陆海新通道的建设过程中最为强调的就是交通干线作用，通过突出强调物流业的先导地位，以物流发展带动经济发展。作为"一带一路"建设的有机衔接，西部陆海新通道将提高西部物流基础设施水平，提高物流中转效率，创造物流集聚效应，带动贸易与产业融合发展。西部陆海新通道不仅是一个传统的物流通道，更重要的是通过这种传统的交通物流通道，形成贸易、产业走廊，带动贸易、产业集聚，促进海内外经贸联动，推动西部地区高质量开放发展。

第四，以推动贸易便利化和自由化为目的。西部陆海新通道作为西部内陆地区连接东南亚以及世界的大动脉，不仅可以提高物流效率，而且能够优化贸易投资环境。通过坚持开放战略，打造良好的营商环境，扩大西部内陆地区与南亚、东南亚的经济合作。依托西部陆海新通道高效的物流体系，打造南北连贯、内外联动的新格局。西部陆海新通道把推动贸易便利化作为目标，以区域协同发展为需求，利用海内外两个市场优化资源配置，深化通道对外开放水平。

第五，合作范围的扩大。尽管西部陆海新通道以推动贸易便利化为目的，但又不局限于单纯的贸易往来，其建设内涵更加丰富，辐射范围更加全面。在西部陆海新通道建设过程中，更多强调的是畅通要素市场，以物流发展带动产业发展，实现国内外基础设施、贸易、产业全方位多角度区域合作。

总而言之，西部地区陆海新通道是以物流总体规划为基础，包括交通基础设施的完善、通道运输能力的提升，从而形成以物流为中心的经济增长点。同时，西部陆海新通道也要探索通道经济、运输经济和枢纽经济的发展路线，用物流中转带动贸易集散，打通西部地区国际贸易出海通道，推进西部地区和东南亚全方位多角度互联互通，提升区域协调发展能力。

二 西部陆海新通道的战略定位

西部陆海新通道是新时代背景下重塑西部开发新格局的重要推手，也是区域协调发展战略的重要组成部分。西部陆海新通道位于我国西部内陆地区，通过建设东线、中线和西线这三条贯穿南北的交通要道，连接"丝绸之路经济带"和"21世纪海上丝绸之路"，并衔接长江经济带，成为"陆海内外联动、东西双向互济"的桥梁和纽带。西部陆海新通道作为一条集区域联动、陆海联运、物流集聚、通关效能、重大项目建设等为一体的综合性国际贸易大通道，其建设的复杂性、艰巨性非常突出，主要体现在以下两个方面。

一方面是双向性，西部陆海新通道作为西部南向通道的高阶版，不仅需要向北对接中亚市场，还需要向南对接东南亚市场。另一方面是延展性，西部陆海新通道不仅是交通物流大通道，更是经济合作大通道、文化融合大通道。随着沿线立体交通物流体系的不断完善，西部陆海新通道凭借城市群联动发展之力，提升物流质量与效率，为畅通要素市场和产业结构转型做出贡献。

根据新时代全面建设社会主义现代化强国的要求，区域协调发展也呈现鲜明的时代特征。作为新时代下西部大开发战略的升级版，西部陆海新通道肩负着重塑西部经济网络、连通陆海内外市场的使命。预计2035年中国将全面建成"陆海内外联动，东西双向互济"的西部陆海新通道。而广西作为中国西南地区唯一沿海省份，凭借优越的地理位置，依托中国西部地区唯一出海口，成为中国西部地区重要的陆海交通枢纽。但与区域经济社会发展和扩大对外开放要求相比，既有通道仍存在交通运输瓶颈制约、物流成本偏高、竞争能力不强、缺乏有效产业支撑、通关便利化有待提升等突出问题。因此，需明确西部陆海新通道的四大战略定位，解决既有问题。以下对西部陆海新通道四大战略定位做一归纳说明。

（一）推动西部大开发战略升级的新通道

西部陆海新通道是推动西部大开发战略升级的新通道。根据中国特色社会主义新时代面临的形势与要求，中共中央、国务院适时出台《关于新时代推进西部大开发形成新格局的指导意见》，推动区域协调发展进入新阶段，此时中国西部地区正面临着新机遇。西部陆海新通道需要与新时期西部大开发战略进行对接，将视野从国内拓展到国外，不仅能够从根本上解决西部地区交通基础设施薄弱的问题，还能够统筹中国西部内陆市场和东南亚市场，提高向海经济发展能力，提升对外开放质量。

（二）贯穿南北、陆海联动的新通道

西部陆海新通道是贯通南北、陆海联动的新通道。自"一带一路"倡议提出以来，中国逐渐形成了以"一带一路"为依托的经贸合作网络，而西部陆海新通道则贯通南北，连接"一带"与"一路"，向北对接中亚—西亚—欧洲大陆，向南对接东南亚—南亚，使之形成一个完整的闭环。

（三）加强国际贸易往来的新通道

西部陆海新通道是加强西部地区国际贸易往来的新通道。西部陆海新通道的建设能够直接改善西部地区的基础设施水平，升级西部交通枢纽集散疏运功能，提高物流效率。在交通网络逐步完善的基础上，通过壮大综合交通枢纽，以枢纽经济带动贸易经济，国际贸易的运输保障能力得到大幅度提升。在新时代大背景之下，区域化是未来国际经贸合作的重点发展方向，西部地区以中国—东盟博览会平台为基础，借助西部陆海新通道交通物流大动脉，探索组建国际贸易交流合作新平台，深度挖掘西部地区参与国际经贸合作潜力。最终促使西部地区和东南亚地区之间的互联互通、互惠互利迈向更高水平。

（四）推动产业结构升级、经济结构调整的新通道

西部陆海新通道是推动产业结构升级、经济结构调整的新通道。西部陆海新通道能够合理利用西部地区的资源优势和区位优势，积极打造特色产业和新兴产业，增强产业集聚能力，创立一种新的"物流+贸易+产业"运行模式。换言之，西部陆海新通道能够促进西部地区与东南亚乃至整个世界交通、物流、贸易的深度融合，优化资源配置，实现海内外供需动态平衡，显著提高经济质量。因此要加快发展先进制造业和现代服务业，朝国际标准靠拢，促进中国进入全球产业链的高附加值环节。

总而言之，西部陆海新通道是新时期中国西部全面开放战略的新通道，是"一带一路"建设走实走深的战略新通道，推动着中国西部区域合作水平迈向新台阶。时刻把握西部陆海新通道的四个战略定位将有效扩大中国西部地区国际贸易范围，积极推动中国西部地区产业集聚与经济结构调整，给中国西部地区建设向海经济带来新机遇。

三 西部陆海新通道的功能

西部陆海新通道是以重庆、广西、贵州、甘肃等为重要节点，由中国西部地区与东盟国家共同打造而成的国际多式联运走廊和国际贸易新通道。从地理位置上看，西部陆海新通道向北连接"一带"，向南连接"一路"，贯穿南北，连接海陆，是发挥"一带一路"最优效用必不可少

的组成部分，也是支撑西部地区参与区域经济合作的重要通道。西部陆海新通道依托中国西部中心城市的交通枢纽和物流枢纽作用，通过"点轴联动"形成一张充满活力的城市群经济网。这张城市群经济网对内有利于推动中国西部地区产业结构升级、培育新的经济增长点，对外有利于加强中国西部地区与东南亚经贸交流、创新国际区域合作模式。

那么，西部陆海新通道到底如何发挥其功能呢？在加速贯通"一带"与"一路"、推动西部大开发战略升级的背景之下，必须发挥内贸、外贸双重作用，畅通国内外要素对流通道，其中最为基础的就是建立高质量的现代化交通物流体系。在此背景下，中国西部省份全面加快了对内对外基础设施互联互通建设的步伐。从长远看来，西部陆海新通道是促进国际区域经济合作的重要支撑，也是以物流经济、枢纽经济带动产业经济的重要典范。它以物流建设为基础，将"交通圈"和"经济圈"融为一体，通过交通枢纽和城市群发展产业集聚与产业辐射的潜力。在物资流、资金流、信息流、人才流的融合过程中，中国西部地区挖掘出新的经济增长极，促进物流经济、枢纽经济、门户经济的发展，逐步形成高水平高质量对外开放格局。同时，提高中国西部内陆地区对外开放水平，能够优化资源配置，互通有无，促进贸易范围的扩大和商品结构的优化，促进产业结构升级，推动区域经济合作，助力社会繁荣发展。

归根结底，西部陆海新通道是以交通、物流为基础，推动国际贸易和区域经济发展。因此本节将从交通、物流和商贸三个角度对西部陆海新通道之功能展开说明。

（一）交通功能

交通运输网络是进行物流和贸易活动的基础，在对运输空间格局问题和交通运能不足矛盾识别的基础上，西部陆海新通道对运输通道和交通枢纽进行增建与补强，同时提高运输效率、交通质量和交通服务能力，构建高质量现代化的立体交通运输体系。

从打通与连接既有贸易通道来看，西部陆海新通道的建设能够与北边的中欧班列内陆通道和东边的长江经济带沿江通道相连接，实现西北内陆地区、西南地区与东部地区的交通基础设施互联互通，打通了高效率的国内外各区域市场要素东西向和南北向对流通道。

从增建和补强交通基础设施来看，西部陆海新通道的建设又囊括了跨境公路通道建设、国际铁路联运通道建设、国际铁海联运通道建设。过去货物想要出海必须经由长江再到东部港口，这种方式耗时耗力，而今西部地区依托自身区位优势开辟直接出海通道与跨境通道，打破中国西部交通发展缓慢的被动状态。在跨境公路通道建设方面，依托中国—东盟紧密合作的区域平台，利用云南、广西边境公路口岸，中越、中老、中缅和中泰等跨境公路陆续完工；与此同时，直达东南亚地区的常态化跨境公路班车也已开通；在国际铁路联运通道建设方面，利用跨境铁路途经广西、云南边境口岸，通过东线、中线和西线铁路项目，在曼谷汇合直通新加坡，打造完善的中国—中南半岛泛亚铁路网；在国际铁海联运通道建设方面，可利用西部唯一出海口北部湾港，将铁路运输与国际航运相结合，缩短货物运抵东南亚各港口的时间。

对广西而言，广西应紧抓时代机遇，加快建设开放性交通运输通道，畅通西部地区交通堵点，形成高效运输网络的有效手段。广西对内加强与贵州、重庆、云南等省区市的铁路、公路、航空的互联互通，对外积极探索国际铁海联运、铁路联运等多种交通联运方式，更好消除西部内陆地区与东南亚国家之间的阻隔，确保西部地区与东南亚国家交通畅通，为西部地区融入国际市场打下坚实基础。

总而言之，在西部陆海新通道建设上升为国际战略并落地实施以来，各类跨境公路跨境铁路项目开始加速建设，而这些项目能够在一定程度上增补西部地区交通基础设施的不足。在提高北部湾港口集疏运能力的同时，也加强了腹地交通基础设施的投入和建设力度，为打造便利的出海通道，扩大周边区域交通辐射范围，提高西部地区对外开放水平，促进西部地区高质量发展做出了重要的贡献。

(二) 物流功能

完善的交通网络是物流发展的绝对基础和重要纽带，随着交通基础设施的完善，西部陆海新通道的物流功能随之显现。物流功能又被称为集体分配功能，包括货物的集中、分配、搬运、中转和仓储等。它是将货物从生产地运往需求地，在这种运输流动过程中，扩大商品市场范围，实现供求动态平衡。

在西部陆海新通道上升为国家战略以来，大量资金投入物流基础设施项目，加强物流基础设施建设包含提升交通干线组货能力和物流枢纽中转能力。在提高交通干线组货能力方面，西部陆海新通道沿线节点搭建专用货运环线，国际铁海联运班列、国际跨境公路班车、国际铁路联运班列三种物流组织方式快速增长。在提升物流枢纽中转能力方面，西部陆海新通道沿线节点落地实施了大批运输场站和物流园区项目，同时利用广西优越的地理位置，在广西北部湾港口建设了国际性铁海联运大枢纽，此后西部地区货物出海时间大大缩短，国际空间要素对流加快。该通道不仅提高了中国西部地区和东南亚国际物流合作水平，而且也将国际物流网络向北延伸至中亚、欧洲大陆等地区。同时在陆海新通道建设过程中，由于西部地区丰富的矿产资源需要运往其他地区，其他地区的大量产品又涌入西部市场，物资的流动性加大，刺激物流需求，给物流业带来发展机遇。

不仅如此，借助西部陆海新通道的物流枢纽规划，西部地区的物流信息化水平也得到了大幅度的提升，包括搭建公共信息平台、市场信息平台。在西部陆海新通道整体规划下，通过物联网、大数据等现代物流技术的应用，完善传统物流功能，积极发展特色物流、电商物流，推动物流网络平台建设。与此同时，借助西部陆海新通道建设契机，西部地区关于引进物流人才政策力度不断加大。

对广西而言，打造西部陆海新通道是促使广西成为中国与新加坡乃至整个中南半岛的物流中转枢纽中心的重要助推剂，也是促使广西积极融入"中国—中南半岛"经济大走廊的重要支点。随着西部陆海新通道建设不断推进，广西的综合货运枢纽能力得到提升，尤其是北部湾集疏运物流功能有所增强。具体表现为，北部湾凭借着交通便利的向海地区位优势，利用密集的航线形成很强的向海运输辐射能力。一方面，它依托国内市场和东盟市场所拥有的货物资源，为其提供强大的国际物流支持，成为区域性进出口贸易航运枢纽；另一方面，它在港口功能的基础上也不断延伸发展航运物流业和物流辅助服务业，延长其物流业价值链。

总而言之，建设和发展物流枢纽，不仅能够完善交通干线以及港口的功能，而且能够提高物流服务质量和物流业经营效益，最终促进区域经济贸易持续健康发展。

（三）商贸功能

商贸功能即商品贸易功能。交通是盘活经济的大动脉，交通物流的发展会对商品贸易做出巨大的贡献，因此交通物流的发展与商品贸易的发展可以说是相辅相成，共同促进。

第一，打造西部陆海新通道能够突破商品贸易地域限制。当前全球范围内贸易政策不确定性提高，多边经贸合作谈判陷入停滞阶段，区域化成为未来国际经济合作的重点发展方向。西部陆海新通道能够实现经济要素的优化配置，帮助突破空间阻隔。过去，由于中国西部地区与东南亚国家之间的交通物流比较落后，西部地区对外贸易的扩张范围受限，而随着西部陆海新通道建设步伐加快，商品贸易能够突破地域限制，节约货物通关时间，最大化地创造市场价值并减少损失。

第二，打造西部陆海新通道能够提升商品贸易流量。随着多式联运的综合交通物流体系的建立，中国—东盟经贸合作进一步升级。与此同时，随着向海经济的发展，中国西部地区与东南亚国家经济往来更加紧密，西部地区对外贸易量持续增长，西部陆海新通道成为西部地区国际贸易新发力点。广西北部湾作为西部陆海新通道建设中连接中国西部地区和东南亚的最佳出海口和高质量国际门户，可以实现货运吞吐量跨越式发展。

第三，打造西部陆海新通道能够优化商品贸易结构。东盟是中国西部地区尤其是广西、云南最大的对外贸易伙伴。随着西部陆海新通道承载的贸易量持续增长，商品贸易结构也逐渐优化。以西部陆海新通道为载体，西部地区能够利用国内外两个市场两种资源，促进资源优化配置。从贸易方式上看，中国西部地区对东盟国家加工贸易比重整体呈现下降趋势，出口产品附加值进一步提高；从贸易产品上看，根据资源禀赋优势原则，西部地区推动实施创新驱动战略，资本密集型和技术密集型产品出口比重进一步增长。通过技术外溢和学习效应，西部地区紧密参与国际经济结构调整和产业分工转移，跳出比较优势陷阱，促进贸易结构优化。

对广西而言，打造西部陆海新通道有利于盘活已有区域联动战略，激发商贸潜力。西部陆海新通道将广西置于西部地区和东南亚陆海相连的交汇点，贯通"一带"与"一路"，向北衔接中欧国际班列，向东衔接长江经济带。与此同时，北部湾凭借西部地区极为重要的深水大港地位，推动产业结构升级，进而推动商品贸易转型升级。西部陆海新通道是促使广西成为中国与新加坡乃至整个中南半岛的商贸枢纽中心的重要助推剂，成为西部经济发展的新引擎。

综上所述，在区域协调发展的基础上，西部陆海新通道以交通带动物流，以物流推动商贸，促进运输经济、通道经济、枢纽经济和产业经济统筹发展，创新西部地区对外开放模式。

第二节 现代物流业发展的内涵、特征与范畴

一 现代物流业发展的内涵

物流活动历史悠久，自物流这个词传入中国以来，人们对于物流的关注度与日俱增。物流指的是商品经过运输、装卸、存贮等方面的活动，从生产者运往消费者，通过克服空间距离实现商品价值。

而现代物流业又是从物流的基础上发展而来。现代物流业是企业利润增长新源泉，也是国民经济的支柱性产业，更是国家进步新的发力点。

在生产流通领域，越来越多的企业通过积极开展现代物流服务以强化企业核心竞争力，增加企业利润来源。而在西部陆海新通道上升为国家战略的时代大背景之下，如何把握现代物流发展规律，如何促进西部陆海新通道沿线节点现代物流业协同发展，成为学术界和产业界积极探讨的热点问题。

（一）物流概念

物流这个词最早起源于美国，首先用于军事方面，随后流传到日本，中国的"物流"一词就来源于日本。在中国，物流定义为商品从生产地运往消费地的实体流动过程。根据消费方的需要，在商品流通过程中，统筹安排运输、装卸、存储、配送等环节，创造时间价值和空间价值。从宏观层面和国家角度来说，物流的进步能够帮助国家实现流通现代化，同时物流水平是衡量一个国家流通现代化程度的标准。从微观层面和社会生活角度来说，物流几乎渗透到日常生活的各个领域，并对其产生直接或者间接的效用，比如物流的进步能够不断提高公共服务能力和服务水平。

（二）物流的发展阶段

首先是20世纪50年代以前的物流初级阶段。在此阶段，企业由于集中生产，产品数量大幅增加，这个时候如何将多余的产品从生产地运送到需求地成为企业的一大难题。为了解决这一难题，克服物流和生产之间的矛盾，人们对物流开始进行初步研究。

其次是20世纪60—70年代的物流开发阶段。随着企业生产规模的扩张，物流输送量也越来越大，此时单纯通过压低产品成本去提高利润率已不太现实，这就促使企业寻找新的途径去提高利润率。因此，改进物流效率、提高物流质量、加强物流管理成为企业提高利润率的重要手段。正如美国经济学家彼得·特拉克所说，"物流是经济界的冰山"，物流背后的经济潜力正逐渐被挖掘。

再次是20世纪70—80年代的物流成熟阶段。此时，关于物流战略的研究已成为物流研究核心。企业需要加强与供应链上下游厂商合作，探索一条互利共赢的道路。随着物流信息化水平提高，物流效率得到增强，成本得到控制。

最后就是 20 世纪 90 年代至今的物流现代化发展阶段。科技进步推进物联网和物流信息技术迅速发展，现代物流业的内容不断丰富，范围不断延展。尤其是电子商务的出现，现代物流被置于史无前例的重要位置。物流已不再是单纯的物流，其产业价值链得到延长，信息化、智能化、网络化已成为现代物流服务业发展新方向。

（三）现代物流业的基本内涵

不同于传统物流，尽管现代物流是在其基础上发展而来，但它又不局限于传统物流功能。现代物流丰富了传统物流的内涵，它利用高新技术和大数据手段，通过分析物流信息对物流进行精准掌控，从而达到提升物流质量、提高物流效率、实现物流信息增值的目的。总而言之，现代物流是根据客户需要，以最低成本，将物资从生产地运往消费地的过程。而现代物流业是在现代物流发展的基础上形成的一个复合型产业，涉及国民经济的许多方面。现代物流业能够统筹运输、仓储、装卸、加工、配送等环节，并推动这些环节构成一个完整的供应链，更好地满足客户高质量物流服务需求。因此，国家也出台了相应政策，大力发展现代物流业，以促进国家经济高质量发展。经贸委等部门在 2001 年 3 月印发《关于加快我国现代物流发展的若干意见》通知，其中关于现代物流业的表述为："原材料、产成品从起点至终点及相关信息有效流动的全过程。它将运输、仓储、装卸、加工、整理、配送、信息等方面有机结合，形成完整的供应链，为用户提供多功能、一体化的综合性服务，从而提高流通的效率和效益，增强企业和产品的竞争力。"

发展现代物流业就必须做到坚持市场为导向，企业为主体，信息技术为手段，以提高物流效率和物流质量为目的，增强企业核心竞争力。通过积极建立国内外的高效物流网络，为开展国际贸易打下坚实基础，进一步提高对外开放水平。

二 现代物流业发展的特征

结合传统物流进行比较分析,并且根据国内外物流发展状况,从以下几点展开说明中国现代物流业发展特征。

(一) 现代物流业发展具有时代化特点

现代物流是在生产力水平较高的时代背景下发展起来的。由于生产技术进步,社会生产结构性相对过剩,经济的快速发展带来的是商品产量大幅增加,因此社会对物流的需求激增。随着企业管理模式由粗放型转变为集约型,降低物流成本,提高物流效率成为企业"第三利润源泉"。新时代中国经济全面迈向高质量发展阶段,资本持续流入现代物流领域、消费转型升级加快,现代物流需求发展空间巨大。

(二) 现代物流业发展具有国际化特点

改革开放四十多年来,国家经济运行的稳定性和韧性明显增强,国内生产总值目前已稳居世界第二位,国民经济总量再上新台阶。与此同时,中国积极主动扩大对外开放水平,尤其是自2013年"一带一路"倡议提出以来,中国与沿线国家贸易额增速高于外贸整体增速。正是在这种对外开放背景下,为了适应跨国公司在全世界范围内合理配置资源的要求,帮助其寻找最低成本的原材料、中间品、劳动力等,必然要建立起高效、多功能的现代化综合物流体系。

(三) 现代物流业发展具有服务主动性特点

传统物流承担方通常都是被动地满足需求方在订单中提出关于运输、仓储、装卸、配送等要求。而在现代物流业发展过程中,物流承担方除了被动提供订单中所要求的服务以外,还主动提供多种物流增值服务,包括物流人才培训、物流方案规划等,丰富了传统物流功能,延伸了物流业价值链。尤其是在新冠肺炎疫情影响下,现代物流业服务性功能优势进一步凸显。在疫情期间,电子商务成为我国各地区消费者、厂商的主要消费或采购模式,B2B、B2C、C2C 的电商模式,都高度依赖现代物流发展水平。

(四) 现代物流业发展具有功能统一性特点

不同于传统物流对物流各个环节分割管理，追求单一环节的最低成本，现代物流业发展更加注重总成本最低。现代物流将各个孤立环节统一起来，从系统性和综合性角度发挥各个环节的最优效用，推动现代物流业高质量发展。在区域一体化和电子商务发展双重驱动下，统筹供应链的其他环节，使得位于物流供应链环节的各节点企业发展持久稳定的合作关系，实施各项功能的无缝衔接，追求整体最优。功能统一的现代物流业将持续推进中国物流业发展，帮助建设具有中国特色的综合物流体系。

(五) 现代物流业发展具有反应迅速的特点

为了尽量减少库存，满足消费者对货物的及时需求，必须提高现代物流迅速反应能力。只有对配送需求的反应速度加快，运输时间才能减少。现代物流强调的是满足消费者和市场需求，以"第三方"物流为基础，联合供应商与销售商，将各环节有机整合，通过"商"和"物"的分离，优化资源配置，加强物流信息平台建设。尤其是随着中国经济的发展和物流电子商务平台的建立，这种全新的物流模式必将对现代物流业发展带来重大影响。基于大数据的物流供应链服务，物流电子商务平台能够迅速且准确地对客户需求做出反应。

(六) 现代物流业发展具有网络化与信息化特点

随着时代的进步，信息技术越来越多地被应用在现代物流的运作中，物流管理的现代化程度也不断提高，现代物流信息平台建设向纵深推进。现代物流广泛使用先进的技术以及计算机化、电子化、智能化的传输手段，推动构建现代物流综合网络体系。而这种健全的物流网络体系又能给客户提供全方位的物流服务。具体表现为，一方面，通过大数据、互联网、云计算等技术来整合线上的资源；另一方面，通过仓储物流和末端配送来提高物流效率，做好商品在到达用户手中的"最后一公里"服务，提升用户的体验感，延伸物流业价值链。

(七) 现代物流业发展具有专业化与自动化特点

现代物流实现了货物运输的专业化分工，能够帮助企业降低物流成本，盘活现金流，提高物流整体效率。与此同时，现代物流业使用自动化设施设备，包括自动识别系统、自动检测系统、自动分拣系统和自动跟踪系统等，提高现代物流业服务能力。

总而言之，现代物流业发展突破了国家地域限制，以电子商务作为物流业信息处理中心，打造了一个集物流信息、物流资金、物流技术人才为一体的综合物流网络系统，推动着现代物流朝着专业化、信息化、自动化、智能化、网络化的方向发展。现代物流不仅发挥着传统物流功能，还通过拓展物流服务范围，打造新增长极，成为国民经济发展支柱性产业。

三 现代物流业发展的范畴

现代物流业能够统筹运输、仓储、装卸、加工、配送等环节，并推动这些环节构成一个完整的供应链，为客户提供高质量的物流服务。现代物流业本质上是为客户提供服务，属于服务产业范畴。按服务对象分类又可分为工业物流、商业物流、区域（社会）物流、国际物流。

（一）工业物流

工业物流是为工业企业提供物流服务。即为大型制造企业、装配企业、零部件生产企业等提供物流服务，如汽车、家电、化工、装备制造、建筑材料等生产厂家。

工业物流客户构成及需求包括外资企业、国有企业、民营企业。外资（独资、合资）企业一般需要提供高水平的一体化综合物流服务。国有企业由于存在计划经济遗留的各种问题，有部分物流外包。主辅分离后，国有企业需要一体化物流服务，形式上有合作合资等。民营企业一般来说对现代物流需求不强烈。同时，工业物流供给包括自营和专业物流。自营物流，即企业的物流以自己为主运作，如海尔物流。专业物流，即第三方物流企业，尽全力满足客户物流服务需求。

(二) 商业物流

商业物流是为商业企业提供的物流服务，即为商品生产企业、商业集团、大型超市、连锁店、零售网点等，也为农副水产品的商品提供物流服务。其特点就是以日常消费品为主，面向最终消费者，包括医药、烟草、饮料、服装以及耐用消费品。商业物流与工业物流中的销售物流最大的区别是商品面对的用户不同。商业物流的服务水平是一个国家物流发展水平的标志。

商业物流客户构成及需求主要是商品生产企业，也包括农副水产品生产企业。无论外资企业、国有企业还是民营企业都需要提供一体化综合物流服务。商品销售企业，如商业集团和大型商场的商品物流配送一般是企业自己负责，或者利用小型运输车队。但商品采购物流的情况相当复杂，这是由于在中国大部分商品都是代销制，只有少部分是经销制。

(三) 区域（社会）物流

区域物流又称社会物流，指面向全社会广大客户，在一个行政区或两个以上行政区联合体内的物流活动，涉及货物运输与流通过程中所发生的一切类型物流活动。包括以海运为依托的物流、以空运为依托的物流、以铁路为依托的物流、以汽运为依托的物流，以及专项物流，还有城际快递、零担物流等。从行政区域划分角度来看，区域物流包括省域物流、城市物流、县区物流、乡村物流等。近年来随着区域协调发展战略的落地实施，形成了区域联合物流，比如长三角物流、珠三角物流、大西北物流、粤港澳大湾区物流等。与此同时，基于西部陆海新通道总体战略规划，西部地区和东南亚区域联合物流建设也在紧锣密鼓的进行中。

根据区域物流的定义，可将区域物流的特点归纳为以下几点。第一是区域物流主体多元化，区域物流主体包括但不限于单独的企业、事业单位和行政联合体。第二是物流区域边界具有多边性，随着经济发展和技术进步，区域物流成员和区域物流边界都会发生相应的改变。第三是区域物流管理成本高、运营难度大，由于区域物流主体庞杂，需要探讨统一科学的管理体制，对区域物流进行协调。

区域物流是区域经济发展的动脉，支撑着区域经济的正常运转。因此要合理规划区域物流基础设施、物流网点、物流技术、物流运营管理等，使区域物流适应区域经济发展。

（四）国际物流

国际物流是国内物流在地理范围上的延伸，就是指为打破商品生产者和消费者之间的国界限制，将商品从一个国家运输到另一个或另几个国家的地理性转移活动，从而帮助完成国际商品交易，是国际贸易和跨国经营服务持续稳定发展的保证。换句话说，国际物流的本质就是按照国际惯例，通过国与国之间分工协作，利用区域联动的物流基础设施实现商品跨国界流动，从而在世界范围内实现资源优化配置。国际物流的服务对象是不在同一个国家的买方与卖方。在国际物流发展过程中，客户对物流功能和物流质量提出了更高的要求，这是因为相比于国内物流，国际物流涉及的环节更多、风险更大、运输周期更长、情况更复杂。国际物流需要跨越国境，在其发展过程中风险与利益共生。一方面，由于各个国家政治经济政策均有所差异，因此需要防范法令规章变动所导致的国际物流风险；另一方面，国际物流需要对接海关、银行、保险公司、船运代理公司等，十分烦琐复杂，一个环节出问题会影响整体物流效率。

国际物流需要各国物流体系相互对接，因而其特点也较为鲜明，主要可归纳为以下几点。第一，物流系统范围广，涉及国家比较多；第二，运输距离远，成本比较高；第三，物流作业过程复杂，风险比较高；第四，国际化物流信息平台建立比较困难；第五，国际物流具有较高的标准要求。

由于现代物流业发展具有国际化特点，因此为推动现代物流业进步，国家十分重视国际物流业的发展。在国家政策支持下，国际物流业也得到新发展，呈现出新特点，包括系统更加集成化、管理更加网络化、标准更加统一化、配送更加精细化、园区更加便利化、运输更加现代化等。

第三节　西部陆海新通道沿线节点现代物流业协同发展机制

一　基础设施互联互通机制

（一）基础设施互联互通机制的内涵

基础设施互联互通主要是围绕着交通基础设施、能源基础设施和通信基础设施增补建设展开的。交通基础设施包括公路、铁路、航空等立体交通网络；能源基础设施包括管道、电力等能源体系；通信基础设施包括光缆等通信网络。换句话说，基础设施互联互通就是要以建立综合基础设施网络为目标，实现交通网络、能源体系、通信网络的跨区域有机衔接，进而为国际经贸交融打下长效合作的基础。从本质上来讲，基础设施互联互通指的是推动区域之间基础设施联动，以基础设施建设来带动经济发展，形成跨区域的基础设施互联互通网络，推动基础设施互联互通综合网络向纵深发展。基础设施是国民经济的基础和先导，对一个地方的发展至关重要，推动基础设施互联互通能够在更高水平上支撑中国与其他国家经济合作，推动中国对外开放高质量发展。

（二）基础设施互联互通与现代物流业的关系

从基础设施与现代物流业关系上来看，综合基础设施网络的完善驱动着现代物流业的发展，反过来，现代物流业的发展又加速了基础设施互联互通。总而言之，现代物流业发展进步与基础设施互联互通是相互促进的。

一方面，基础设施互联互通提高了基础设施建设水平，畅通生产要素对流通道，实现生产要素的时间价值和空间价值。而基础设施尤其是交通基础设施又是物流发展必不可少的基本载体，各类生产要素凭借综合交通网络被运载至需求市场，实现其价值增值。交通基础设施的作用渗透在物流的各个环节中，如果没有基础设施的互联互通，就不会有跨国境跨区域的物流，也无法很好地利用国内外两个市场，实现资源优化配置。

另一方面，现代物流业发展具有网络化和信息化的特点，通过整合跨境物流信息，帮助构建现代化、国际化物流信息平台。而这种网络化物流信息平台又是基础设施的重要组成部分，推动了基础设施建设，提高了基础设施互联互通的水平。

（三）基础设施互联互通机制的应用

基础设施互联互通是西部陆海新通道建设的优先领域，是各项合作的重要基础，也是重要支撑。加强基础设施互联互通，符合西部陆海新通道沿线节点地区的共同利益，对于支持沿线节点地区经济社会发展和造福沿线节点地区人民都具有重要意义。以"广深高速公路"建成所带来的经济效应来举例说明，高速公路建成之后就会提高物流承载能力，带动周边区域产业发展和城镇集聚。换句话说，交通干线这条"轴"发挥着经济辐射作用。如今，"广深高速公路"建成所带来的交通经济效益早已超过其当年的建设投入成本。从中可以看出，推动西部陆海新通道沿线省区市和沿线国家之间基础设施的互联互通是推动产业集聚、促进现代物流业转型升级、实现区域合作战略向纵深发展的必由之路。那么在西部陆海新通道总体规划战略下，又该如何将基础设施互联互通机制应用到现代物流业协同发展中来呢？

一方面，增建交通干线，提高北部湾集疏运能力，积极完善基础设施互联互通网络，建立"陆海内外联动、东西双向互济"的生产要素对流机制。基础设施互联互通是中国步入经济新常态时代背景下的重大战略部署，其中，交通基础设施是保障中国—东盟贸易畅通的基础。完善的交通网络是物流发展的绝对基础和重要纽带，随着交通基础设施的完善，西部陆海新通道的物流功能随之显现。基础设施互联互通不仅可以降低运输成本，改变商品或者生产要素的时空状态，实现价值增值，而且从宏观上来讲还可以强化中国西部地区与东南亚国家的经济联系，推动跨国境、跨区域的现代物流体系的建立。因此基础设施互联互通对中国现代物流业发展壮大具有十分重要的基础性意义。

另一方面，提高交通干线组货能力，建立国际化物流中转枢纽，加快提高物流通关效率，推动现代物流业理念更新和服务进步。现代物流作为一种新的理念，它的发展势必会推动交通运输企业主动学习现代化管理方法和先进技术。在此基础上，不仅要着力打造铁海联运、公铁联运等多式联运物流网络，还要推动物流软环境建设，提高物流通关效率，降低物流中转成本。与此同时，在西部陆海新通道整体规划下，发展高质量的现代物流业有助于基础设施协同对接标准，进而提高跨国境、跨区域基础设施管理能力，推动基础设施互联互通。借助西部陆海新通道的物流规划，西部地区的物流信息化水平也得到了大幅度的提升，包括搭建公共信息平台、市场信息平台。国际化物流信息平台的建立和国际性物流标准的对接不仅是提高现代物流服务质量的内在要求，而且是实现西部陆海新通道基础设施互联互通的重要举措。

二 产业联动与协同机制

（一）产业联动与协同机制的内涵

产业联动与协同是指在整个产业发展过程中，按照资源优势互补的原则，推动生产资料、资金、技术以及劳动力等生产要素在区域上的转移，从而形成合理的产业分工体系，促进各个产业优势互补和一体化发展，进而促进产业结构转型升级、提高整体产业链核心竞争力。从本质上来讲，产业联动与协同就是为打破区域和产业分割，合理引导生产要素流动，促进区域经济协调统一发展。而实现产业联动与协同实际上就是要实现产业链协同。产业链可以分解为价值链、企业链、供需链、空间链四个方面内容，而这四个方面相互协同、相互支持共同发展形成了产业链。产业链协同可以理解为各产业之间或产业内各部门之间依托一定的经济关系和组织规则，形成一种链条式关联关系。

（二）产业联动与协同和现代物流业的关系

从产业联动与协同和现代物流业关系上来看，产业联动与协同驱动着现代物流业的发展；反过来，现代物流业的发展又加快了产业联动与协同发展。

一方面，产业是经济发展之基石，产业需要对经济要素进行归类与生产。而在产业联动与协同的过程中，不同地区产业形成一个完整合理的产业分工体系，但由于各类经济要素和产业活动空间分布不均匀，产业分工体系具有区域性。在这种产业分工体系下，为优化经济要素的空间配置能力，提升产业竞争力，必须加快推进现代物流业的发展。尤其是近些年来，中国的产业规模尤其是制造业规模稳定增长，工业经济发展正逐渐从旧动能转换为新动能，朝着经济高质量发展阶段迈出坚定步伐，这为中国制造业物流持续稳定发展提供了重要保障。

另一方面，物流服务作为一种引致需求，主要通过降低物流成本和提高物流效率来提高物流服务质量。现代物流业作为整个社会产业体系的重要组成部分和国民经济的基础性产业，需要处理好与其他产业的相互关系，共同服务于经济社会进步。与此同时，在现代物流业转型升级过程中，也派生出了物流服务的新模式、新业态和新领域，如菜鸟驿站、社区团购等，延长了产业链，推动着产业联动与协同发展。

由此可见，现代物流服务转型升级离不开产业联动，现代物流业协同发展依赖着产业联动与协同。

（三）产业联动与协同机制的应用

经过几十年的社会经济建设，各个区域产业发展速度和规模增长较快，但是受到经济环境、制度和技术多层次限制，区域产业之间合作并没有表现出明显优势和合作化效益。因此，在西部陆海新通道上升为国家战略的大背景下，有必要在理论和实践中，不断探索出符合中国社会经济发展实际情况的跨区域产业联动与协同机制，并将产业联动与协同机制融于西部陆海新通道沿线节点现代物流业发展研究中，积极推进中国社会经济健康可持续发展。

第一，促进经济要素再配置，打造产业协同要素机制，提高经济要素再配置能力。西部陆海新通道以广西为桥头堡打通陆海连接的中国—东盟市场，利用市场这只无形的手，合理配置国内外资源，促进经济要素跨区域流动。与此同时，为提高资源跨区域流动效率，必须创新现代物流业管理模式，提供一站式的物流配套服务。

第二，规范产业联动与现代化物流对接机制。在西部陆海新通道建设过程中，政府出台相应政策，构建产业和物流双向网络信息汇总平台，提高经济要素的空间配置能力，完善产业链上的物流跟踪服务。利用西部陆海新通道沿线节点物流集散中转能力，推动产业经济和物流经济的双循环。

第三，发挥高端制造业和新兴产业对现代物流业转型升级的推动作用。产业联动与协同客观上有助于各个产业优势互补，促进产业结构优化，提高产业工业化水平和技术含量，推动高端制造业和新兴产业崛起。随着产业发展从旧动能转换为新动能，高端制造业与现代物流业协同发展成为提高企业利润的新源泉。

三 资源共享与互化机制

（一）资源共享与互化机制的内涵

经济学上"共享"这个概念最早是由英国经济学家阿尔弗雷德·马歇尔提出来的。他认为区位上相互靠近的企业可以通过共享专业化的服务和投入，来降低企业生产成本。例如，电子商务企业可以共享高效的电子商务平台和物流基础设施，将自己的产品从生产地运输到消费地。此外，学者们关注的另一个热点问题是关于知识共享和信息共享，知识共享与信息共享也属于资源共享。通过知识、信息共享和学习效应，可提高区域市场竞争程度，加速区域行业技术进步和产业转型升级。

资源共享与互化机制是指通过共享专业化的服务或投入，实现资源的有效流动与合理配置，满足需求方对资源的稀缺性，使资源共享参与方达到共赢平衡点。换句话说，参与者之间是"同舟共济"的共享关系，他们通过协调行动，形成组织框架，并在此基础上重新分配资源。这种资源共享与互换本质上是利益共享与互换，进一步来讲，资源共享与互换机制追求的是从单个企业利益最大化到通过共享资源实现整体利益最大化，优化整个社会的资源配置效率。

（二）资源共享与互化和现代物流业的关系

从资源共享与互化和现代物流业关系上来看，资源共享与互化驱动着现代物流业的发展，与此同时，现代物流业的发展又以资源共享与互化为重要基础。

一方面，随着社会经济发展，市场逐渐暴露出产能过剩和供需不匹配的矛盾。在经济全球化和区域经济一体化的双重驱动下，中国积极融入国际市场，努力打破供需不对称的屏障，在全球范围内实现资源共享与互换。在此过程中，为满足资源共享与互换的需求，无疑会对现代物流业发展形成新的激励。

另一方面，现代物流业需要通过共享信息资源，才能搭建信息化物流平台，推动现代物流业朝着信息化、网络化方向发展。物流信息化是现代物流业发展进步的方向，尤其是在电子商务的驱动下，以网络化、数字化为特征的物流信息技术得到广泛应用。信息是当今社会发展进步必不可少的资源，物流信息共享与互化归根到底就是资源共享与互化。物流信息资源是现代物流企业最重要的资源，物流信息资源的共享与互化是搭建信息化物流平台的第一步。要重新定义跨国境物流企业之间的关系，打通国内外物流信息对称的渠道，推动物流信息共享与互化。

（三）资源共享与互化机制的应用

在西部陆海新通道建设过程中，沿线省份和国家的优势资源得到了进一步协调，推动着中国西部地区与东南亚国家实现资源共享与互化。随着西部陆海新通道上升为国家战略，如何进一步推动资源共享与互化机制和西部陆海新通道沿线节点现代物流业协同发展呢？

第一，政府出台相关优惠政策，鼓励西部陆海新通道沿线省份积极发展出口贸易，加强西部地区机械制造业、纺织服装业等优势产品出口；鼓励中国西部省区市深耕东南亚，不断拓展国际贸易市场，做大国际贸易规模。与此同时，也扩大中国对东南亚国家优势产品例如热带农产品的进口规模，并建立承载贸易物资的国际物流体系，推动中国西部地区与东南亚的资源共享与互化。

第二，打通陆海连通的多式联运交通物流体系，完善广西北部湾深水港口集疏运功能，制定国际通用的物流枢纽规划。西部陆海新通道沿线省区市与沿线国家（地区）应进一步加强合作，加快国际物流系统战略性布局，保障陆海空多种交通物流方式的无缝衔接，整合国内外两个市场两种资源，实现资源共享与互化。

第三，构建物流信息共享的信息化物流平台。要实现西部陆海新通道高质量建设，就要坚持去产能、去库存，加快资源共享与互化，推动中国—东盟互联互通。因此，只有推动现代物流业发展，才能更好地服务西部陆海新通道建设。通过互联网、大数据、云计算等信息技术，打造高水平的信息化物流平台，实现物流信息资源的共享与互化。依托物流信息资源的共享与互化，可以对跨国境物流进行全方位追踪监管，实现物流过程的自动化与智能化，对市场变化做出更加精准的反应。而基于信息资源共享的信息化物流平台反过来又能推动资源的低成本、高质量、跨国境流动。

四 生产要素互用与对流机制

（一）生产要素互用与对流机制的内涵

所谓生产要素，是指进行经济生产活动时所需投入的各种社会资源，包括土地、劳动力、资本，随着生产力水平提高，生产要素范围逐渐扩大到信息、技术等内容。生产要素互用与对流是经济活动的本质，如果生产要素不流动，那么经济现象将不存在。生产要素互用与对流指的是除土地之外的生产要素从相对充裕的地方流向相对稀缺的地方，并减少生产要素稀缺性的相对差异。根据亚当·斯密的绝对优势理论和大卫·李嘉图的比较优势理论，生产要素的互用与对流如同国际贸易一样能够实现双方共赢。从本质上来讲，生产要素的互用与对流就是打破生产要素地域分布的不平衡性，并基于生产要素的互补性和竞争性，实现不同区域经济系统的联动与协同。生产要素的流动性与经济发展水平呈正相关关系。过去，由于技术水平和生产力水平较低，区域或国家对外开放水平也比较低，社会经济处于封闭阶段，生产要素的流动性不高，具有突出的地域性特征。在科技革命和经济全球化的推动之下，经济发展水平和开放性水平提高，技术、资本、劳动力等生产要素的流动性也得到增强。

（二）生产要素互用与对流和现代物流业的关系

从生产要素互用与对流和现代物流业之间的关系来看，生产要素互用与对流能够推动现代物流协同发展。生产要素实现互用与对流的条件之一就是经济发展和技术进步，而经济发展和技术进步不仅可以提高生产要素流动性，还能够促进现代物流业转型升级。与此同时，现代物流业借助条形码技术、网络通信技术、GPS 导航技术的应用，打破了生产要素的地域限制，进一步提高了生产要素的流动性，以现代物流业的高质量与高效率保障生产要素的互用与对流。总而言之，生产要素互用与对流和现代物流业的发展是相互促进的。

（三）生产要素互用与对流机制的应用

为加快推进西部陆海新通道建设，充分发挥其衔接"一带"与"一路"的关键桥梁作用，必须在理论和实践中，积极探索生产要素互用与对流机制的具体应用，将其实践于西部陆海新通道沿线节点现代物流业发展中，形成国内外生产要素双循环对流新格局。

第一，营造良好的市场环境，完善要素市场准入制度，促进优质生产要素无障碍流动。尤其是在西部陆海新通道建设过程中，要提高物流通关效率，建设现代化物流体系，必须以市场为核心驱动力，实现要素畅通流动。与此同时，推动传统物流企业向现代物流企业转型，也反过来促进生产要素的自由流动和一体化通关。

第二，为进一步深化中国—东盟经贸合作，促进中国西部地区和东南亚国家之间生产要素的互用与对流，需要打造国内外联动的交通物流网络，强化现代物流的综合服务能力。依托西部陆海新通道，提高西部地区对外开放水平，发挥市场主导作用和政府引导作用，建立便捷高效的物流大通道，畅通国内外各区域市场要素东西向和南北向对流通道，推进中国西部地区和东南亚地区要素高效自由流动。

第三，综合物流枢纽加快生产要素跨区域流动。西部陆海新通道沿线节点城市正逐渐发展为综合物流大枢纽，这种物流枢纽城市能够整合、集聚、扩散生产要素，并强化生产要素投入产出流动功能，最终实现生产要素的价值增值。

五 空间联动与耦合机制

（一）空间联动与耦合机制的内涵

耦合最开始是物理学概念，经济学上的耦合指的是经济要素之间通过相互作用、相互影响，进而产生协同作用，再以各要素之间产生的协同作用推动整个系统有序发展，使得整个发展过程具有时序特征。联动指的是按照一定的规则和组织，协调组织要素，形成相互合作与配合的系统，以各要素力量推动系统持续均衡发展，并实现整体利益最大化。空间联动与耦合机制是指两个事物之间在空间上存在一种相互作用、相互影响的关系，主要表现为地区之间、国家之间并不是孤立的，而是相互依存、相互联系的整体。空间联动与耦合本质上是一种动态过程，为了保障经济活动的正常开展，区域与区域之间也不能孤立存在，同时作为要素、资源的物质载体，区域必须参与空间联动与耦合的过程，在时空上不断交换生产要素，促进资源流动，发挥空间相互作用。空间联动与耦合度越高，则说明区域之间的经济协调水平越高，综合发展水平越高。

(二) 空间联动与耦合和现代物流业的关系

从空间联动与耦合和现代物流业之间的关系上来看，空间联动与耦合能够推动现代物流协同发展。一方面，物流是贯穿区域经济发展的大动脉，是区域之间实现联动与耦合的基础。另一方面，空间联动与耦合会加快物流枢纽中心的形成，以物流枢纽城市带动周围区域的发展，以物流经济和枢纽经济带动产业经济和区域经济的发展。换句话说，只有空间联动与耦合协调度越高，物流系统的综合性才能越高，才能推动现代物流业的发展。而现代物流业的发展和综合物流网络的延伸是提高空间联动与耦合水平的重要保障。总而言之，空间联动与耦合和现代物流业的发展是相互促进的。

(三) 空间联动与耦合机制的应用

空间联动与耦合机制在西部陆海新通道建设中已得到充分体现。西部陆海新通道沿线省区市具有不同的资源和优势，承担着不同的功能，从要素供需结构来看，西部陆海新通道沿线省区市和东南亚国家存在密切的互补关系。随着西部陆海新通道上升为国家战略，如何进一步地推动空间联动与耦合机制和西部陆海新通道沿线节点现代物流业协同发展呢？

一方面，逐步完善现代物流业和空间联动与耦合的良性循环机制。在西部陆海新通道建设过程中，中国西部地区和东南亚地区的空间联动与耦合水平得到提高，因而引致物流需求增大，对物流服务质量要求也越来越高。与此同时，现代物流业高质量发展促进经济要素资源跨区域自由流动，带来规模经济效应、技术溢出效应和信息溢出效应，支撑西部陆海新通道沿线经济进一步发展。

另一方面，共享物流信息资源，加快物流通关效率，对接物流管理标准，创新物流运营模式。随着西部陆海新通道的建设，沿线节点建立了常态化的物流通道和运营组织中心，能够打通南向陆海交通物流通道的堵点和痛点，促进现代物流业的发展。而综合性的现代物流网络又将中国西部地区和东南亚地区这两个经济活跃区域连接起来，这种联动合作有助于促进西部陆海新通道物流枢纽与主通道的联系，提高中国西部地区和东南亚地区联动水平与耦合协调水平，促进现代物流和中国—东盟经济的耦合协调发展。

本章小结

本章通过分析西部陆海新通道的演变、战略定位与功能，结合现代物流业发展的内涵、特征与范畴，研究了西部陆海新通道沿线节点现代物流业协同发展机制及其可能性，有助于广西推动现代物流业发展，提升"一带一路"服务能力。

西部陆海新通道作为一条集区域联动、陆海联运、物流集聚、通关效能、重大项目建设等为一体的综合性国际贸易大通道，其建设的复杂性、艰巨性非常突出。因此，需明确西部陆海新通道的四大战略定位，解决既有问题，只有时刻把握西部陆海新通道的四个战略定位，才能有效扩大中国西部地区国际贸易范围，积极推动中国西部地区产业集聚与经济结构调整，给中国西部地区建设向海经济带来新机遇。在区域协调发展的基础上，西部陆海新通道以交通带动物流，以物流推动商贸，促进运输经济、通道经济、枢纽经济和产业经济统筹发展，创新西部地区对外开放模式。

本章将基础设施互联互通机制、产业联动与协同机制、资源共享与互化机制、生产要素互用与对流机制以及空间联动与耦合机制应用到西部陆海新通道沿线节点现代物流业协同发展当中，从理论基础上分析了西部陆海新通道沿线节点现代物流业发展的推动作用，有助于广西紧抓时代机遇，促进广西建成西部向海经济的关键门户和西部内陆经济开放发展的新引擎。

第四章 西部陆海新通道沿线节点现代物流业发展及相关政策

第一节 西部陆海新通道建设现状

正在建设的"泛亚铁路"西线全长325千米，起于大理，止于瑞丽，该条铁路70%以上为隧道和桥梁，预计投资153亿元人民币。"东西经济走廊"和"泛亚铁路"分别连接缅甸毛淡棉和越南岘港、泰国，构建了东西走向的路线，北部湾地区就位于该条通道的东部。北部湾作为中国输入石油和其他货物的重要接口，是中国的战略要塞，广西北部湾将连接越南、泰国、老挝、新加坡等地区，整条线路以平原为主，形成了一条以陆路为主的中国和东盟国家建立战略联盟的主通道。截至目前，中国已经有铁路连通中国广西南宁和越南胡志明市，马来西亚、新加坡和泰国也已经构建了完善的铁路运输网络，中国只需要建设横穿老挝中部的铁路，即可连接中南半岛铁路网络。除此以外，泰国孔敬到老挝沙湾那吉再到越南广治的公路已经建成使用，利用该条著名的东西走廊，就能够建立广西南宁到新加坡的经济走廊，加深中国和新加坡的经贸往来。北部湾、东南亚和印度洋通道的建设与发展，使得中国与通道沿线各国保持着友好的睦邻关系，也加深了中国和沿线东盟国家之间的地缘经济合作。北部湾到印度洋大陆桥连通，使通道由越南延伸至中南半岛腹地，不仅强化了越南和周边各国的经济联系，同时也减轻了泰国对马六甲海峡的依赖度，可以直接通过中南半岛油管进口中东石油。

2017年以来，西部省份联合新加坡等东盟国家，推动了西部陆海新通道概念落实和深化，也树立了国内跨区域合作的典范。西部陆海新通道是以重庆为物流和运营组织中心，四川成都为国家重要商贸物流中心，广西北部湾为国际门户港，海南洋浦为区域国际集装箱枢纽港，以贵州、甘肃、云南、青海、新疆、宁夏、西藏、内蒙古、陕西和广东湛江等地为关键节点的陆海联运通道。在战略定位方面，《西部陆海新通道总体规划》中指出西部陆海新通道是促进西部地区参与国际经济合作、实现高质量开放、产业结构优化升级的陆海贸易通道；是连接"一带"和"一路"，加强中国—中南半岛、孟中印缅、新亚欧大陆桥等国际经济走廊沟通交流的纽带；是促进商贸、物流、交通和产业深度融合的经济走廊。《中共中央关于制定国民经济和社会发展第十四个五年规划和二〇三五年远景目标的建议》中指出要建设西部陆海新通道、川藏铁路等重大综合运输通道来拓展投资空间，西部陆海新通道是服务于国家级战略的重大建设项目之一，也是西部大开发战略深入推进和"国际国内双循环"背景下孕育出的重大区域发展战略。

一　交通运输

西部陆海新通道打破了西部地区传统的海运、铁路、航空、公路各自独立发展的局面，实现多式联运、铁海联运方式间相互融合。西部陆海新通道自2017年规划建设以来成果丰硕，铁海联运班列、跨境公路班车以及国际铁路联运班列三种物流组织形式均实现大幅增长，现已辐射9省（区、市）的29个市62个站，105个国家和地区的304个港口，有高达500多个的货物品种。内外贸集装箱航线已开通54条，铁海联运班列开行数量从2017年的178列增加到2020年的4596列，班列运行线也从最初的2条拓展为现在的42条，重庆—东盟公路班车已常态化运行8条线路，实现对中南半岛的全覆盖。

（一）在港口及铁海联运方面

1. 沿线港口方面

自西部陆海新通道建设以来，沿线主要港口设施建设获得阶段性突破。2020年，西部陆海新通道铁海联运班列、跨境公路班车、国际铁路联运班列均实现跨越式增长，共运输27.68万标箱，同比增长66%，货值305.4亿元，同比增长239%，覆盖机电设备、轻工制品、化工原料、果蔬水鲜等519种品类。北部湾港、湛江港和洋浦港实现集装箱吞吐量730万标箱，同比增长高达30%左右。

（1）洋浦港位于海南岛西北部，由南至北有金牌、神头、洋浦和白马井四个港区，是海南融入西部陆海新通道的重要节点，目前已开通33条内外贸航线。自2020年6月海南自贸港建设以来，洋浦港发展迅猛，在短短3个月时间内，以"中国洋浦港"船籍港开展国际船舶登记的船舶吨位由6万吨到15万吨不等，最终跻身"30万吨级巨轮俱乐部"之列。2020年10月，洋浦港开通洋浦—南太平洋—澳洲航线，这是海南首条洲际越洋航线。此外，《海南省"十四五"综合交通运输规划》中提出将洋浦港建设为国际集装箱枢纽港，洋浦港有望实现飞跃式发展。

（2）北部湾港方面，"一湾相挽十一国，良性互动东中西"，港口是海运的核心设施，伴随我国和东盟国家日益紧密的经贸合作和交流，北部湾港逐渐成为中国西南出海口最重要的港口之一。北部湾港包括防城港、钦州港以及北海三个港区，目前拥有和管理77个沿海生产性泊位，万吨级、10万吨级以及20万吨级以上泊位分别是70个、28个、4个，年吞吐能力超过3亿吨。目前，北部湾港已开通53条内外贸集装箱航线，基本实现东盟国家和全国沿海港口的全覆盖，2020年北部湾集装箱增速超过30%，位列中国沿海港口第一位。未来广西将围绕《国家综合立体交通网规划纲要（2021—2035年）》，打造"低成本、优质服务、高效率"的北部湾国际枢纽海港。

值得一提的是，钦州港是西部陆海新通道的重要枢纽，西部陆海新通道铁海联运常态化班列2017年从钦州港首发，截至2020年，钦州港已开通至重庆、成都、兰州等 7 条常态化班列。2020 年钦州港集装箱吞吐量达到 400 万标箱,同比增长 32.6%,增速居中国沿海港口前列。目前,钦州港运营航线已达 52 条,其中外贸航线 28 条,连通中国 14 个省区市和全球 83 个国家(地区)、203 个港口,货物品类也由 163 个增加至 191 个。

(3)湛江港是西南和华南地区货物进出口的主要通道,通往东南亚、非洲、欧洲等国家和地区的航程最短。湛江港目前拥有 35 个生产性泊位,1 个 B 级的保税物流园,开通 8 条经粤港澳大湾区的航线和 6 条至南海(主要是洋浦港和海口港)的集装箱航线,并形成两地集装箱运输"天天班"格局。早在 2018 年,湛江港货物吞吐量就已突破 3 亿吨。2019 年 9 月,湛江港投资 38.66 亿元对 30 万吨级航道进行改扩建,预计 2022 年建成,将成为华南地区首个通行 40 万吨级超大型船舶的港口。

2. 铁海联运方面

(1)铁海联运网络持续拓展。2017 年 9 月,从钦州港开出的"渝桂新"班列常态化运行,标志着以北部湾港口为节点,由南经海向东盟国家,由北经铁路衔接中欧班列的中新互联互通"南向通道"的正式形成。此后西部陆海新通道的运输网络持续拓展,目前北海、钦州和防城港主要进港铁路全覆盖,货物实现船和车之间的零距离接驳。铁海联运班列已开通 54 条集装箱航线,2021 年新增遂宁、怀化、张掖、宁夏中卫等铁海联运班列,路线覆盖中西部 10 个省(自治区、直辖市)36 市的 71 个站,铁海联运班列开行密度由一开始的每周 1 列增至每天 10 列以上,目的地覆盖全球 100 多个国家和地区的 300 多个港口。2021 年 4 月 28 日,西部陆海新通道铁海联运班列累计开行突破 1 万列。2021 年 1—6 月,西部陆海新通道班列总计开行 2705 列,同比增长 112%。

(2)铁海联运有效满足货源地发运需求。西部陆海新通道铁海联运方式有效地促进了西部内陆地区的大宗货物出口。云南省的玉米和铜精矿、青海格尔木的纯碱等,都凭借着铁海联运班列的低成本、短时长优势,通达到 100 多个国家的 600 多个港口。与此同时,西部地区人民也能更便捷地购买到泰国的木薯粉、印度的辣椒、欧洲的汽车零部件和机电

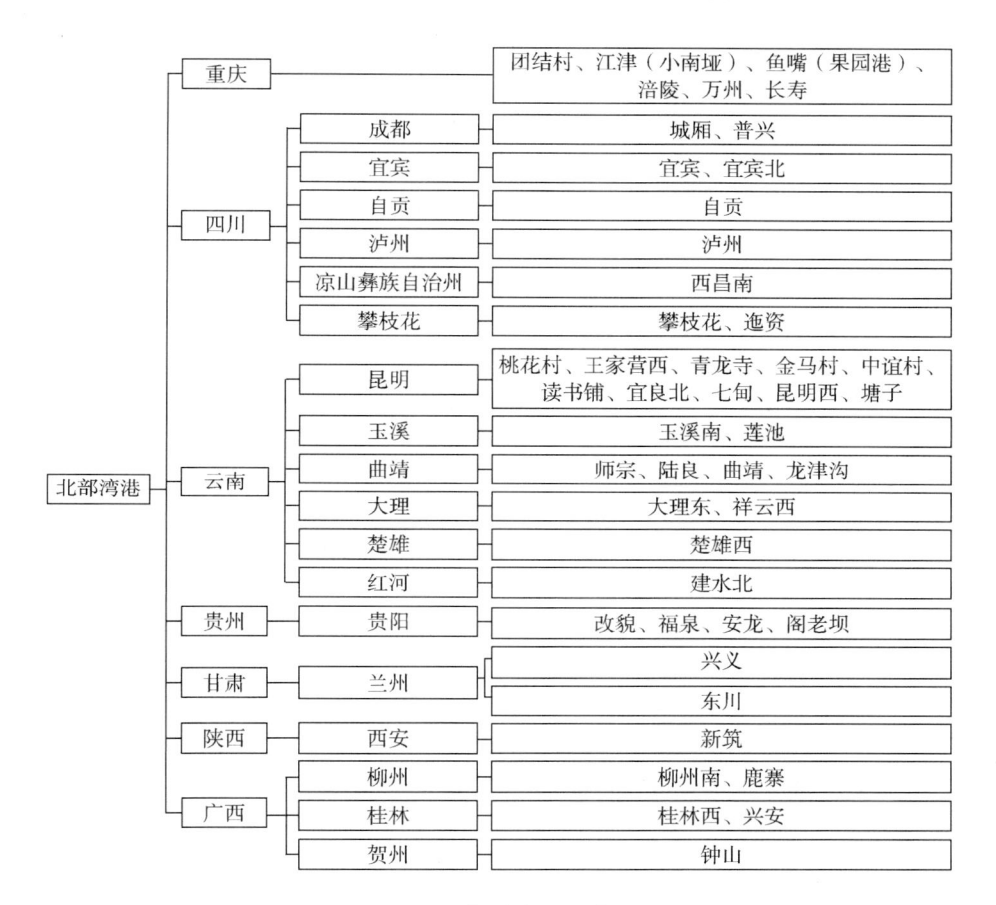

北部湾港	重庆	团结村、江津（小南垭）、鱼嘴（果园港）、涪陵、万州、长寿
	四川 — 成都	城厢、普兴
	四川 — 宜宾	宜宾、宜宾北
	四川 — 自贡	自贡
	四川 — 泸州	泸州
	四川 — 凉山彝族自治州	西昌南
	四川 — 攀枝花	攀枝花、迤资
	云南 — 昆明	桃花村、王家营西、青龙寺、金马村、中谊村、读书铺、宜良北、七甸、昆明西、塘子
	云南 — 玉溪	玉溪南、莲池
	云南 — 曲靖	师宗、陆良、曲靖、龙津沟
	云南 — 大理	大理东、祥云西
	云南 — 楚雄	楚雄西
	云南 — 红河	建水北
	贵州 — 贵阳	改貌、福泉、安龙、阁老坝
	甘肃 — 兰州	兴义
		东川
	陕西 — 西安	新筑
	广西 — 柳州	柳州南、鹿寨
	广西 — 桂林	桂林西、兴安
	广西 — 贺州	钟山

图 4-1 西部陆海新通道班列

产品、东南亚的服装等进口物资。西部陆海新通道铁海联运的货物种类还在不断增加，将真正做到将西部内陆地区搬到沿海港口，有效满足了货源地的发运需求。

（3）重庆物流枢纽地位突出。得益于得天独厚的地理优势，重庆协同连接西部陆海新通道、"一带一路"倡议、长江经济带等多个国家级发展战略，需要统筹西部陆海新通道铁海联运和中欧班列的对接，物流枢纽作用显著。根据 2018 年《国家物流枢纽布局和建设规划》，重庆有 5 个物流类型，是全国物流类型最多的城市之一。2019 年 9 月，重庆被列为国家物流枢纽之一。而在西部陆海新通道规划和《"十三五"现代综合交通运输体系发展规划》中，重庆被定位为国家物流和组织中心。2020年重庆市铁海联运班列开行1294列，占据铁海联运班列开行总数的三成。此外，重庆正着力打造高铁、市域铁路和城市轨道"三铁"融合规划，未来致力于实现"三铁"的无缝衔接和一体化换乘。《2021年重庆市推进西部陆海新通道建设工作要点》指出要从优化营运组织、完善基础设施、深化合作交流、培育通道经济等方面来进一步发挥西部陆海新通道和长江经济带物流枢纽作用。

（二）陆路运输方面

1. 铁路运输规模

在战略层面，西部陆海新通道对接"一带一路"倡议、长江经济带和粤港澳大湾区等国家级战略。在交通层面，西部陆海新通道南向的铁路运输通道与北向的中欧班列在重庆顺利衔接，有效促进了西部内陆地区和东南亚地区的经济交流和贸易互通。铁路运输在内陆和港口之间的货物流通过程中发挥了重要作用。2019年广西壮族自治区商务厅下发《西部陆海新通道重点铁路项目建设实施方案（2019—2021年）》，着重强调黄桶至百色铁路项目，南昆线百色至威舍段增建二线，湘桂线南宁至凭祥段扩能改造工程，沿海铁路钦州至防城港段扩能改造工程，黔桂铁路扩能改造工程，云桂沿边铁路，柳州经梧州至广州铁路等重点项目建设，以此激发通道货运潜力。2020年西部陆海新通道共开行4596列班列，同比增长105%，超过前3年开行班列总数。2021年1—5月西部陆海新通道班列开行数量为2187列，发送货物21.7万标箱，标箱数量同比增长329%。此外，2020年中欧班列的开行数量达到历史新高，首次突破10000列。目前，西部陆海新通道正稳步推进境外铁路合作项目，包括中老铁路、中泰铁路、匈塞铁路以及巴基斯坦拉合尔轨道交通橙线项目等。

2. 公路运输规模

在陆路运输方面，南彭公路保税物流中心成为重庆跨境公路班车通往欧洲和东盟的物流枢纽,重庆、成都到越南等东盟成员国的国际铁路联运与跨境公路班车线路保持正常运行。重庆—东盟公路班车实现对中南半岛全覆盖,实现铁海联运、跨境公路和跨境铁路的常态化运行。相比于铁海联运,公路货运班车成本较高,但可以在一周内抵达,更加省时、安全,也有利于推动中国西部内陆与东南亚地区达成更便捷、高效的经贸合作与交流。自2020年新冠肺炎疫情暴发,国际国内交通运转速度放缓,而西部陆海新通道跨境公路班车数量却呈现逆势增长的态势。从2021年1月至6月20日,重庆跨境公路班车数量为1546车次,同比增长79%。

二 西部陆海新通道节点合作

在经贸合作方面,根据2021年5月发布的《西部陆海新通道首期发展指数报告》[①],2021年第一季度西部陆海新通道的一级规模指数和二级贸易规模指数分别为103.2和101,反映通道建设和贸易、产业融合态势初现。西部陆海新通道在区域经济发展中发挥的作用越来越明显,经贸交流"朋友圈"也在不断扩大,经过"十三五"时期的发展,逐渐形成了以广西、贵州、甘肃、青海等13个西部省区市和广东湛江为基础的"13+1"合作共建机制。区域内围绕成渝地区双城经济圈和广西北部湾国际贸易重要节点,形成了以成都、重庆为重要枢纽,北部湾港铁海联运为一体的物流产业链。《西部陆海新通道总体规划》中指出由重庆市牵头解决主要的区域合作事项,支持重要节点加快培育枢纽经济。此外,四川省、广西壮族自治区等诸多省份已纷纷出台相关指导意见,表明加强与物流节点的合作,突出物流节点的集聚辐射效能,以此更好地协调区域发展,更好地服务国家战略大局。西部陆海新通道将中国西部地区与世界各地有机连接,在加强中国西部与世界各国(地区)经济交流和保障世界供

---

① 西部陆海新通道指数编制工作由重庆市政府口岸物流办、广西壮族自治区发展改革委等"13+1"省区市通道建设牵头部门联合开展,西部陆海新通道物流和运营组织中心、陆海新通道运营有限公司具体实施。指数发布以2019年三季度为基期、以100为荣枯线。

应链稳定方面发挥着重要作用，助力西部地区进入快速发展的新车道。

三 西部陆海新通道建设存在的问题

（一）交通基础设施建设方面

虽然北部湾港区位优势明显，近年来北部湾港发展能力持续提升，但也面临诸多困境。基础设施能力限制依然是通道经济发展受限的核心问题，包括港口、场站、集疏运和项目建设等方面的问题。一方面，西部陆海新通道受到沿线铁路运力和部分内陆场站港口吞吐能力趋于饱和、港口航线不足等因素制约。如川黔、南（宁）昆（明）、南（宁）防（城）、钦（州）北（海）等西南铁路大动脉多为单线铁路，且由于修建年代较早，技术标准低、运能小，经多次改造，仍不能满足陆海新通道迅猛增长的货运需求。此外，外贸航线数量少，无法满足日益增长的货物转运需求，部分货物经过多次中转和拼船才能到达欧美国家，费时耗力。另一方面，中国西部地区铁路、港口、机场"最后一公里"衔接还不够充分，多式联运发展不足。公路之间转运、集疏运拥堵，通行效率问题比较突出，难以适应陆海新通道未来更大发展的需要。

（二）通道节点合作方面

《西部陆海新通道总体规划》为各节点省区市开展区域合作提供了大的指导框架和方向，但对于国际合作机制的建立，是由重庆主导还是由北京主导尚未给出明确的意见。此外，西部陆海新通道物流网络节点覆盖较少，主辅枢纽尚未形成，物流领域的合作虽已初步形成，但通道沿线区域产业合作缺乏统筹规划，尚未形成规模，合作意向多、项目落地少。

（三）软环境建设方面

如何营造良好的营商环境和产业布局环境是发挥通道潜力亟待思考的问题。目前，西部陆海新通道建设面临要素和资源流转不畅，新业态模式和产业发展能力受限，商贸、物流、产业、交通、生态融合水平较低等问题。软环境建设应该被摆在和大力发展通道节点基础设施建设一样的战略高度，以此提高通道运转能力和效率。

第二节　西部陆海新通道沿线节点现代物流业发展现状

一　物流企业发展现状

中国物流与采购联合会公布2019年全国50强物流企业名单，区域分布为：安徽（2）、北京（6）、福建（4）、广东（4）、河北（1）、湖北（3）、湖南（2）、吉林（1）、江苏（6）、辽宁（2）、山东（2）、山西（1）、陕西（1）、上海（7）、四川（2）、云南（2）、浙江（2）、重庆（2），其中属于西部陆海新通道沿线节点城市的企业仅有6家，分别是四川的准时达国际供应链管理有限公司和四川安吉物流集团有限公司、重庆的重庆港务物流集团有限公司和重庆长安民生物流股份有限公司以及云南的云南能投物流有限责任公司。从整体来看，企业数量占全国50强物流企业的14%，而物流业务收入7663612万元，仅占全国50强物流企业业务收入的7.79%，说明西部陆海新通道沿线节点物流企业发展相对滞后，物流企业核心竞争力远不及东南沿海省份企业。此外，在西部陆海新通道建设规划的物流节点中仅有山西、四川、重庆以及云南四个省份拥有全国50强物流企业，其他物流节点的物流企业数量相对匮乏。从主营业务来看，西部陆海新通道建设规划中物流节点50强物流企业主要分为：（1）水运物流：重庆港务物流集团有限公司；（2）综合物流：准时达国际供应链管理有限公司、四川安吉物流集团有限公司、重庆长安民生物流股份有限公司；（3）公路货运：云南建投物流有限公司。西部陆海新通道的建设要求相关物流企业的强大支撑，相互配合，而已有物流企业相对匮乏，主营业务种类有待进一步丰富，尤其是西部地区的本地物流企业中，涉及港口物流的企业较少，制约了西部陆海新通道发展。

表4-1　　　　　　　　　2019年全国50强物流企业

排名	企业名称	所在地区	物流业务收入（万元）
1	中国远洋海运集团有限公司	上海市	22121401
2	厦门象屿股份有限公司	福建省	14040454
3	顺丰控股股份有限公司	广东省	8967688
4	中国外运股份有限公司	北京市	7731184
5	京东物流集团	北京市	3917670
6	中国物资储运集团有限公司	北京市	3887225
7	中铁物资集团有限公司	北京市	3019406
8	圆通速递股份有限公司	辽宁省	2746515
9	上汽安吉物流股份有限公司	上海市	2508257
10	德邦物流股份有限公司	上海市	2302532
11	锦程国际物流集团股份有限公司	辽宁省	1519586
12	江苏苏宁物流有限公司	江苏省	1351190
13	厦门港务控股集团有限公司	福建省	1339086
14	一汽物流有限公司	吉林省	1220000
15	福建省交通运输集团有限责任公司	福建省	1211649
16	全球国际货运代理（中国）有限公司	上海市	1111263
17	中国石油化工股份有限公司管道储运分公司	安徽省	1027952
18	青岛日日顺物流有限公司	山东省	1014431
19	泉州安通物流有限公司	福建省	1005754
20	嘉里物流（中国）投资有限公司	湖北省	918294
21	重庆港务物流集团有限公司	重庆市	860805
22	上海中谷物流股份有限公司	上海市	807786
23	准时达国际供应链管理有限公司	四川省	761967
24	山西快成物流科技有限公司	山西省	680897
25	云南能投物流有限责任公司	云南省	674347
26	安得智联科技股份有限公司	安徽省	589457
27	全球捷运物流有限公司	上海市	566996
28	四川安吉物流集团有限公司	四川省	557344
29	北京长久物流股份有限公司	北京市	546845
30	江苏百盟投资有限公司	江苏省	540000

续表

排名	企业名称	所在地区	物流业务收入（万元）
31	中铁铁龙集装箱物流股份有限公司	广东省	533614
32	日通国际物流（中国）有限公司	北京市	525480
33	重庆长安民生物流股份有限公司	重庆市	512710
34	武汉商贸国有控股集团有限公司	湖北省	502116
35	林森物流集团有限公司	江苏省	499536
36	浙江物产物流投资有限公司	浙江省	497800
37	中都物流有限公司	北京市	474961
38	湖南星沙物流投资有限公司	湖南省	468561
39	传化智联股份有限公司	浙江省	464576
40	河北宝信物流有限公司	河北省	455488
41	广东省航运集团有限公司	广东省	452977
42	玖隆钢铁物流有限公司	江苏省	450000
43	九州通医药集团物流有限公司	湖北省	421451
44	国药控股扬州有限公司	江苏省	401334
45	利丰供应链管理（中国）有限公司	上海市	378988
46	云南建投物流有限公司	云南省	378769
47	南京福佑在线电子商务有限公司	江苏省	351366
48	湖南一力股份有限公司	湖南省	348106
49	希杰荣庆物流供应链有限公司	山东省	333852
50	中通服供应链管理有限公司	广东省	325565

资料来源：中国物流信息中心网站。

二 物流园区发展现状

基于基础设施、服务能力、运营管理以及社会贡献等，中国物流与采购联合会物流园区专业委员会2020年组织开展"全国物流园区综合评价"工作，评选出全国127所优秀物流园区。其中，属于西部陆海新通道沿线节点的优秀物流园区共30所。内蒙古10所、广西2所、重庆3所、四川5所、陕西3所、甘肃3所，贵州、云南、青海和宁夏各1所。

在区域分布层面，物流园区呈现东部已投入运营、中西部仍在规划的局面。西部陆海新通道近海段的优秀物流园区较少，大部分集中在四川、重庆和内蒙古三个内陆省份。总体而言，各个区域的物流园区数量都在加速上升；从物流园区布局层面看，呈现由点到面的转化，逐渐形成物流园区网络。西部地区物流园区间的联系也日益紧密，物流成本大幅降低；从物流园区建设层面，物流园区正实现向智慧化和数字化的转型。货物跟踪、物业管理等基础服务都实现了网上信息化管理，同时还开发了运力交易、支付结算、融资保险等辅助性功能。但是，也有部分园区智慧化升级进度缓慢，有待进一步提升数字化发展。

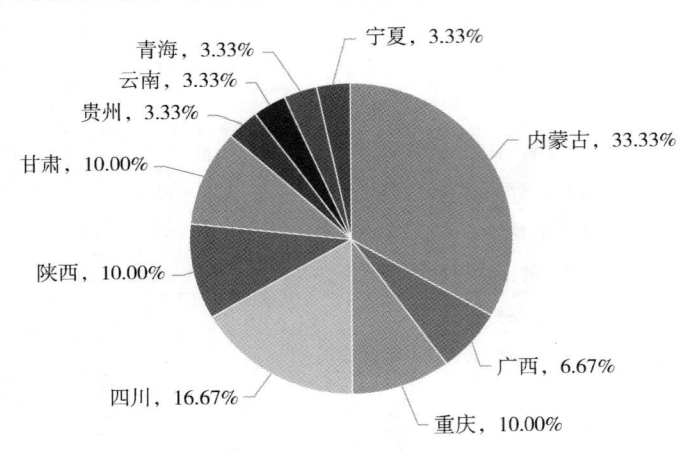

图 4-2　西部陆海新通道物流节点的优秀物流园区数量占比

表 4-2　　　　　　　　　　全国 127 所优秀物流园区

物流园区名称	所在地区
内蒙古红山物流园区	内蒙古
集宁现代物流园区（乌兰察布）	内蒙古
内蒙古鑫港源顺物流园	内蒙古
鄂尔多斯空港物流园区	内蒙古
札萨克物流园区（鄂尔多斯）	内蒙古
牙克石大兴安国际物流园区（呼伦贝尔）	内蒙古
满洲里国际物流产业园区（呼伦贝尔）	内蒙古

续表

物流园区名称	所在地区
森富国际中俄跨境商贸物流园区（呼伦贝尔）	内蒙古
北方陆港国际物流园区（乌兰察布）	内蒙古
七苏木国际物流枢纽产业园（乌兰察布）	内蒙古
防城港市东湾物流园区	广西
广西凭祥综合保税区	广西
秀山（武陵）现代物流园区	重庆
重庆国际物流枢纽园区	重庆
重庆南彭贸易物流基地	重庆
中国西部现代物流港	四川
南充现代物流园	四川
成都国际铁路港	四川
泸州临港产业物流园区	四川
宜宾临港国际物流园区	四川
贵州省清镇市物流园区	贵州
云南腾俊国际陆港	云南
陕西国际航空物流港	陕西
普洛斯西咸空港物流园	陕西
陕西商山物流园	陕西
甘肃（兰州）国际陆港	甘肃
甘肃省物产集团兰州物流园	甘肃
嘉峪关多式联运物流园	甘肃
青海朝阳物流园区	青海
宁夏众一物流园区	宁夏

三 西部地区物流公共信息平台发展现状

（一）物流公共信息平台发展现状

锦程物流网、运力通、中国物通网以及物流全搜索在国内物流信息平台中名列前茅，而西部地区仅有一家物流信息平台，即中国西部现代物流公共信息平台（http://www.cloud56.net）。这是由西部现代物流港委托四川物联亿达科技有限公司倾力打造的物流互联网信息平台，以结合西部现代物流业发展的实际需要，融合云计算、物联网等最新一代技术研发而成。此平台共分为七大业务平台，分别是物流资讯平台、B2B物流设备交易平台、B2B物流信息交易平台、物流运作服务平台、企业之窗、百宝箱以及BBS交流社区。与其他知名物流公共信息平台相比，中国西部现代物流公共信息平台不仅在结算服务、物流提供商之间的合作渠道以及市场定位上存在一定差距，而且在专业化程度上更是难以企及。中国西部现代物流公共信息平台的物流信息交换、配货型、资源型、应用服务型、行业垂直门户型物流信息平台都有待进一步完善。因此，只有大力整合空港、陆港、企业、海关等各类信息平台资源，构筑枢纽型现代物流公共信息平台，不断完善物流体系平台建设，才能实现西部陆海新通道物流跨行业跨地区的信息共享。

表4–3　　　　　　　　　　中国知名物流信息平台对比

物流公共信息平台名称	简介
锦程物流网	锦程物流网是中国访问量第一的物流综合门户网站，通过网络营销、交易结算、物流金融等手段整合行业客户资源，致力于打造全球最安全的物流交易和结算服务平台
运力通	运力通平台为用户提供一系列的增值服务，如：税务服务、财务管理服务、咨询管理服务、生产物资或生产工具代采服务（具有强大的性价比优势）、信息化系统服务等，运力通所服务的对象涵盖所有类型的货物和货车，全面满足中小企业的公路长途整车运输需求，降低回头车、回程车的空驶率，改善整体物流货运找车效率
中国物通网	北京物通时空网络科技开发有限公司旗下物流行业网站，是国内专业的以企业多元化物品流通需求为中心，系统整合物流企业、运输车辆、国际海运空运、铁运、快递、搬家、配货信息中介等物流服务商，通过互联网平台、车联网平台与移动互联网终端为广大发货企业提供一站式、全方位透明化门到门物流O2O服务的物流信息化交易服务平台
物流全搜索	物流全搜索是国内知名的物流搜索查询平台，始终坚持"行业搜索＋垂直门户"的理念，致力于解决物流供需信息不对称等难题，具有"一站式"物流及相关资料查询功能

续表

物流公共信息平台名称	简介
中国西部现代物流公共信息平台	由西部现代物流港委托四川物联亿达科技有限公司倾力打造的物流互联网信息平台。以结合西部现代物流业发展的实际需要，融合云计算、物联网等最新一代技术研发而成

资料来源：根据相关物流企业网站整理而得。

（二）以广西北港网为例

广西北港网是北部湾国际港务集团开发的北部湾港口门户网站，其对内主要为整合北部湾港业务流程，加快码头间交接速度，简化交接手续，提升内部企业间业务协同水平，加快通关速度，降低成本；对外提供包括船舶、航线、船期、查验信息、班列信息等全程信息查询，然而由于北港网建设起步较晚，且与"单一窗口"存在重复建设，只能实现数据交换，尚未实现一站式服务。由于北港网在公司宣传、员工培训、客户开拓等方面存在不足，导致实际客户较少。但这一情况正在改善，各项业务功能也逐步上线。2020年11月，北港网和中谷物流防城港分公司订舱系统成功实现系统连接，实现船公司订舱系统与码头对外业务受理系统的数据实时同步。客户操作从多系统转变为单一系统，有效降低了手工录入造成的人为数据信息错误概率。2021年3月24日，北港网散杂货业务功能在北部湾港防城港区正式部署上线，大大提高了散杂货业务办理效率，二期功能仍在规划当中。

第三节　西部陆海新通道沿线节点现代物流业发展相关政策

一　国家层面

关于西部陆海新通道国家层面的政策主要是2019年8月国家发展改革委员会下发的《西部陆海新通道总体规划》（以下简称《规划》）。《规划》中明确指出，要深入贯彻国务院关于《西部陆海新通道总体规划》的批复精神，加强通道能力和物流基础设施建设，深入推进陆海双向开放和西部地区发展。《规划》建设目标为：到2020年，一批重大铁路、物流枢纽等项目开工建设，初步将重庆建设成为内陆国际物流分拨中心。至2025年，基本建成安全、高效、经济、便捷的西部陆海新通道。建成运行一批重大铁路项目，全面打通主要公路瓶颈路段，形成以铁路为主、高级公路为辅的陆上交通通道；基本建成北部湾深水港，初步确立北部湾国际门户港、洋浦区域国际集装箱枢纽港地位，并实现同湛江港协同发展；西部物流枢纽的分工更为明确、设施更为完善，基本建成重庆内陆口岸高地，大幅提升物流效率和通关便利化水平，更好地引领对外开放和区域协调发展新格局。铁海联运运量将达到50万标箱，洋浦港、北部湾港集装箱吞吐量将分别达到500万、1000万标箱。到2035年，西部陆海新通道全面建成，通道运输能力更强、枢纽布局更合理、多式联运更便捷，物流服务和通关效率达到国际一流水平，物流成本大幅下降，整体发展质量显著提升，为现代化经济建设提供有力支撑。

二 区域层面

（一）西部陆海新通道沿线节点共同签署合作框架协议

西部地区13省区市已于2019年10月共同签署了《合作共建西部陆海新通道框架协议》，旨在加强省际协商合作，深化陆海双向开放，推进西部大开发形成新格局。强化与通道沿线节点协商合作，加强区域间联动关系，是推动共商共建共享西部陆海新通道的必要前提。由于西部陆海新通道建设涉及多个不同的地域和领域，其所带来的体制机制创新可能使得相关部门的职能范围产生交叉，也可能出现监管领域的空白。同时，本地部门不完善的协调机制会影响西部陆海新通道建设资源的配置，进而影响西部陆海新通道建设的效率和质量。所以，这在客观上就要求西部陆海新通道建设提高内部协调效率，建立健全高效的政策执行机制。

因此,各方应坚持"政府引导、企业主体、市场运作"的原则,重点在完善支持政策、综合运营平台、物流及运输通道设施建设,提升通道运行及物流效率,促进区域经济与通道融合发展,协同宣传引导等领域展开合作。

此外,四川、广西等诸多省份也已纷纷出台相关指导意见,表明加强与沿线省区市的合作,突出物流节点的集聚辐射效能,以此更好地协调区域发展,更好地服务国家战略大局,比如2019年4月四川省人民政府和广西壮族自治区人民政府签署的《关于深化川桂合作共同推进西部陆海新通道建设行动计划(2019—2021年)》。由此可见,不断建立健全跨区域合作体制机制,为西部陆海新通道建设提供了有力的支撑和服务。

(二)成立西部陆海新通道物流和运营组织中心

2020年11月17日,西部陆海新通道物流和运营组织中心在重庆正式启动运行,西部陆海新通道物流和运营组织中心使西部陆海新通道有了专门的服务组织机构,是西部陆海新通道沿线节点政府间协商共建西部陆海新通道的常设机构,主要职责包括:落实省部际联席会议、省际协商联席会议议定事项,协调推进重大项目跨区域合作,协同制定区域合作创新制度及支持政策,搭建通道公共信息服务平台,统筹推进跨区域多式联运发展,指导通道平台企业运营,服务通道沿线省区市贸易和产业发展,等等。

(三)成立西部陆海新通道物流产业发展联盟

2020年7月28日,四川省现代物流发展促进会与四川、重庆、广西、贵州、甘肃、青海、新疆、云南、宁夏、陕西、内蒙古、西藏、海南、广东(湛江市)等西部陆海新通道沿线"13+1"省区市的港口、铁路、航运、物流、科研院所、制造企业以及协会等相关企事业单位联合发起成立西部陆海新通道物流产业发展联盟,这将搭建西部陆海区域性共商共建共赢的物流产业协作发展平台。

目前,联盟已吸引交通部水运科学研究院、湛江港(集团)股份有限公司、川藏铁路公司、四川航空股份有限公司、中国铁路兰州局集有限公司、广西北部湾国际港务集团有限公司、陕西省物流集团有限责任公司、海南农垦商贸物流产业集团有限公司等在内的 400 余家西部陆海新通道沿线省区市的商贸、物流龙头企业加入。联盟将充分发挥西部陆海新通道沿线省区市的政策、资源、资金及各地大型国企的带动引领优势，将其建设成为西部陆海新通道沿线地区物流业新的增长点，成为国家级有影响力的联合组织，吸引国际国内资本、人才、技术、资源和商品等要素汇聚西部，更好地服务推动国家西部陆海新通道建设。

（四）签订双边合作协议

2021 年 6 月 5 日，广西与青海共同签订《关于加强西部陆海新通道建设合作框架协议》，双方将在班列开行、省际园区建设合作、多式联运等领域加强合作。

三 地方层面

（一）重庆

重庆于 2020 年 4 月制定出台《重庆市推进西部陆海新通道建设实施方案》（以下简称《实施方案》）。《实施方案》要求着力加强通道能力、运营组织中心及物流建设，促进通道的物流服务效能、提升通道同区域经济的融合发展、提高通道的对外开放水平、强化政策保障和组织实施，以加快西部陆海新通道建设，充分发挥"三个作用"，推动形成陆海内外联动、东西双向互济的开放格局。围绕建设重庆运营组织中心、完善通道网络体系、培育通道经济和枢纽经济等主要目标，明确了 26 项重点任务。《实施方案》提出：至 2025 年，由国家规划、途经重庆的两条集装箱运输主通道的运量达到 30 万标箱；跨境公路班车、国际铁路和铁海联运班列开行数量年均增长将超过 15%；通道沿线国家（地区）客货运航线达到 50 条；建成与东盟国家产业合作示范区 3 个；至 2035 年西部陆海新通道将全面建成，通道物流实现集约化、规模化运行；通关便利化及运营组织能力达到世界一流水平；大幅降低物流成本；支撑重庆成为内陆开放高地；形成重庆引领区域协调发展和带动西部发展的新格局。

(二) 广西

自2019年以来，广西紧紧围绕《西部陆海新通道总体规划》出台系列政策，政策主要涉及金融、物流等方面，通过采取一系列的政策措施来推进西部陆海新通道畅通，构建"双通道、六枢纽、四轴带、多门户"发展空间格局。主要的政策如表4-4所示。

表4-4　　　　　广西出台的西部陆海新通道规划配套政策

政策名称	发表时间	主要内容
《广西建设西部陆海新通道实施方案》	2019年10月	打造北部湾港核心竞争力，加快专业化深水泊位和深水航道建设、建设智慧港口、完善港口配套设施、加强北部湾港与海南洋浦港联动发展、推动西部省份共建"西部港"；加快推进铁路建设，打造西部至北部湾出海口大能力铁路运输通道；完善公路运输网络，进一步扩大公路网覆盖面、加快建设完善连接港口和主要物流园区、场站的公路集疏运体系；同时，大力推进航空货运发展，加强与周边国家设施连通
《广西建设西部陆海新通道工作任务清单》	2019年10月	明确广西建设西部陆海新通道的44项重点工作和93项重点项目，广西还将通过优化合作机制，强化人才和智力支撑，提升相关部门和企业的专业水平和经营能力，进一步争取中央在自由贸易试验区、国家级临空经济示范区、国际贸易"单一窗口"和"两国一检"试点等方面的政策支持，加快推进西部陆海新通道建设
《广西加快西部陆海新通道建设若干政策措施（修订版）》	2019年11月	支持铁海联运班列班轮、班车、航班开行；支持跨境公路铁路运输；降低物流和通关费用；支持冷链物流体系建设；支持重点物流园区及重大项目建设；加大对西部陆海新通道有关企业和项目的金融支持；支持引进和培育物流企业
《西部陆海新通道广西物流业发展规划（2019—2025年）》（桂发改经贸〔2019〕979号），并印发《西部陆海新通道广西现代物流建设实施方案（2019—2020年）》	2019年11月	广西将按照扩大通道辐射范围、强化枢纽组织能力、支撑网络高效运行、加强产业融合联动的总体思路，构建"双通道、六枢纽、四轴带、多门户"的发展空间格局，其中将打造南宁面向东盟国际物流枢纽。力争到2035年，全面建成西部陆海新通道，在广西汇集主通道的各条陆路，与沿边口岸、北部湾港口顺畅衔接，便捷开展多式联运，通关效率与物流服务达到世界一流水平，大幅降低国际铁路、铁海联运以及综合物流成本，显著提升整体发展质量

续表

政策名称	发表时间	主要内容
《金融支持西部陆海新通道建设的若干政策措施》	2019年11月	为西部陆海新通道基础设施建设提供金融服务；推动金融支持西部陆海新通道的产品和服务创新；建立金融服务西部陆海新通道的政策保障机制
《西部陆海新通道广西铁海联运主干线运营提升实施方案（2019—2020年）》	2019年11月	拓展班车开行线路；持续优化航线布局；强化联运支撑保障；创新铁海联运业务
《加快建设面向东盟的金融开放门户若干措施》	2020年6月	推出30条金融"硬支撑"，加快建设面向东盟的金融开放门户

资料来源：笔者根据广西壮族自治区政府网站整理所得。

  金融作为经济发展的先导力量，是支撑各项活动运行的核心要素，西部陆海新通道的发展也离不开金融政策的大力扶植。加大信贷投放力度会提高相关港口、航道、码头、铁路、集疏运中心、物流园区等的建设质量和效率，也进一步加强物联网、智慧物流、物流信息平台等在标准化、信息化、集约化方面的建设。此外，金融支持可以推动西部陆海新通道的产品和服务创新，创新开展账单、仓单、运单标准化融资业务，推动账单、仓单、运单融资业务的普及化和便利化；构建铁海联运"一站式"融资服务体系；创新开展陆上贸易运单融资业务，丰富陆上贸易融资方式；开展"区块链＋供应链金融"的金融产品和服务，构建跨区域物流企业与金融机构联盟、供应链金融服务圈。对于企业而言，企业通过发行公司债券、企业债券等债券产品，短期融资券、中期票据等非金融企业债务融资工具以及资产证券化产品来拓宽融资渠道。金融服务是西部陆海新通道的政策保障机制，因此，广西壮族自治区发展和改革委员会等四部门共同出台支持通道沿线节点物流业发展的金融政策，如2019年11月出台的《金融支持西部陆海新通道建设的若干政策措施》和自治区人民政府2020年6月出台的《加快建设面向东盟的金融开放门户若干措施》，均旨在增强金融供给能力，提升金融服务质效，支持西部陆

(三) 四川

四川方面，2019年10月，13个省区市政协负责人共聚成都，主要讨论西部陆海新通道战略的重大意义和四川融入西部陆海新通道建设的进程及相关情况。相关建议包括完善省际合作协调机制，支持四川建设一批国家级物流枢纽和开放平台，等等。之后，四川陆续出台了一系列推进西部陆海新通道建设的政策文件，最主要的是《四川加快西部陆海新通道建设实施方案》和《2020年四川加快西部陆海新通道建设工作要点》，内容涵盖省际合作机制、基础设施建设、交通物流等方面，政策详情和主要内容如表4-5所示。

表4-5　四川方面出台的西部陆海新通道配套政策

政策名称	发表时间	主要内容
《四川加快西部陆海新通道建设实施方案》	2019年12月	深度融入"一带一路"、长江经济带及西部大开发等国家重大战略，加快通道及物流设施建设，着力提高通道运输能力及物流发展质量效率，深化南向经贸合作，打造机制科学、竞争力强、产业繁荣、物流高效、交通便捷、贸易便利的西部陆海新通道
《成都市推进西部陆海新通道建设促进南向开放合作三年行动计划（2019—2021年）》	2019年10月	构建以"东蓉欧"为主通道的全球供应链体系；加快开通成都至东南亚、南亚等国家的全货机定期航线
《关于推进四川省国家级经济技术开发区创新提升打造改革开放新高地的实施意见》	2020年6月	提出要积极参与西部陆海新通道建设。依托成都、德阳国际铁路港和成都公路口岸、内江国际物流港、宜宾港等，发挥各经开区所在市产业、政策和口岸优势，在金融服务、航空、交通物流等领域深化南向开放合作
四川建立加快西部陆海新通道建设联席会议制度	2020年4月	主要职责包括落实中共中央、国务院和省委省政府关于四川融入西部陆海新通道建设的决策，分工协作，解决跨地区、跨部门的重大问题，等等

续表

政策名称	发表时间	主要内容
《2020年四川加快西部陆海新通道建设工作要点》	2020年7月	按照《四川加快西部陆海新通道建设实施方案》确定的目标任务，区分轻重缓急，科学有序推进，补齐基础设施短板、提高物流质量效益、深化对外开放交流、搭建联动合作平台、推进交通商贸物流产业融合发展，为四川融入西部陆海新通道奠定坚实基础

资料来源：根据四川省政府网站整理所得。

（四）贵州

贵州方面，关于推进西部陆海新通道建设的相关政策或措施主要是贵阳市政府在2020年4月发布的《贵阳市推进西部陆海新通道建设实施方案》，其目的主要是围绕建设西部战略通道、陆海联动通道、陆海贸易通道、综合运输通道的定位，按照"畅通大通道、建设大枢纽、形成大集散、发展大贸易、做强大产业"的思路，对贵阳市西部陆海新通道建设的发展目标及重点任务做出明确规划。2021年4月，贵州就降低通道物流成本，建设现代化物流体系，强化土地、资金等要素保障等方面出台了《贵州省进一步降低物流成本若干政策措施》，并提出12条措施。

本章小结

从西部陆海新通道沿线节点发展现代物流业的相关政策来看，主要集中于四类政策：金融政策、交通物流设施发展政策、加强区域联动合作政策、深化国际贸易合作政策。

在金融政策方面，具有典型代表性的是，广西发展和改革委员会等四部门于2019年11月出台的《金融支持西部陆海新通道建设的若干政策措施》和2020年6月出台的《加快建设面向东盟的金融开放门户若干措施》，均旨在增强金融供给能力，提升金融服务质效，支持西部陆海新通道建设。

在交通物流设施发展方面，为了进一步培育新路网、新路线、新物流，带动新市场、新动能、新贸易，加快探寻现代化物流体系新范式，西部陆海新通道建设各物流节点纷纷出台各项政策。西部陆海新通道建设对物流体系建设提出了跨区域服务一体化以及地区物流服务高效化的新要求。

在区域联动合作方面，在形成以广西、贵州、甘肃、青海等 13 个西部省区市和广东湛江为基础的"13 + 1"合作共建机制的基础上，大力推进西部陆海新通道物流节点间的合作，不少省区市也纷纷出台相关政策。如 2020 年 4 月四川省建立加快西部陆海新通道建设联席会议制度、2020 年 11 月西部陆海新通道物流和运营组织中心的成立以及 2020 年 7 月西部陆海新通道物流产业发展联盟的成立；等等。

在深化国际贸易合作方面，四川省推出《四川加快西部陆海新通道建设实施方案》和重庆出台《重庆市推进西部陆海新通道建设实施方案》，均强调要深化国际贸易合作，充分发挥自由贸易试验区示范引领作用，打造交通便捷、贸易便利、产业繁荣、具有较强竞争力的开放新高地。

结合本书对西部陆海新通道建设现状、沿线节点现代物流业发展现状的分析，为统筹各种运输方式发展、完善物流设施功能、增强交通物流设施保障能力，西部陆海新通道各物流节点的基础建设还需要不断完善。一方面，要提升交通物流设施集疏运能力，着力补齐短板，完善物流设施功能。只有加快推进铁路、公路建设，提高内河航运能级，才能奠定专业化、规模化物流体系发展的基础。另一方面，确保通道物流运行质量效益是物流体系降低物流成本、提高通道整体竞争力的关键。不断提升物流信息化水平，共建通道公共信息平台，促进物流公共信息数据互联互通。同时，支持各类市场信息平台发挥作用，促进货、车、船的高效匹配，能够有效提升物流组织及交易效率。

第五章 西部陆海新通道沿线节点现代物流业发展水平评估

第一节 西部陆海新通道沿线节点现代物流业发展水平评估方法

一 指标构建

基于问题导向性原则、科学性原则以及可获得性原则，本书深度剖析广西各地区物流业发展情况，以促进西部陆海新通道与广西物流业协同发展为最终目标，从地区物流业的定义与特征出发，并充分考虑物流业健康发展的指标，兼顾区域物流高质量发展诉求，进一步构建广西物流业发展水平的评估指标体系。

西部陆海新通道沿线节点现代物流业发展水平的评价体系包含4个一级指标、5个二级指标以及12个三级指标。其中一级指标包括物流发展基础、发展质量、发展效率以及发展贡献四个维度，涵盖了体现地区物流行业发展水平的主要因素。此外，本书坚持底线原则，按照宏观指标与微观指标相结合、经济政策指标与人文指标相结合，综合考虑将二级指标和三级指标进一步细化，如表5-1所示。

表 5-1　　　　　　　　　物流业发展水平评估体系

一级指标	二级指标	三级指标
发展基础	基础设施	公路网密度
		铁路营业里程
		公路里程
		内河航道里程
	基础投资	交通运输、仓储和邮政业固定资产投资
发展质量	货运规模	铁路货物运输量
		公路货物运输量
		水运货物运输量
发展效率	货物周转	铁路周转量
		公路周转量
		水运周转量
发展贡献	与相关产业的联动	交通运输、仓储和邮政业生产总值占地区 GDP 比重

二　区域物流业发展水平评估方法

目前，关于指标权重的主流计算方法有三种。第一种是主观赋权法，其根据决策者主观信息进行赋权，通过综合各位专家对各指标给出的权重进行赋权，具有较大的主观性。第二种是客观赋权法，根据原始数据之间的关系通过数学的方法来确定权重，相对于主观赋权法的主观判断，具有较强的数学理论依据。第三种是组合赋权法，该方法能有效减少信息损失，使赋权结果接近实际结果。但由于组合赋权法在权重分配上具有较大的争议，该方法还需进一步完善。因此，本书采用客观赋权法——熵值法，这主要是由于其以数理统计方法为基础对各项指标予以赋权，且具有相对较为完善的理论支撑和较强的实践性。本书利用熵值法计算一段时间内不同主体的差异化指标的权重，旨在对西部陆海新通道沿线节点现代物流业发展水平进行横向和纵向评估。

第二节　西部陆海新通道沿线节点现代物流业发展水平测度

一　数据来源和现代物流业发展现状

1. 数据来源及处理

本书选取了具有代表性的西部陆海新通道沿线省区市，即广西、重庆、四川、甘肃、陕西以及贵州，通过熵值法对其进行物流业发展水平的评估，旨在从横向和纵向比对西部陆海新通道沿线节点物流业协同发展现状。本书数据来源于2010—2019年《中国统计年鉴》以及各省区市的统计年鉴。其中，公路网密度用每万人的公路总里程数表示，由各物流节点每年的公路里程数除以常住人口总数量计算得出。发展贡献指标则用交通运输、仓储和邮政业的生产总值占该物流节点地区生产总值的比重表示。其余指标均为其原始数据绝对值。

2. 西部陆海新通道沿线节点现代物流业发展现状

（1）广西物流业发展现状

经计算整理，广西2010—2019年物流业发展水平指标的原始数据如表5-2所示。首先，在发展基础指标中，广西的公路网密度、铁路营业里程、公路里程以及内河航道里程均呈现上升趋势，尤其是公路里程，自2010年的101782千米增长至2019年的127819千米，增长22.53%。在发展质量指标中，铁路货物运输量、公路货物运输量和水运货物运输量均有了大幅提高。而在发展效率指标中，铁路周转量逐渐减少，公路周转量和水运周转量呈现逐年攀升趋势。这是由于近年来公路和水运成本的下降，且铁路周转的效率较低，因此大多数货物转向公路或者水运周转。在发展贡献指标中，交通运输、仓储和邮政业生产总值占地区GDP比重呈波动态势，但是均保持在4%以上。

(2) 重庆物流发展现状

由表 5-3 中数据可知，在发展基础指标中，重庆的公路网密度、铁路营业里程、公路里程以及内河航道里程均呈现上升趋势，公路里程自 2010 年的 116949 千米增长至 2019 年的 174284 千米，增长 49.03%。在发展质量指标中，铁路货物运输量、公路货物运输量和水运货物运输量均有了大幅提高。而在发展效率指标中，铁路周转量逐渐减少，公路周转量和水运周转量呈现逐年攀升趋势，尤其是水运货运量增长明显。作为长江上游最大的水运主枢纽港口，重庆不断优化水运物流发展条件，提升港口运力。在发展贡献指标中，交通运输、仓储和邮政业生产总值占地区 GDP 比重呈波动态势，与 2018 年相比，2019 年下降了近 0.6 个百分点，交通运输、仓储和邮政业生产总值占地区 GDP 比重增速放缓，甚至出现下行趋势。

(3) 四川物流业发展现状

由表 5-4 中数据可知，在发展基础指标中，四川的公路网密度、铁路营业里程、公路里程以及内河航道里程均呈现上升趋势。此外，交通运输、仓储和邮政业固定资产投资额提高明显。在发展质量指标中，公路货物运输量和水运货物运输量均有了大幅提高，铁路货物运输量有所下降。而在发展效率指标中，铁路周转量、公路周转量和水运周转量呈现逐年攀升趋势，尤其是水运周转量由 2010 年的 75.10 亿吨·千米提升至 2019 年的 305.57 亿吨·千米，提高了 306.88%。在发展贡献指标中，交通运输、仓储和邮政业生产总值占地区 GDP 比重并不稳定，呈现先降后升再降的趋势。

(4) 甘肃物流业发展现状

由表 5-5 中数据可知，在发展基础指标中，甘肃的公路网密度、铁路营业里程以及公路里程均呈现上升趋势。尤其是交通运输、仓储和邮政业固定资产投资增长明显。但是，内河航道里程有所下降，这可能是由于甘肃内河水运设施相对落后所致，内河航道和港口体系有待进一步优化。在发展质量指标中，公路货物运输量大幅提高，铁路货物运输量和水运货物运输量有所下降。而在发展效率指标中，铁路周转量和公路周转量呈现逐年攀升趋势，但是水运周转量相对较少。在发展贡献指标中，交通运输、

表 5-2　2010—2019 年广西物流业发展评估指标原始数据

一级指标	二级指标	三级指标	2010 年	2011 年	2012 年	2013 年	2014 年	2015 年	2016 年	2017 年	2018 年	2019 年
发展基础	基础设施	公路网密度（千米/万人）	22.08	22.58	23.05	23.60	24.17	24.60	24.92	25.23	25.47	25.77
		铁路营业里程（千米）	3205.00	3194.21	3194.47	4013.38	4741.53	5117.19	5192.10	5191.39	5202.24	5206.43
		公路里程（千米）	101782.00	104889.00	107906.00	111384.00	114900.00	117993.00	120547.00	123259.00	125449.00	127819.00
		内河航道里程（千米）	5432.53	5432.53	5478.83	5478.24	5704.14	5707.49	5707.49	5707.49	5707.49	5707.49
	基础投资	交通运输、仓储和邮政业固定资产投资（亿元）	93.71	248.98	242.74	238.99	204.92	211.02	217.12	244.09	282.03	219.49
发展质量	货运规模	铁路货物运输量（万吨）	9091.83	6769.66	6846.01	6916.21	6683.77	5779.00	5898.16	6634.26	7140.32	8405.01
		公路货物运输量（万吨）	93552.00	113549.00	135112.00	124677.00	134330.00	119194.00	128247.00	139602.00	153389.00	142751.00
		水运货物运输量（万吨）	12832.00	15813.00	19398.00	19550.00	22009.00	24741.00	26615.40	28405.40	30123.00	31880.70
发展效率	货物周转量	铁路周转量（亿吨·千米）	891.33	895.38	860.01	809.43	770.44	674.53	679.03	709.68	710.09	752.84

续表

一级指标	二级指标	三级指标	2010年	2011年	2012年	2013年	2014年	2015年	2016年	2017年	2018年	2019年
发展效率	货物周转	公路周转量（亿吨·千米）	1173.45	1494.04	1878.29	1857.18	2068.51	2122.60	2248.46	2456.69	2683.05	1470.88
		水运周转量（亿吨·千米）	861.99	1088.81	1372.34	1189.76	1250.70	1264.69	1332.92	1446.95	1590.64	1765.46
发展贡献	与相关产业联动	交通运输、仓储和邮政业生产总值占地区GDP比重（%）	0.05	0.05	0.05	0.05	0.05	0.05	0.05	0.05	0.05	0.04

表5-3 2010—2019年重庆物流业发展评估指标原始数据

一级指标	二级指标	三级指标	2010年	2011年	2012年	2013年	2014年	2015年	2016年	2017年	2018年	2019年
发展基础	基础设施	公路网密度（千米/万人）	40.54	40.62	40.99	41.36	42.59	46.59	46.89	48.09	50.77	55.78
		铁路营业里程（千米）	1396.25	1373.37	1451.68	1680.06	1781.24	1922.79	2102.10	2166.05	2326.44	2359.07
		公路里程（千米）	116949.00	118562.00	120728.00	122846.00	127392.00	140551.00	142921.00	147881.00	157483.00	174284.00

续表

一级指标	二级指标	三级指标	2010年	2011年	2012年	2013年	2014年	2015年	2016年	2017年	2018年	2019年
发展基础	基础设施	内河航道里程（千米）	4331.48	4331.48	4331.48	4331.48	4331.48	4331.48	4352.48	4352.48	4352.48	4352.48
	基础投资	交通运输、仓储和邮政业固定资产投资（亿元）	81.85	186.23	207.48	253.96	260.87	264.43	268.00	287.97	272.17	292.35
发展质量	货运规模	铁路货物运输量（万吨）	2279.50	2190.81	2328.05	2474.75	2053.84	1862.00	1927.63	2011.63	1967.48	1911.35
		公路货物运输量（万吨）	69438.00	82818.00	71272.00	71842.00	81206.00	86931.00	89390.00	95019.00	107064.00	89965.30
		水运货物运输量（万吨）	9660.00	11762.00	12874.00	12924.00	14117.00	15040.00	16648.50	18505.50	19459.60	21093.80
发展效率	货物周转	铁路周转量（亿吨·千米）	186.10	191.27	181.53	182.57	165.84	158.22	156.74	179.66	206.63	208.18
		公路周转量（亿吨·千米）	610.31	779.77	731.85	695.89	797.78	851.23	935.45	1069.10	1152.75	952.59
		水运周转量（亿吨·千米）	1219.27	1557.67	1739.95	1420.44	1631.33	1700.08	1876.10	2125.72	2238.53	2453.38
发展贡献	与相关产业联动	交通运输、仓储和邮政业生产总值占地区GDP比重（%）	0.05	0.05	0.05	0.05	0.05	0.05	0.05	0.05	0.05	0.04

表 5-4　2010—2019 年四川物流业发展评估指标原始数据

一级指标	二级指标	三级指标	2010年	2011年	2012年	2013年	2014年	2015年	2016年	2017年	2018年	2019年
发展基础	基础设施	公路网密度（千米/万人）	33.07	35.19	36.34	37.23	38.05	38.47	39.23	39.74	39.75	40.25
		铁路营业里程（千米）	3549.17	3516.43	3533.50	3539.40	3976.00	4442.19	4622.70	4831.73	4950.21	5241.87
		公路里程（千米）	266082.00	283268.00	293499.00	301816.00	309742.00	315582.00	324138.00	329950.00	331592.00	337095.00
		内河航道里程（千米）	10720.40	10720.40	10720.40	10720.40	10720.40	10817.90	10817.90	10817.90	10817.90	10817.90
	基础投资	交通运输、仓储和邮政固定资产投资（亿元）	192.10	364.89	435.49	528.81	543.83	556.47	569.11	526.68	623.98	687.83
发展质量	货运规模	铁路货物运输量（万吨）	8051.25	9171.80	8793.34	8970.10	8541.32	7287	6793.67	6982.08	7199.09	7718.32
		公路货物运输量（万吨）	1210017.00	139771.00	158396.00	151689.00	142132.00	138622.00	146046.00	158190.00	173324.00	162668.00
		水运货物运输量（万吨）	5237.00	6367.00	7160.00	7100.00	8361.08	8688.00	8130.60	7750.05	6862.25	6896.46
发展效率	货物周转	铁路周转量（亿吨·千米）	747.71	786.94	809.42	816.69	800.40	723.41	716.09	763.79	861.02	877.71

续表

一级指标	二级指标	三级指标	2010年	2011年	2012年	2013年	2014年	2015年	2016年	2017年	2018年	2019年
发展效率	货物周转	公路周转量（亿吨·千米）	985.06	1139.07	1325.19	1273.13	1510.51	1480.58	1565.31	1676.81	1814.95	1527.55
		水运周转量（亿吨·千米）	75.10	90.16	103.68	158.77	154.22	183.45	222.71	255.57	270.13	305.57
发展贡献	与相关产业联动	交通运输、仓储和邮政业生产总值占地区GDP比重（%）	0.03	0.03	0.03	0.03	0.04	0.04	0.04	0.04	0.04	0.03

表5-5　2010—2019年甘肃物流业发展评估指标原始数据

一级指标	二级指标	三级指标	2010年	2011年	2012年	2013年	2014年	2015年	2016年	2017年	2018年	2019年
发展基础	基础设施	公路网密度（千米/万人）	46.44	48.24	50.90	51.74	53.30	53.88	54.80	54.17	54.31	57.20
		铁路营业里程（千米）	2441.35	2441.54	2487.08	2595.88	3403.44	3847.23	4102.10	4663.82	4671.74	4829.67
		公路里程（千米）	118879.00	123696.00	131201.00	133597.00	138084.00	140052.00	143039.00	142252.00	143228.00	151443.00

第五章 西部陆海新通道沿线节点现代物流业发展水平评估 117

续表

一级指标	二级指标	三级指标	2010年	2011年	2012年	2013年	2014年	2015年	2016年	2017年	2018年	2019年
发展基础	基础设施	内河航道里程（千米）	913.77	913.77	913.77	913.77	913.77	913.77	910.67	910.67	910.67	910.67
	基础投资	交通运输、仓储和邮政业固定资产投资（亿元）	66.58	158.91	126.43	207.94	257.12	238.18	219.24	285.75	352.89	360.35
发展质量	货运规模	铁路货物运输量（万吨）	6187.88	6446.16	6289.67	6381.40	6448.23	5936.00	5865.84	6052.23	6086.83	5365.66
		公路货物运输量（万吨）	24050.00	28790.00	39517.00	45072.00	50781.30	52281.00	54760.50	60117.00	64271.10	58227.70
		水运货物运输量（万吨）	32.00	33.00	25.00	10.00	10.49	34.00	34.33	34.59	27.81	16.19
发展效率	货物周转	铁路周转量（亿吨·千米）	1239.76	1389.76	1457.06	1550.75	1522.86	1313.62	1220.35	1390.72	1490.91	1516.69
		公路周转量（亿吨·千米）	524.09	647.41	894.63	811.21	992.60	912.14	949.64	1048.88	1118.97	979.56
		水运周转量（亿吨·千米）	0.00	0.00	0.00	0.01	0.01	0.06	0.06	0.06	0.05	0.03
发展贡献	与相关产业联动	交通运输、仓储和邮政业生产总值占地区GDP比重（%）	0.06	0.06	0.06	0.05	0.04	0.04	0.04	0.04	0.04	0.05

仓储和邮政业生产总值占地区 GDP 比重呈现 U 形发展趋势。

(5) 陕西物流业发展现状

从表 5-6 的数据可以看出，在发展基础指标中，自 2010 年至 2019 年，陕西公路网密度，铁路营业里程，公路里程，内河航道里程以及交通运输、仓储和邮政业固定资产投资增长迅速。在发展质量指标中，陕西省铁路、公路以及水运货物运输量分别提高了 65.00%、42.37% 以及 15.88%。就发展效率指标而言，陕西省水运周转量下降了 25.98%，而铁路和公路周转量分别提高了 38.04% 和 44.78%。就发展贡献指标而言，陕西交通运输、仓储和邮政业生产总值占地区 GDP 比重下降了 12.35%。

(6) 贵州物流业发展现状

在发展基础指标中，由表 5-7 中数据可知，自 2010 年至 2019 年，贵州的公路网密度，铁路营业里程，公路里程，内河航道里程以及交通运输、仓储和邮政业固定资产投资均呈现上升趋势，分别提高了 29.64%、87.48%、35.00%、8.97% 以及 217.28%。在发展质量指标中，公路货物运输量和水运货物运输量均有了大幅提高。铁路货物运输量下降了 30.89%。在发展效率指标中，铁路周转量逐渐减少，下降了 9.17%，公路周转量和水运周转量呈现逐年攀升趋势，尤其是水运货运量提高了 254.58%。在发展贡献指标中，交通运输、仓储和邮政业生产总值占地区 GDP 比重逐年下降，减少了 58%。

二 指标权重的确定

为解决信息度量问题，美国数学家香农于 1948 年提出了信息熵的概念。信息熵是信息论中用来刻画信息无序程度的一个标量，其中熵值越大，表示信息的无序化程度越高，相对应的信息效率越高。即熵值法可用以评估指标离散程度。熵值越高，离散程度越高，提供的信息量越大，则指标对综合评价影响越大。本章将利用熵值法来计算西部陆海新通道沿线节点物流业发展水平。具体步骤如下：

表 5-6　2010—2019 年陕西物流业发展评估指标原始数据

一级指标	二级指标	三级指标	2010 年	2011 年	2012 年	2013 年	2014 年	2015 年	2016 年	2017 年	2018 年	2019 年
发展基础	基础设施	公路网密度（千米/万人）	39.48	40.60	43.01	43.90	44.28	44.84	45.23	45.47	45.84	46.45
		铁路营业里程（千米）	4079.00	4083.41	4093.49	4421.11	4524.12	4549.17	4632.60	4972.14	5001.53	5419.21
		公路里程（千米）	147461.00	151986.00	161411.00	165249.00	167145.00	170069.00	172471.00	174395.00	177128.00	180070.00
		内河航道里程（千米）	1065.66	1065.66	1065.66	1065.66	1065.66	1145.58	1145.58	1145.58	1145.58	1145.58
	基础投资	交通运输、仓储和邮政业固定资产投资（亿元）	129.06	313.42	248.24	265.35	371.49	313.82	256.15	304.03	276.28	283.94
发展质量	货运规模	铁路货物运输量（万吨）	27121.20	30298.80	31941.80	35766.90	37483.00	32951.00	35458.50	39162.10	42245.50	44750.60
		公路货物运输量（万吨）	77123.00	90419.00	104593.00	105566.00	119343.00	107731.00	113363.00	123721.00	130823.00	109801.00
		水运货物运输量（万吨）	170.00	190.00	192.00	246.00	186.00	218.00	224.00	196.00	177.00	197.00
发展效率	货物周转	铁路货物周转量（亿吨·千米）	1267.87	1354.25	1446.75	1514.70	1603.38	1435.91	1518.27	1641.77	1723.00	1750.15

续表

一级指标	二级指标	三级指标	2010 年	2011 年	2012 年	2013 年	2014 年	2015 年	2016 年	2017 年	2018 年	2019 年
发展效率	货物周转	公路周转量（亿吨·千米）	1195.91	1469.68	1744.65	1685.02	1917.45	1826.8	1925.83	2118.21	2301.37	1731.42
		水运周转量（亿吨·千米）	0.80	0.73	0.74	0.84	0.62	0.80	0.83	0.66	0.52	0.59
发展贡献	与相关产业联动	交通运输、仓储和邮政业生产总值占地区GDP比重（%）	0.05	0.04	0.04	0.04	0.04	0.04	0.04	0.04	0.04	0.04

表 5-7　2010—2019 年贵州物流业发展评估指标原始数据

一级指标	二级指标	三级指标	2010 年	2011 年	2012 年	2013 年	2014 年	2015 年	2016 年	2017 年	2018 年	2019 年
发展基础	基础设施	公路网密度（千米/万人）	43.59	45.49	47.23	49.27	51.05	52.81	53.90	54.30	54.70	56.51
		铁路营业里程（千米）	2001.92	2070.02	2057.84	2093.06	2373.10	2810.11	3269.50	3284.55	3564.70	3753.19
		公路里程（千米）	151644.00	157820.00	164542.00	172564.00	179079.00	186407.00	191626.00	194379.00	196908.00	204723.00

续表

一级指标	二级指标	三级指标	2010年	2011年	2012年	2013年	2014年	2015年	2016年	2017年	2018年	2019年
发展基础	基础设施	内河航道里程（千米）	3442.32	3442.32	3442.32	3649.24	3660.64	3663.99	3663.99	3663.99	3740.45	3750.95
	基础投资	交通运输、仓储和邮政业固定资产投资（亿元）	109.61	305.16	288.56	299.80	432.01	360.99	289.97	336.91	381.49	347.79
发展质量	货运规模	铁路货物运输量（万吨）	7991.22	7219.17	6664.92	6460.70	6317.47	5736.00	5634.80	5279.09	5512.68	5522.82
		公路货物运输量（万吨）	30834.00	36684.00	44892.00	65100.00	78017.00	77341.00	82237.00	89298.00	95354.00	76205.40
		水运货物运输量（万吨）	910.00	987.00	1098.00	1142.00	1337.70	1463.00	1654.00	1665.00	1670.00	1674.00
发展效率	货物周转	铁路周转量（亿吨·千米）	706.45	696.36	693.68	658.35	633.89	561.27	566.68	602.84	606.33	641.64
		公路周转量（亿吨·千米）	286.72	350.10	464.56	610.64	776.95	782.47	873.23	1008.58	1146.51	548.48
		水运周转量（亿吨·千米）	12.75	14.23	16.47	25.62	30.94	35.26	42.37	45.07	45.07	45.19
发展贡献	与相关产业联动	交通运输、仓储和邮政业生产总值占地区GDP总比重（%）	0.10	0.10	0.10	0.10	0.09	0.09	0.08	0.08	0.06	0.04

(1) 原始数据矩阵的设立

设西部陆海新通道沿线节点有 n 年数据，m 项评价指标，原始数据矩阵如式（5-1）。

$$X = \begin{Bmatrix} x_{20101} & \cdots & x_{2010m} \\ \vdots & \vdots & \vdots \\ x_{20191} & \cdots & x_{2017m} \end{Bmatrix} \quad (5-1)$$

其中，x_{ij} 表示各节点在第 i 年第 j 项评价指标数值（$i = 2010, \cdots, 2019$；$j = 1, \cdots, m$）。

(2) 数据的标准化

由于不同的指标其单位和变异程度不同，为了消除量纲、变量自身变异大小和数值大小的影响以及极端值的影响，进而使所有指标具有可比性，得到综合的权重，故将数据进行标准化处理，如式（5-2）。

$$b_{ij} = \frac{x_{ij} - \min(x_{1j}, x_{2j}, x_{3j}, \cdots, x_{nj})}{\max(x_{1j}, x_{2j}, x_{3j}, \cdots, x_{nj}) - \min(x_{1j}, x_{2j}, x_{3j}, \cdots, x_{nj})} \quad (5-2)$$

(3) 计算不同年份的指标比重 p_{ij}。

$$p_{ij} = \frac{b_{ij}}{\sum_{i=1}^{n} b_{ij}} \quad (5-3)$$

(4) 计算第 j 项指标的熵值：

$$E_j = -\frac{1}{\ln(n \times m)} \times \sum_{i=1}^{n} p_{ij} \ln p_{ij} \quad (5-4)$$

(5) 确定各指标权重

根据信息熵的计算公式，计算出各个指标的熵值为 $E_1, E_2, \cdots, E_k$。在此基础上根据式（5-5）计算各指标权重。

$$W_j = \frac{1 - E_j}{\sum_{i=1}^{n} 1 - E_j} \quad (5-5)$$

其中，$1 - E_j$ 是计算第 j 项指标的差异系数。第 j 项指标的值差异越大则对方案评价作用越大,其熵值就越小。

(6) 计算综合得分

计算不同时间维度的开放型绩效得分 S_i,见式(5-6)。

$$S_i = \sum_{i=1}^{n} p_{ij} \times W_j \qquad (5-6)$$

第三节 西部陆海新通道沿线节点现代物流业发展水平评估结果分析

一 广西物流业发展水平

广西 2010—2019 年物流业发展水平测度指标权重以及物流业发展水平的综合得分,如表 5-8 和图 5-1 所示。首先,广西物流业发展水平测度指标权重设置中,发展基础约占 41.67%,发展质量约占 25.00%,发展效率约占 25.00%,发展贡献约占 8.33%,这也标志着物流的基础建设是物流业发展的重要一环。其次,从整体来看,本书所计算的广西物流业发展水平得分整体呈现上升趋势,得分从 2010 年的 0.0528 增长至 2019 年的 0.1368,增长了 159.09%,由此可见,广西物流业整体发展十分迅速。最后,由图 5-2 可知,在发展基础方面,广西发展基础呈现较快的增长趋势,从 2010 年的 0.000073 增长至 2019 年的 0.065676,尤其在 2013 年"一带一路"倡议提出后,发展基础出现了较快的增长。随着物流基础设施的不断完善,近几年广西物流的基础建设增幅相对缓慢,也从侧面肯定了前期物流基础的建设。在发展质量方面,广西物流业发展质量前期较为波动,自 2015 年以后,发展质量有了大幅提升,这主要是随着广西与东盟周边地区的物流通道建设逐渐完成,不断实现立体化现代物流产业格局,提高了货运规模,进而拉动了物流业发展质量的提升。在发展效率方面,广西物流业发展的综合效率有待进一步提升,2012—2015 年物流业发展效率逐年下降,2016 年后,广西物流业发展效率逐渐恢复。而就发展贡献方面而言，广西物流业发展贡献得分趋于平稳，仅在 2017 年有明显提高，说明广西物流业在其国民经济中的地位较为稳定。

表 5-8　　2010—2019 年广西物流业发展水平测度指标权重

一级指标	二级指标	三级指标	权重
发展基础 （0.416738）	基础设施 （0.333495）	公路网密度	0.083319
		铁路营业里程	0.083431
		公路里程	0.083330
		内河航道里程	0.083415
	基础投资 （0.083243）	交通运输、仓储和邮政业固定资产投资	0.083243
发展质量 （0.249968）	货运规模 （0.249968）	铁路货物运输量	0.083389
		公路货物运输量	0.083267
		水运货物运输量	0.083312
发展效率 （0.250022）	货物周转 （0.250022）	铁路周转量	0.083426
		公路周转量	0.083310
		水运周转量	0.083286
发展贡献 （0.083272）	与相关产业的联动 （0.083272）	物流业增加值占地区 GDP 比重	0.083272

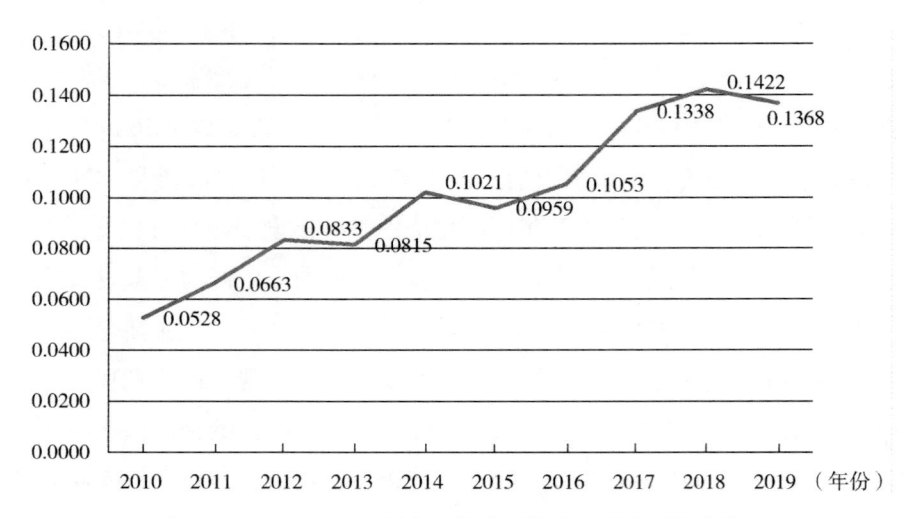

图 5-1　2010—2019 年广西物流业综合发展水平得分情况

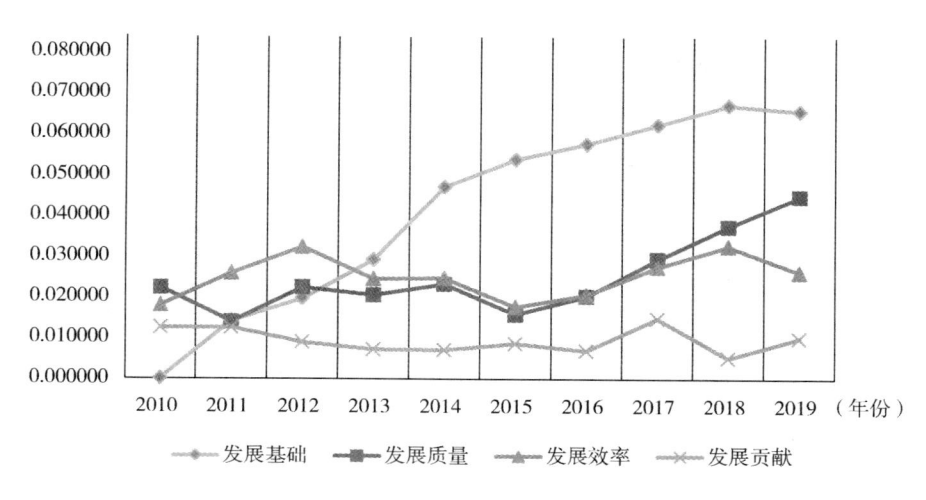

图 5-2 2010—2019 年广西物流业发展水平一级指标得分情况

二 重庆物流业发展水平

重庆 2010—2019 年物流业发展水平测度指标权重以及物流业发展水平的综合得分，如表 5-9 和图 5-3 所示。首先，重庆物流业发展水平测度指标权重设置中，发展基础约占 41.71%，发展质量约占 24.99%，发展效率约占 24.98%，发展贡献约占 8.32%。其次，从整体来看，广西物流业发展水平得分呈现上升趋势，从 2010 年的 0.0367 增长至 2019 年的 0.1759，增长率为 379.29%。由此可见，重庆物流整体发展十分迅猛，尤其是 2016 年至 2018 年的增速，这可能是由于 2013 年"一带一路"倡议的政策红利进一步促进了重庆完善物流设施网络的布局和功能。最后，由图 5-4 可知，在发展基础方面，重庆物流业发展基础得分呈现增长态势，从 2010 年的 0.000395 增长至 2019 年的 0.099164，说明重庆物流业发展基础设施正逐步完善。在发展质量和发展效率方面，重庆物流业发展质量和发展效率得分变化趋势相似，均有起伏，尤其是 2018—2019 年的发展缓慢，出现下行趋势。但是，西部陆海新通道的基本建成将会优

表 5-9　2010—2019 年重庆物流业发展水平测度指标权重

一级指标	二级指标	三级指标	权重
发展基础 (0.417106)	基础设施 (0.333932)	公路网密度	0.083469
		铁路营业里程	0.083333
		公路里程	0.083398
		内河航道里程	0.083732
	基础投资 (0.083174)	交通运输、仓储和邮政业固定资产投资	0.083174
发展质量 (0.249909)	货运规模 (0.249909)	铁路货物运输量	0.083342
		公路货物运输量	0.083319
		水运货物运输量	0.083249
发展效率 (0.249801)	货物周转 (0.249801)	铁路周转量	0.083293
		公路周转量	0.083259
		水运周转量	0.083249
发展贡献 (0.083184)	与相关产业的联动 (0.08318)	物流业增加值占地区 GDP 比重	0.083184

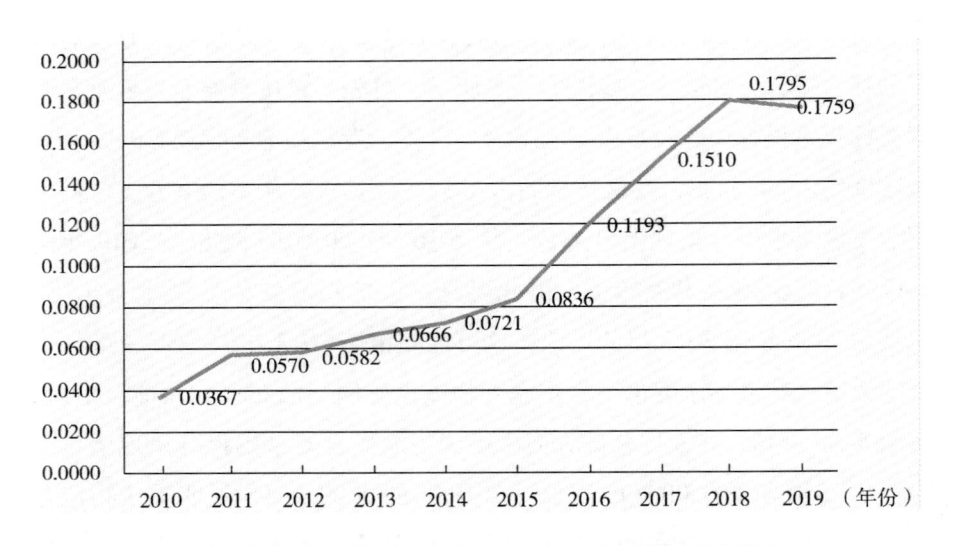

图 5-3　2010—2019 年重庆物流业综合发展水平得分情况

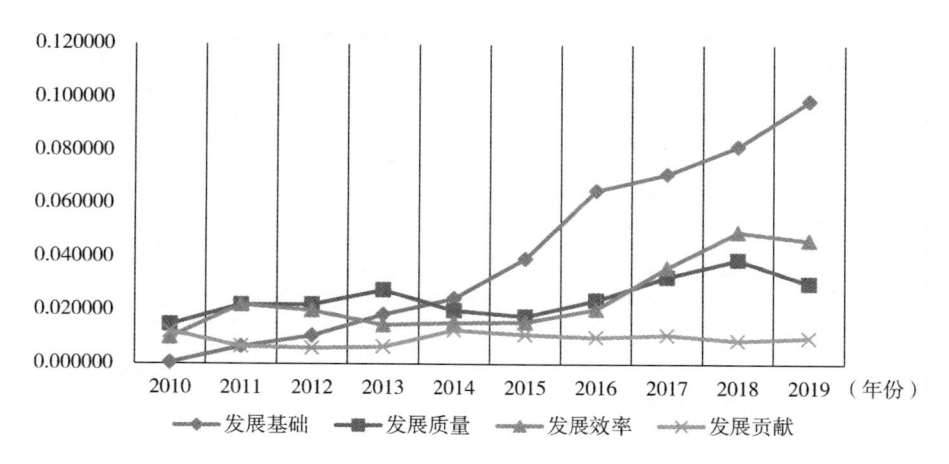

图 5-4　2010—2019 年重庆物流业发展水平一级指标得分情况

化重庆物流发展方式、结构和动力。而就发展贡献方面而言，重庆物流业发展贡献得分趋于平稳，仅在 2014 年有明显提高，这说明重庆物流业发展对经济的贡献度日益增大，经济运行成本进一步降低，经济运行效率日益提高。

三　四川物流业发展水平

四川 2010—2019 年物流业发展水平测度指标权重以及物流业发展水平的综合得分，如表 5-10 和图 5-5 所示。首先，四川物流业发展水平测度指标权重设置中，发展基础约占 41.68%，发展质量约占 24.98%，发展效率约占比 24.99%，发展贡献约占 8.34%。其次，从整体来看，四川物流业发展水平得分呈现陡峭的上升趋势，说明四川物流业综合发展非常迅速。最后，结合图 5-6 可知，在发展基础方面，四川物流业发展基础呈现较快的增长趋势，尤其在 2013 年"一带一路"倡议提出后，发展基础出现了一个较快的增长过程。

表 5 – 10　2010—2019 年四川物流业发展水平测度指标权重

一级指标	二级指标	三级指标	权重
发展基础 (0.416844)	基础设施 (0.333616)	公路网密度	0.083242
		铁路营业里程	0.083501
		公路里程	0.083255
		内河航道里程	0.083619
	基础投资 (0.083229)	交通运输、仓储和邮政业固定资产投资	0.083229
发展质量 (0.249839)	货运规模 (0.249839)	铁路货物运输量	0.083349
		公路货物运输量	0.083247
		水运货物运输量	0.083242
发展效率 (0.249944)	货物周转 (0.249944)	铁路周转量	0.083336
		公路周转量	0.083263
		水运周转量	0.083345
发展贡献 (0.083372)	与相关产业的联动 (0.083372)	物流业增加值占地区 GDP 比重	0.083372

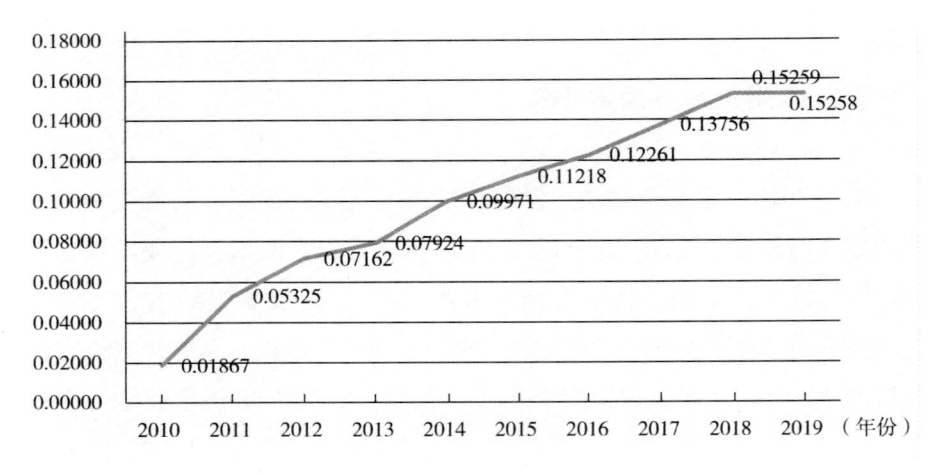

图 5 – 5　2010—2019 年四川物流业综合发展水平得分情况

在发展质量方面，四川物流业发展质量得分变动呈现先下降后上升的趋势，最后恢复至原有得分水平。这可能是由于四川地区之间发展不

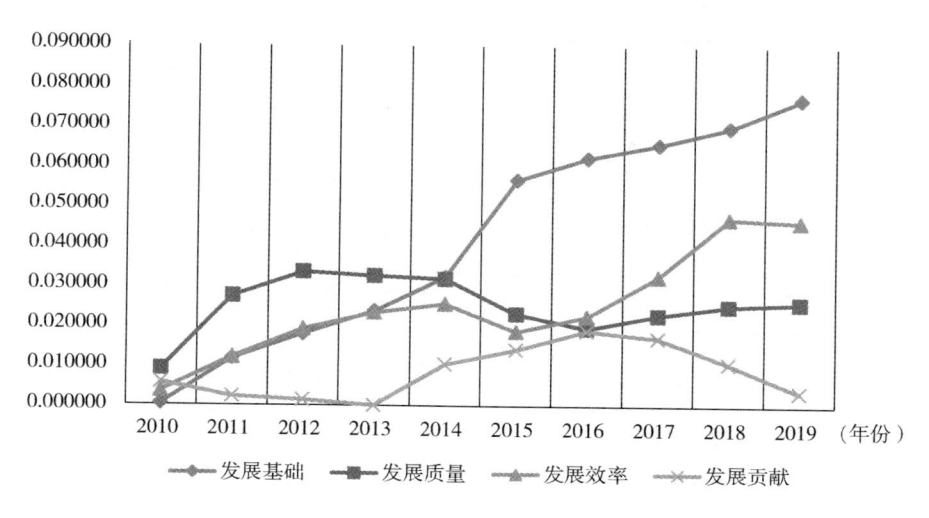

图 5-6　2010—2019 年四川物流业发展水平一级指标得分情况

平衡引起的问题，地区之间物流业发展质量差异过大不利于综合发展水平的提升。在发展效率方面，四川物流业发展的综合效率呈现上升趋势，这与四川强化提升运输能力和物流业发展效率的各项方针密不可分。而就发展贡献方面而言，四川物流业发展贡献得分呈现倒 U 形走势，2016 年达到峰值，说明四川物流业在其国民经济中的地位近几年逐渐减小。

四　甘肃物流业发展水平

甘肃 2010—2019 年物流业发展水平测度指标权重以及物流业发展水平的综合得分，如表 5-11 和图 5-7 所示。首先，甘肃物流业发展水平测度指标权重设置中，发展基础约占 41.68%，发展质量约占 24.98%，发展效率约占 25.00%，发展贡献约占 8.34%，这也标志着基础建设是物流业发展的重要一环。其次，从整体来看，甘肃物流业发展水平得分呈现上升趋势，但是 2016 年出现一个拐点，这主要是 2016 年甘肃物流业发展贡献指标中物流业增加值占地区 GDP 比重较低导致的。此外，甘肃物流业综合发展水平得分增速有放缓趋势。最后，结合图 5 – 8 可知，在发展基础方面，甘肃地处西北地区中心，物流业发展基础评分呈现增长趋势，说明其物流基础不断完善，为甘肃作为西部陆海新通道以全方位开放引领西部内陆、沿海、沿江、沿边高质量开发开放的重要物流节点奠定了基础。在发展质量方面，甘肃物流业发展质量得分呈波动态势，其货物运输量有待进一步提高。此外，物流业与地区产业发展联动性弱，物流需求不足是货物运输量不足的又一原因。在发展效率方面，甘肃物流业发展效率得分呈现增长趋势，其地理位置优越，随着中国中西部城市的开放，甘肃货物周转量明显提高，物流业发展效率也得以提高。而就发展贡献方面而言，甘肃物流业发展贡献得分呈现 U 形走势，即先下降然后逐渐回升。

表 5 – 11　　2010—2019 年甘肃物流业发展水平测度指标权重

一级指标	二级指标	三级指标	权重
发展基础 （0.416760）	基础设施 （0.333489）	公路网密度	0.083258
		铁路营业里程	0.083473
		公路里程	0.083266
		内河航道里程	0.083492
	基础投资 （0.083270）	交通运输、仓储和邮政业固定资产投资	0.083270
发展质量 （0.249819）	货运规模 （0.249819）	铁路货物运输量	0.083228
		公路货物运输量	0.083273
		水运货物运输量	0.083318
发展效率 （0.250054）	货物周转 （0.250054）	铁路周转量	0.083305
		公路周转量	0.083248
		水运周转量	0.083502
发展贡献 （0.083367）	与相关产业的联动 （0.083367）	物流业增加值占地区 GDP 比重	（0.083367）

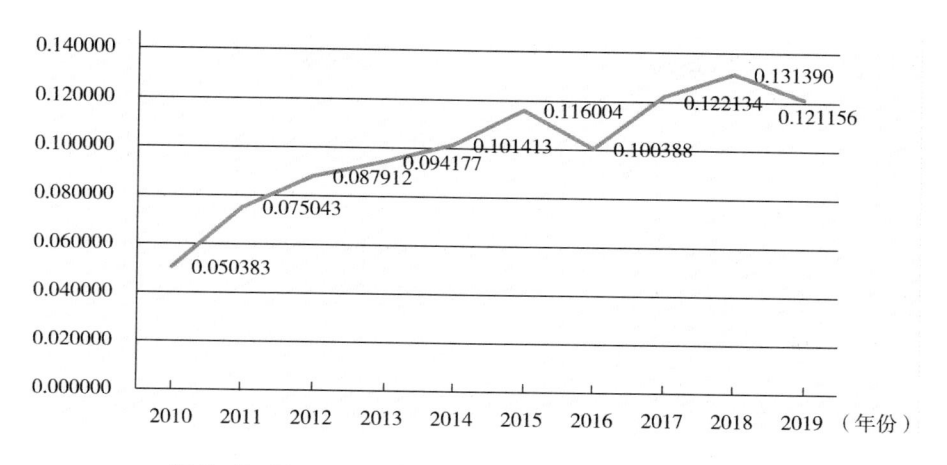

图 5－7　2010—2019 年甘肃物流业综合发展水平得分情况

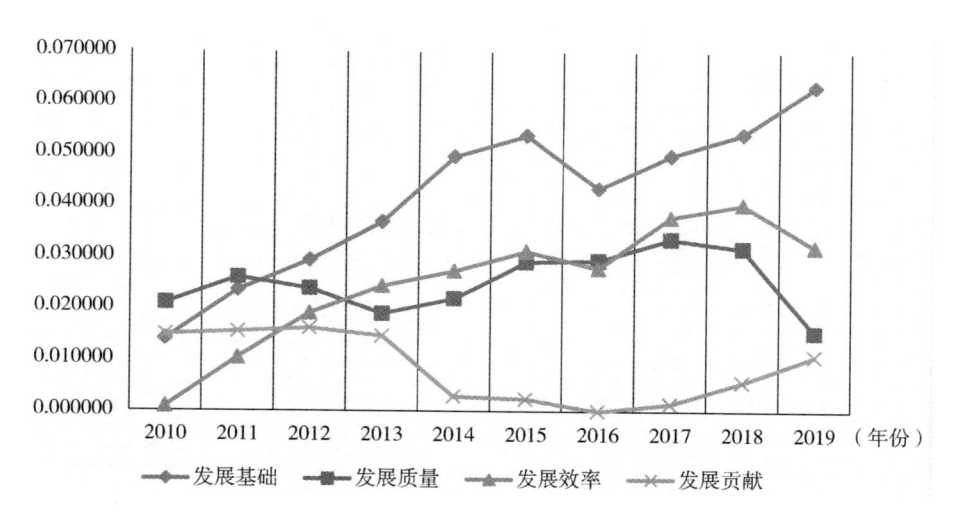

图 5－8　2010—2019 年甘肃物流业发展水平一级指标得分情况

五　陕西物流业发展水平

陕西 2010—2019 年物流业发展水平测度指标权重以及物流业发展水平的综合得分，如表 5－12 和图 5－9 所示。首先，陕西物流业发展水平测度指标权重设置中，发展基础约占 41.68%，发展质量约占 24.99%，发展效率约占24.98%，发展贡献约占8.34%。其次，从整体来看，陕西物流业发展水平得分呈现上升趋势，从2010年的0.036732增长至2019年的0.143160，提高了289.74%，由此可见，陕西物流业整体发展十分迅速。最后，结合图5-10可知，陕西物流业发展基础得分逐年增长，发展质量和发展效率指标变化趋势相似，前期呈现增长趋势，2015年后变化较为平稳。而物流业发展贡献评分恰恰与其相反，在2014年以前处于下降趋势，后期趋于平稳。这可能是由于陕西省不仅仅是古丝绸之路的起点，也是新时期丝绸之路经济带的起点，是"一带一路"建设的重要枢纽，地理位置以及政策红利驱动着陕西物流业发展基础、发展质量以及发展效率优势不断扩大。另外，物流业发展所带来的贡献程度随着地区其他行业的兴起并没有持续提升，陕西经济的飞速发展离不开物流业的支持，而经济的发展会助推产业结构升级，拉动其他产业的创新贡献能力，所以物流业增加值占地区GDP比重并未持续提升。

表5-12　　2010—2019年陕西物流业发展水平测度指标权重

一级指标	二级指标	三级指标	权重
发展基础 (0.416843)	基础设施 (0.333614)	公路网密度	0.083263
		铁路营业里程	0.083449
		公路里程	0.083274
		内河航道里程	0.083628
	基础投资 (0.083229)	交通运输、仓储和邮政业固定资产投资	0.083229
发展质量 (0.249892)	货运规模 (0.249892)	铁路货物运输量	0.083293
		公路货物运输量	0.083252
		水运货物运输量	0.083346
发展效率 (0.249821)	货物周转 (0.249821)	铁路周转量	0.083286
		公路周转量	0.083257
		水运周转量	0.083278
发展贡献 (0.083445)	与相关产业的联动 (0.083445)	物流业增加值占地区GDP比重	0.083445

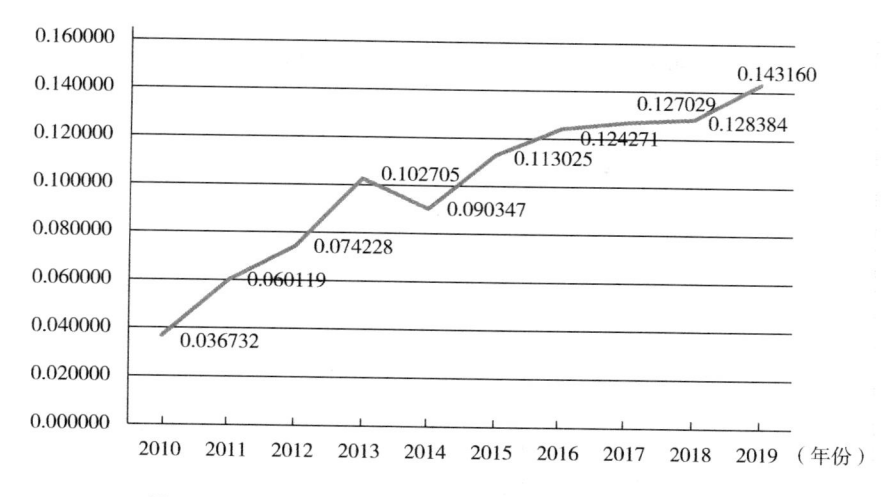

图 5-9　2010—2019 年陕西物流业综合发展水平得分情况

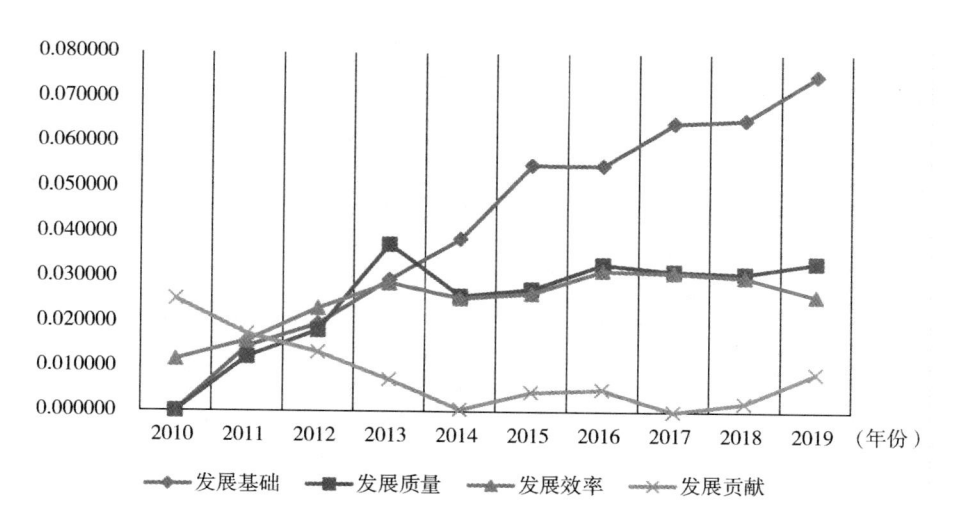

图 5-10　2010—2019 年陕西物流业发展水平一级指标得分情况

六　贵州物流业发展水平

贵州 2010—2019 年物流业发展水平测度指标权重以及物流业发展水平的综合得分，如表 5-13 和图 5-11 所示。首先，贵州物流业发展水平

表 5-13　　2010—2019 年贵州物流业发展水平测度指标权重

一级指标	二级指标	三级指标	权重
发展基础 (0.416693)	基础设施 (0.333468)	公路网密度	0.083288
		铁路营业里程	0.083480
		公路里程	0.083302
		内河航道里程	0.083398
	基础投资 (0.083225)	交通运输、仓储和邮政业固定资产投资	0.083225
发展质量 (0.250041)	货运规模 (0.250041)	铁路货物运输量	0.083412
		公路货物运输量	0.083303
		水运货物运输量	0.083326
发展效率 (0.250023)	货物周转 (0.250023)	铁路周转量	0.083336
		公路周转量	0.083331
		水运周转量	0.083356
发展贡献 (0.083244)	与相关产业的联动 (0.083244)	物流业增加值占地区 GDP 比重	0.083244

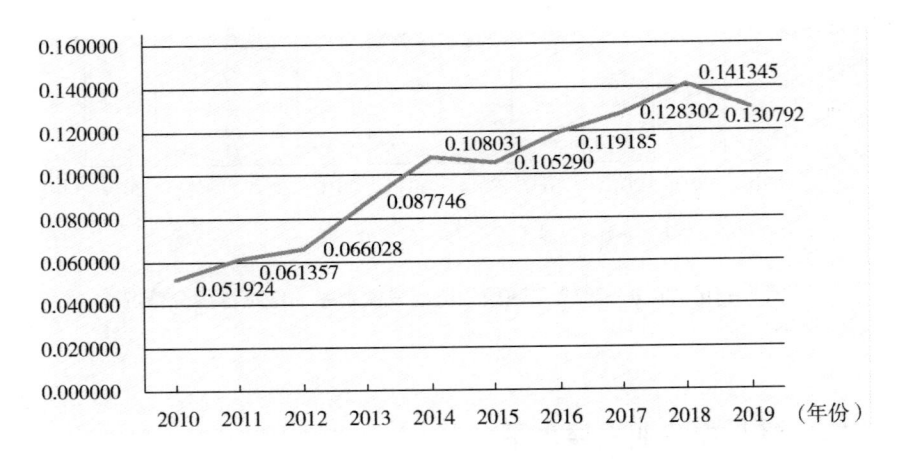

图 5-11　2010—2019 年贵州物流业综合发展水平得分情况

测度指标权重设置中，发展基础约占 41.67%，发展质量约占 25.00%，发展效率约占 25.00%，发展贡献约占 8.32%。其次，从整体来看，贵州物流业发展水平得分呈现上升趋势。最后，结合图 5-12 可知，在发展基础方面，贵州物流业发展基础得分逐年递增，且增速较快，物流业发展质量和发展效率指标得分变化趋势基本一致，而物流业发展贡献指标得分较为稳定。

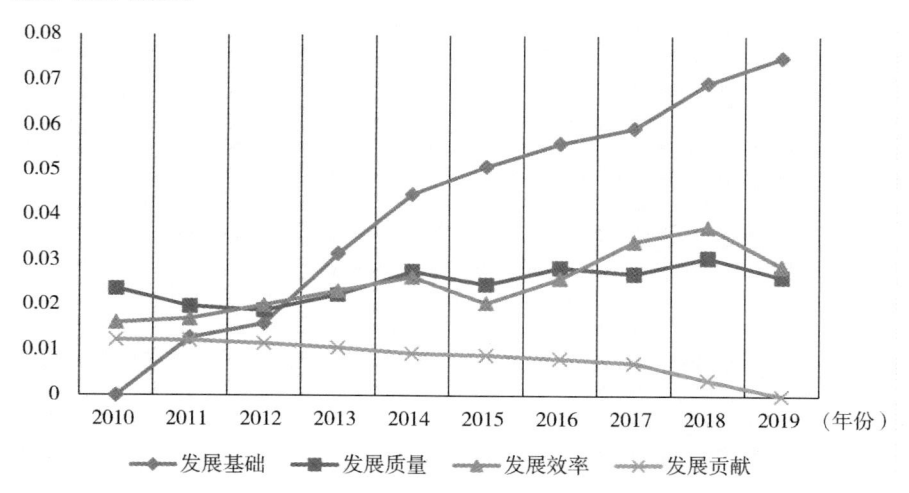

图 5-12 2010—2019 年贵州物流业发展水平一级指标得分情况

第四节 西部陆海新通道沿线节点现代物流业发展现状对比分析

上述熵值法对六个省区市进行物流业发展水平的评估，旨在从横向和纵向比对西部陆海新通道沿线节点物流业协同发展现状。西部陆海新通道沿线六个省区市现代物流业发展水平呈现上升趋势（见图 5-13），说明随着政策的扶植力度加大，西部陆海新通道沿线省区市的物流业发展态势良好。其中，重庆和四川作为西部地区的重点开放省市，其现代物流业发展迅猛，2019 年得分分别为 0.175922 和 0.152579（见表 5-14），

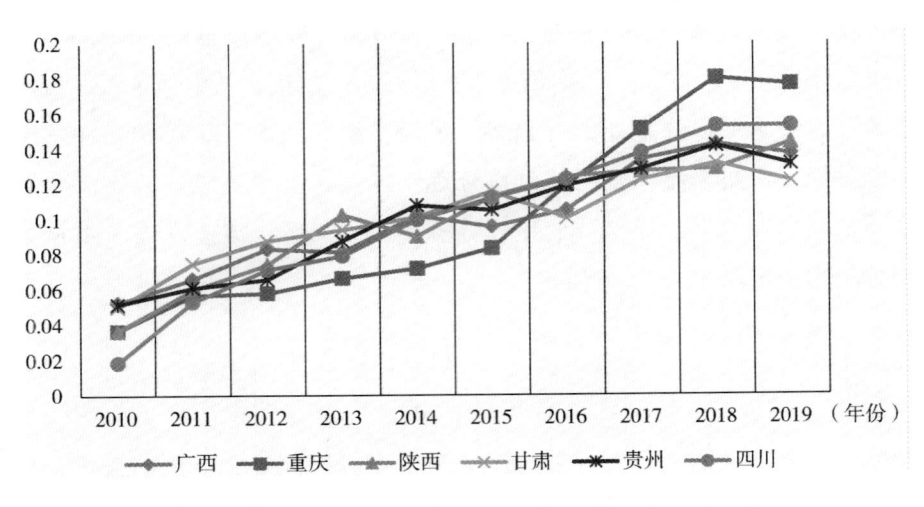

图 5-13　2010—2019 年部分西部陆海新通道沿线省区市
物流业发展水平得分情况

排名靠前。特别是重庆物流业发展水平自 2012 年的垫底飞跃至 2019 年的领先，有大幅度提升。而广西物流业发展相对较缓，仅排在中下游位置。为进一步反映重庆等西部陆海新通道沿线省区市与广西物流业发展水平的差异，本书将从物流业的发展基础、发展质量、发展效率以及发展贡献四个方面对评估结果予以进一步说明。

表 5-14　2010—2019 年部分西部陆海新通道沿线省区市
现代物流业发展水平得分

地区	2010 年	2011 年	2012 年	2013 年	2014 年	2015 年	2016 年	2017 年	2018 年	2019 年
广西	0.052794	0.06633	0.083272	0.081472	0.102144	0.095852	0.105281	0.133838	0.14225	0.136769
重庆	0.036714	0.056986	0.058203	0.066636	0.072133	0.083585	0.119283	0.151011	0.179528	0.175922
陕西	0.036732	0.060119	0.074228	0.102705	0.090347	0.113025	0.124271	0.127029	0.128384	0.14316
甘肃	0.050383	0.075043	0.087912	0.094177	0.101413	0.116004	0.100388	0.122134	0.13139	0.121156
贵州	0.051924	0.061357	0.066028	0.087746	0.108031	0.10529	0.119185	0.128302	0.141345	0.130792
四川	0.01867	0.053248	0.071616	0.07924	0.099707	0.112176	0.12261	0.137565	0.152589	0.152579

一 发展基础

表 5-15 和图 5-14 展示了部分西部陆海新通道沿线省区市物流业发展基础评估得分和变动趋势。从发展基础得分来看，通道沿线节点现代物流业发展整体呈上升趋势，重庆作为西部地区唯一的直辖市和国家中心城市，凭借其强大的经济实力、雄厚的工业基础以及庞大人口规模，给物流业的发展提供了强大的产业支撑、消费保障及人力资源支持，其物流产业规模大，物流基础发展迅速。重庆、四川和陕西发展基础指标得分高于其他省区市，而广西和贵州发展基础得分变动幅度相对较小，且二者的变化趋势类似。另外，甘肃物流业发展基础得分在 2010—2015 年发展态势良好，高居榜首，但是在 2016 年有所下降，虽然近几年有所恢复，但是与其他省区市差距较大，这可能是由于甘肃经济发展水平一般，人口规模相对较小，物流的需求量小，物流基础的交通设施有待进一步完善。

表 5-15　　2010—2019 年部分西部陆海新通道沿线省区市
现代物流业发展基础得分情况

年份	广西	重庆	陕西	甘肃	贵州	四川
2010	0.000073	0.00039514	0.0071552	0.01391526	0.00715182	0.00038839
2011	0.014109	0.00637722	0.01457171	0.0234453	0.01269012	0.01170492
2012	0.01962	0.010412	0.01964094	0.02929955	0.01583287	0.01783416
2013	0.029232	0.01835174	0.02943	0.03662058	0.0315559	0.02359889
2014	0.047164	0.02445597	0.03867871	0.04951469	0.04463097	0.0321777
2015	0.053883	0.03942887	0.05488072	0.05360044	0.05111759	0.05663988
2016	0.057599	0.06514436	0.05479409	0.04330949	0.05630443	0.06213759
2017	0.062275	0.07143341	0.06447207	0.04974893	0.05963522	0.06551169
2018	0.067109	0.08194335	0.06526226	0.0539437	0.06962034	0.06986531
2019	0.065676	0.09916364	0.07511259	0.0633616	0.07530516	0.07698582

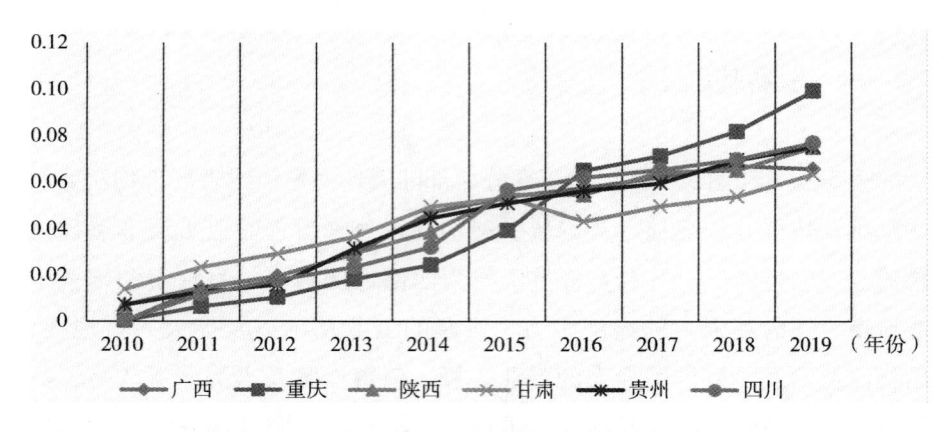

图 5-14　2010—2019 年部分西部陆海新通道沿线省区市
现代物流业发展基础得分变动趋势

二　发展质量

表 5-16 和图 5-15 展示了部分西部陆海新通道沿线省区市物流业发展质量评估得分和变动趋势。从发展质量得分来看，西部陆海新通道沿线省区市物流业发展质量整体呈波动发展趋势。广西和重庆物流业发展质量得分在 2015 年后有明显上升趋势，贵州物流业发展质量得分相对稳定，而陕西、甘肃以及四川均有明显的拐点。这可能是由于货物运输结构的调整，铁路货运占比逐渐萎缩，而水路和公路运输逐渐成为货运的主要选择，广西临海具有良好的海运基础，而重庆是我国西部仅有的集水运、铁路、航空、公路综合交通运输优势于一体的城市，拥有航空网络、中欧班列（重庆）、长江黄金水道等在内的多种物流通道，因此二者的物流业发展质量得分呈现上升趋势。而其他省区市，虽然也处于西部陆海新通道建设的物流节点，但是在货运量方面还有待进一步提高。

表 5-16　　　　2010—2019 年部分西部陆海新通道沿线省区市
　　　　　　　　现代物流业发展质量得分情况

年份	广西	重庆	陕西	甘肃	贵州	四川
2010	0.022325	0.01457667	0.01773244	0.02088821	0.02369336	0.00905853
2011	0.013859	0.02203812	0.0122666	0.02598398	0.01969986	0.02733311
2012	0.022418	0.02210895	0.01821282	0.02375349	0.01877288	0.03338204
2013	0.020523	0.0276213	0.03738426	0.01879387	0.02238253	0.03242566
2014	0.023249	0.01989734	0.02583742	0.02180747	0.02768144	0.03171399
2015	0.015748	0.01775234	0.02735093	0.0290192	0.0247683	0.02299
2016	0.020227	0.02381791	0.03297629	0.02927547	0.02852983	0.01933153
2017	0.029345	0.03265189	0.03145105	0.03338607	0.02722599	0.02270806
2018	0.037434	0.03920734	0.03098818	0.03164344	0.0307315	0.0250821
2019	0.044839	0.03023762	0.03342399	0.01526803	0.02655509	0.02581408

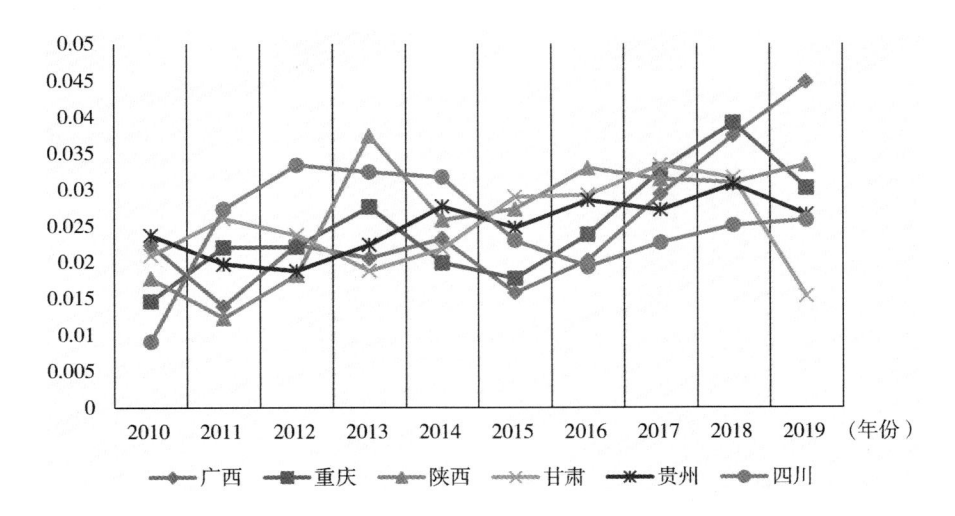

图 5-15　2010—2019 年部分西部陆海新通道沿线省区市
　　　　　现代物流业发展质量得分变动趋势

三 发展效率

表 5-17 和图 5-16 展示了部分西部陆海新通道沿线省区市物流业发展效率评估得分和变动趋势。从发展效率得分来看，西部陆海新通道沿线省区市物流业发展整体呈现上升趋势，且与发展基础得分整体趋势相同，重庆和四川发展较快，但是均在 2018 年有下降的趋势，可能是受中美贸易摩擦的影响，贸易壁垒有所上升，出口成本增加，物流规模减小，货物周转率有所下降，进而导致物流业发展效率下降。

表 5-17　　2010—2019 年部分西部陆海新通道沿线省区市
现代物流业发展效率得分情况

年份	广西	重庆	陕西	甘肃	贵州	四川
2010	0.017952	0.00977845	0.0116518	0.00085599	0.01602956	0.00354993
2011	0.025905	0.02212521	0.01590384	0.01029288	0.0169101	0.01201219
2012	0.03232	0.01988815	0.0230866	0.0189175	0.0200159	0.01907468
2013	0.024558	0.01441589	0.0287008	0.02428387	0.02328244	0.02321499
2014	0.024727	0.01529599	0.02534026	0.02723205	0.02645542	0.02547463
2015	0.017625	0.01554031	0.02642522	0.03104332	0.02049501	0.01855074
2016	0.020606	0.02042138	0.03151437	0.02780262	0.02618524	0.02237858
2017	0.027482	0.03617623	0.03110613	0.03758853	0.03422157	0.03238462
2018	0.032592	0.04963809	0.03015696	0.04014705	0.03749605	0.04702225
2019	0.026253	0.04652094	0.02593474	0.03189046	0.02893159	0.04628165

四 发展贡献

物流需求的产生，离不开相关产业的发展，物流关联产业发展水平越高，就会产生更多的物流需求，从而为地区物流的发展提供强劲动力，物流业发展贡献关联地区经济和行业发展的程度可以反映区域物流的发展潜

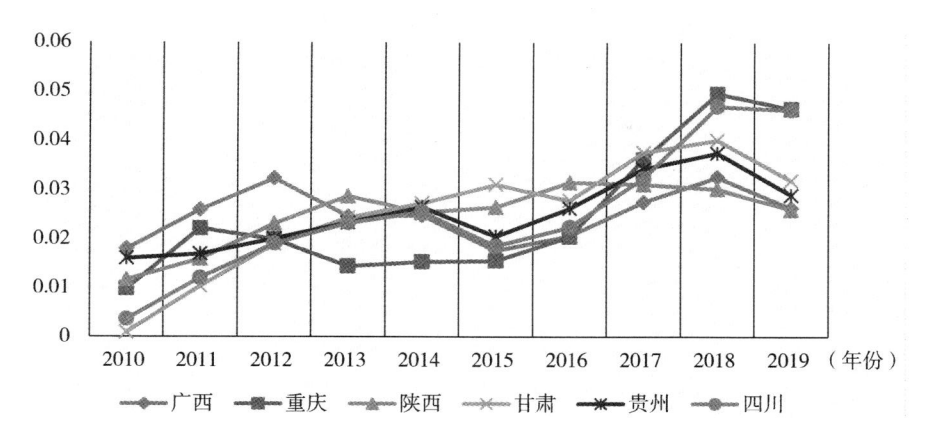

图 5-16　2010—2019 年西部陆海新通道沿线省区市
现代物流业发展效率得分变动趋势

力。表 5-18 和图 5-17 展示了西部陆海新通道沿线节点物流业发展贡献评估得分和变动趋势。从整体来看，西部陆海新通道沿线省区市的物流业发展贡献得分较低。重庆、贵州和广西物流业发展贡献相对稳定。其中，重庆 2013 年物流业发展贡献有明显上升趋势，这可能由于重庆是"一带一路"倡议西部地区重点内陆省区市，相关物流产业发展较快，进而拉动经济发展。四川、甘肃和陕西物流业发展贡献得分呈波动态势。这说明西部陆海新通道沿线省区市的物流业尚未占据各省区市国民经济发展的重要位置，有待进一步强化物流输出，提升物流业核心竞争力。

表 5-18　　2010—2019 年部分西部陆海新通道沿线省区市
现代物流业发展贡献得分情况

年份	广西	重庆	陕西	甘肃	贵州	四川
2010	0.012443	0.01196341	0.02508035	0.01472352	0.01220128	0.00567331
2011	0.012457	0.0064454	0.01737669	0.01532041	0.01205703	0.00219812
2012	0.008914	0.00579362	0.01328736	0.01594141	0.0114061	0.00132539
2013	0.007159	0.00624706	0.00718959	0.01447905	0.01052502	0.01250204
2014	0.007004	0.01248347	0.00049086	0.00285877	0.00926314	0.010341

续表

年份	广西	重庆	陕西	甘肃	贵州	四川
2015	0.008596	0.01086345	0.00436788	0.00234133	0.00890957	0.01399556
2016	0.006848	0.0098989	0.00498612	0.00657585	0.00816557	0.01876228
2017	0.014736	0.01074978	0.00608005	0.00141033	0.00721902	0.01696043
2018	0.005113	0.00873909	0.00197673	0.0056559	0.00349702	0.01061905
2019	0.009925	0.00974444	0.00868905	0.01063624	0.0070667	0.00349716

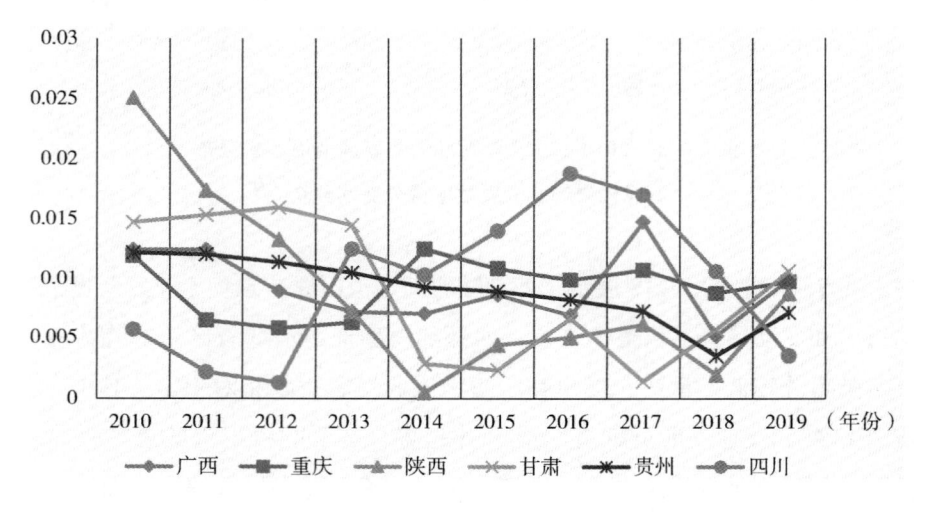

图 5-17 2010—2019 年部分西部陆海新通道沿线省区市现代物流业发展贡献得分变动趋势

本章小结

本章利用西部城市 2010—2019 年的 12 个三级指标的数据分析了西部陆海新通道沿线节点物流业发展现状。从发展基础、发展质量、发展效率以及发展贡献四个维度构建了西部陆海新通道物流水平评估指标体系，并运用熵值法对西部陆海新通道沿线节点物流业发展水平进行了评估。研究发现：第一，就发展基础而言，重庆物流基础发展迅猛。重庆、四川和陕西的发展基础指标得分高于其他省区市，而甘肃物流发展基础的交通设施有待进一步完善。第二，就发展质量而言，陆海新通道沿线省区市物流业发展质量评分整体呈波动态势。广西和重庆物流业发展质量评分在 2015 年后有明显上升趋势，贵州物流业发展质量评分相对稳定，而陕西、甘肃以及四川均有明显的拐点。第三，就发展效率而言，西部陆海新通道沿线省区市物流业发展整体呈现上升趋势，其中，重庆和四川发展较快。第四，就发展贡献而言，西部陆海新通道沿线省区市的物流业发展贡献得分较低。其中，重庆、贵州和广西物流业发展贡献相对稳定。四川、甘肃和陕西物流业发展贡献得分呈波动态势。

第六章 西部陆海新通道沿线节点现代物流业协同发展效应

目前我国西部地区交通运输业存在物流体系发展不健全、现代化程度不高、协调性差、国际货运能力不足等一系列问题。物流业作为经济发展的重要基础,在实现"两个一百年"奋斗目标的关键节点上,解决物流业现存问题是推动我国各区域实现平稳协调稳步发展的关键。西部陆海新通道是一条集跨区域联动、陆海联运、物流集聚、通关效能、重大项目建设等为一体的综合性国际贸易大通道,是我国西部大开发战略下完善国家物流枢纽布局、形成西部新格局的重要举措,[①] 也是"十四五"规划及乡村振兴战略下加快城市群和都市圈轨道交通网络化、带动城乡物流体系协调发展、建设现代化交通强国的基础支撑,对我国构建国内国际双循环新发展格局有着重要意义。

西部陆海新通道建设对通道沿线节点现代物流业发展的带动作用能够与我国经济体系发展产生积极的协同效应,在国内国际双循环发展格局建设背景下,发挥内贸、外贸双重枢纽的作用,畅通国内外要素对流通道,推动我国现代化物流体系发展,本章主要围绕内循环、外循环以及国内国际双循环三个方面展开论述。

---

① 2020年5月,发布《中共中央国务院关于新时代推进西部大开发形成新格局的指导意见》。

第一节　内循环

目前，西部地区交通基础设施建设相较于东部差距较大，城市群、交通圈的建设处于起步阶段，城市、县城和乡镇村落间的互融共通还需要进一步建设。西部地区作为我国经济发展新动力的重要源泉、面向亚欧开放的重要陆地通道，基础设施建设的落后，在一定程度上阻碍了西部地区的经济发展和要素流动。西部陆海新通道作为实现空间战略格局优化、建设新时代现代化物流体系的重要组成部分，有利于缓解长江水道航运压力、破解江海联运不畅困局，进而促进要素和产业向通道节点和相关城市、城市群集聚，克服西部地区经济密度低、物流规模不经济的天然劣势。

一　深度融通西部枢纽，奠定国内大循环基础

随着我国经济发展进入新时代，党的十九大报告明确提出"实施区域协调发展战略"，实现各区域协调发展已成为我国重要的宏观经济目标。然而，由于区域地理、人文环境、区域政策等方面的差异，西部地区与我国其他地区在经济发展水平方面的差距逐渐拉大，城乡分割分治局面仍然难以打破。为了打破僵局，我国政府一方面提出了"一带一路"倡议，通过构建全面合理的各区域协调对外开放格局促进我国各区域经济协调发展；另一方面重点关注"三农"问题，积极落实完善乡村振兴战略，推动城市和乡村要素对流和协同。但西部地区普遍存在的物流体系不连通、不发达的问题，导致政策的推进受到一定阻碍。此外，西部地区内部出现市场分化，要素在不同区域难以自由畅通流动的问题也对我国区域协调发展以及国内大循环发展造成了阻碍，无法充分发挥"一带一路"倡议对西部区域经济发展带动作用（王娟娟，2020）。而城乡融合则受制于物流基础设施落后和物流信息平台缺失（张晓林，2019）等因素，难以打通城市、乡村的要素高效对流通道，无法实现高质量、全

覆盖的国内大循环。

此外，西部地区的发展被贾根良（2020）等学者视为国内大循环的三大引擎之一，实现"两个一百年"奋斗目标需要西部地区更进一步与国内其他地区融合，共同形成国内统一大市场，通过高质量的要素对流互用以及产业协同联动实现整体高质量协调发展。然而，西部地区基础设施特别是现代物流体系发展却处于相对落后的位置。

（一）西部地区物流现状

从货物周转量看（如图6-1所示），西部地区12个省区市（四川、云南、贵州、西藏、重庆、陕西、甘肃、青海、新疆、宁夏、内蒙古、广西）占全国货物周转量比例一直处于较低水平，2018年货物周转量达到近十五年最高值（31341.38亿吨·千米），但占全国货物周转量比例仍然只有15.75%。

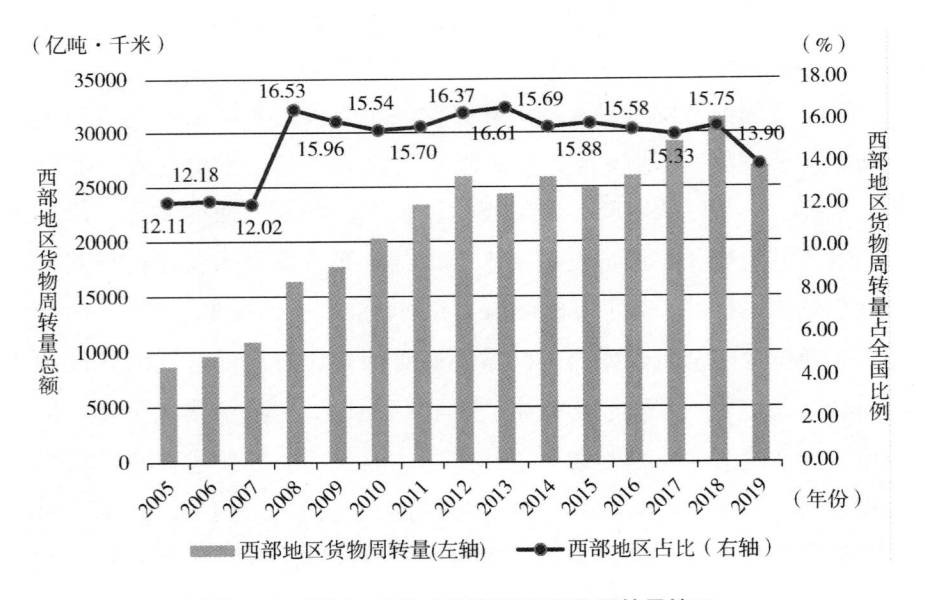

图6-1 2005—2019年西部地区货物周转量情况

资料来源：国家统计局。

从2019年西部陆海新通道沿线地区（西部12个省区市及海南省）

第六章　西部陆海新通道沿线节点现代物流业协同发展效应　147

与全国其他地区（除港澳台地区，下同）货运量具体情况上看（如图6-2所示），灰色代表西部陆海新通道沿线地区，黑色代表非沿线地区。货运量排名前十的地区中，沿线地区仅内蒙古挤入第十名，其他沿线地区的货运量均占据榜单中后部，海南、青海、西藏包揽倒数三名，西部陆海新通道沿线地区与非沿线地区（大部分为东部地区）货运能力差距明显。另外，西部陆海新通道沿线地区较弱的货运能力也说明西部陆海新通道沿线地区在货运发展方面具有极大的发展潜力，如果能够彻底打

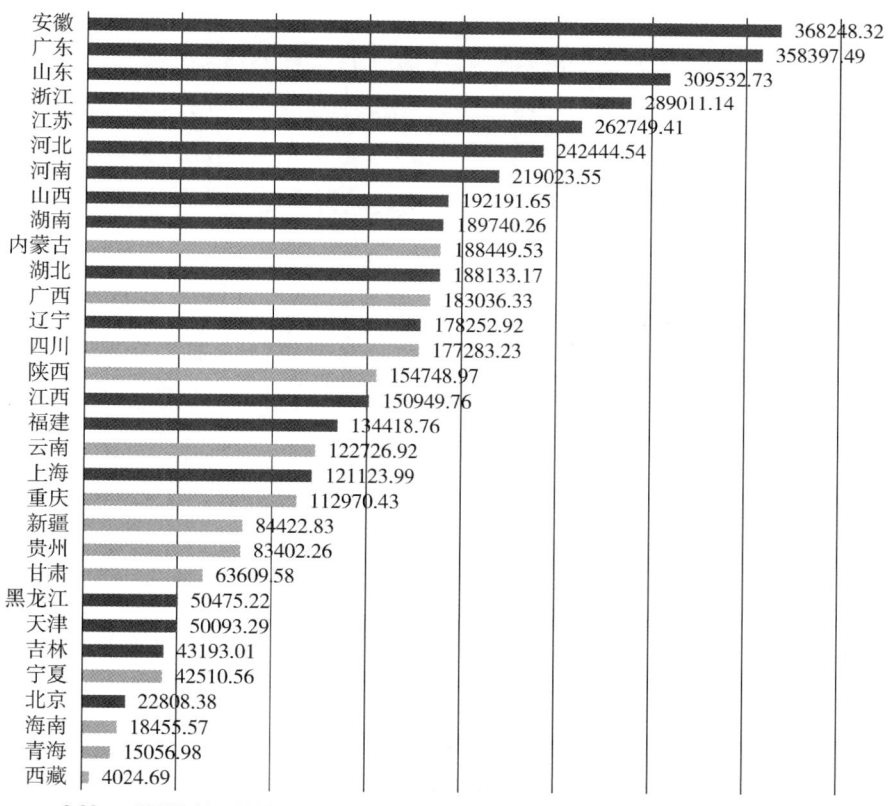

地区	货运量（万吨）
安徽	368248.32
广东	358397.49
山东	309532.73
浙江	289011.14
江苏	262749.41
河北	242444.54
河南	219023.55
山西	192191.65
湖南	189740.26
内蒙古	188449.53
湖北	188133.17
广西	183036.33
辽宁	178252.92
四川	177283.23
陕西	154748.97
江西	150949.76
福建	134418.76
云南	122726.92
上海	121123.99
重庆	112970.43
新疆	84422.83
贵州	83402.26
甘肃	63609.58
黑龙江	50475.22
天津	50093.29
吉林	43193.01
宁夏	42510.56
北京	22808.38
海南	18455.57
青海	15056.98
西藏	4024.69

图6-2　2019年西部陆海新通道沿线地区（灰色部分）
与非沿线地区（黑色部分）货运量具体情况

资料来源：国家统计局。

通西部地区内部隔阂，建立大规模城市群、交通圈，实现"村村通、县县连、市市融"，西部地区将会成为我国新的交通枢纽高点，为高质量地发展国内大循环打下坚实基础。

我国西部地区物流体系低发展水平已成为高质量发展国内大循环的重要阻碍因素，荣晨等（2021）总结了我国国内大循环的九大"堵点"，其中流通体系现代化程度不高、要素自由流动受阻、城乡区域空间循环不畅、国内国际循环连接问题均与西部地区或是全国范围内物流体系发展程度高度相关。

在此背景下，西部陆海新通道的建设有利于深入融通西部地区的各交通枢纽，形成互联互通的运输网络，直接针对我国国内大循环发展存在的重要堵点，助力解决西部地区物流体系水平落后问题，推动"一带一路"建设向纵深发展，为国内大循环畅通运行奠定基础。

（二）西部地区新枢纽

西部陆海新通道规划框架下，西部地区将建立以重庆为运营中心，以重庆和新加坡为枢纽，以广西、贵州、甘肃等省区市为重要节点的多种运输方式联动的交通运输网络，能够打通西部地区与东部地区的联动通道。根据《西部陆海新通道总体规划》，西部陆海新通道的三条主要的通道为：①重庆经贵阳、南宁至北部湾出海口通道；②重庆经怀化、柳州至北部湾出海口通道；③成都经泸州（宜宾）、百色至北部湾出海口通道。

从地理区位上看，西部陆海新通道的三条主要通道均能够与北边的中欧班列西部通道和东边的长江经济带沿江通道相连接，实现西部地区内部、西部地区与东部地区的基础设施互联互通，建立高效率的国内各区域市场要素东西向对流通道，促进西部地区加速融入全国市场一体化进程。

从时间成本上看，在西部陆海新通道机制下，重庆—钦州港公海联运在途时间从20余天缩短至40小时左右，重庆—钦州港铁海联运时间从20余天缩短至8天左右，西部各地区要素流动所需时间大幅缩短。

从经济成本上看，在西部陆海新通道机制下，要素在西部陆海新通道下的流通，一方面能够直接降低运输成本，另一方面也能够获得政府直接补贴、铁路运价下浮、北部湾港减免或降低港口操作费等支持，根据《广西日报》统计，西部陆海新通道总体费用下降幅度达到26%，西部各类要素流动更加畅通。[①]

从发展的角度看，西部陆海新通道的建设进一步扩大了我国公路网络覆盖面，加快建设通江达海出省出边通道，彻底打通我国内部交通，真正实现交通基础设施的互联互通，促进中西部深度融合，加快各类要素充分流动，激发县域经济蓬勃发展，为我国乡村振兴战略和"十四五"规划落地打下坚实基础。

综上，西部陆海新通道的畅通运行通过在西部地区建立完善的现代化物流体系很大程度上解决了西部地区基础设施薄弱导致的西部地区内部分化、西部与外部交流不畅以及西部乡村地区"上不去、下不来"的物流问题，西部地区促进了新通道沿线地区的城乡融合，减少了西部地区要素流动的时间、空间障碍，使得西部地区内部各省区市之间以及东西部地区的要素能够高效互用与对流，消除西部地区要素流通不通畅问题对国内大循环形成的阻碍。

二 促进区域要素流动，以西部新格局创造经济增长新动力

根据由中国科技发展战略研究小组联合中国科学院大学中国创新创业管理研究中心编写的《2020中国区域创新能力评价报告》，我国创新发展的主要动力源仍然是北京、上海以及粤港澳大湾区等地，西部地区创新能力发展动力则略显不足，还具有较大的发展空间。如图6-3所示，灰色代表西部陆海新通道沿线地区，黑色代表非沿线地区。2020年，西部陆海新通道涉及的13个省区市创新能力整体上与我国其他地区特别

[①] http://gxrb.gxrb.com.cn/html/2022-03/14/node_5.htm.

是东部地区有较大差距。西部陆海新通道沿线的西藏、内蒙古分列倒数两名，沿线地区中创新能力最强的陕西及重庆也与广东、北京、江苏等有着明显的差距。由此可见，我国西部陆海新通道沿线地区仍然存在区域间要素流动不充分的问题，此问题极大地限制了沿线地区创新能力的提高，也使得沿线地区与我国其他地区的创新能力差距出现固化趋势，对我国区域协调健康发展提出了较大的挑战。

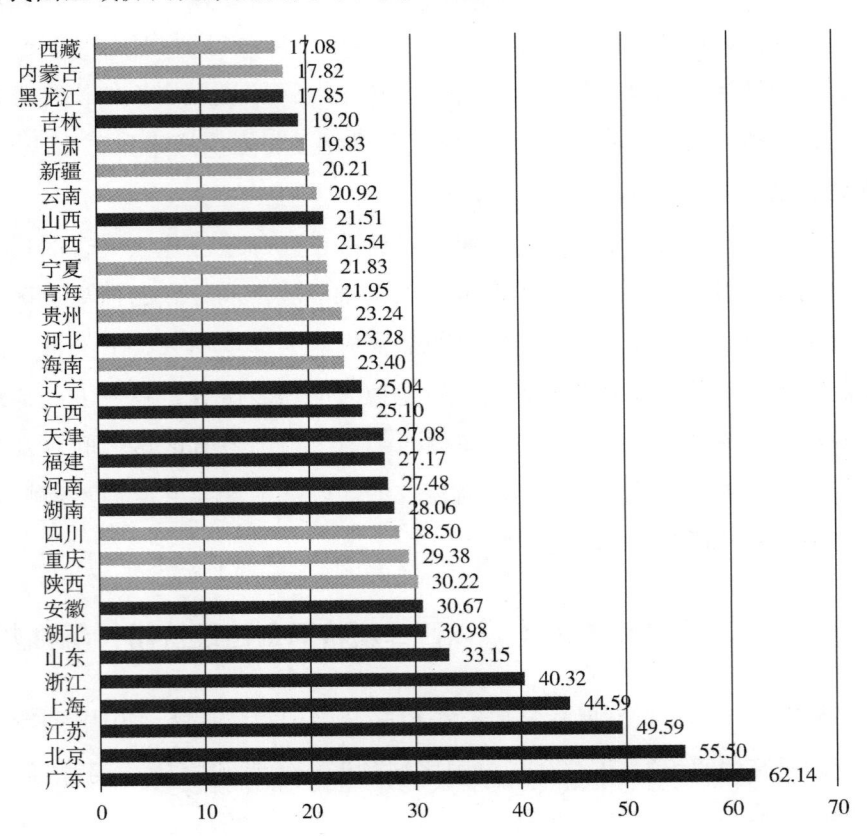

西藏	17.08
内蒙古	17.82
黑龙江	17.85
吉林	19.20
甘肃	19.83
新疆	20.21
云南	20.92
山西	21.51
广西	21.54
宁夏	21.83
青海	21.95
贵州	23.24
河北	23.28
海南	23.40
辽宁	25.04
江西	25.10
天津	27.08
福建	27.17
河南	27.48
湖南	28.06
四川	28.50
重庆	29.38
陕西	30.22
安徽	30.67
湖北	30.98
山东	33.15
浙江	40.32
上海	44.59
江苏	49.59
北京	55.50
广东	62.14

图 6-3　2020 年西部陆海新通道沿线地区（灰色部分）
与非沿线地区（黑色部分）创新综合效用值对比

资料来源：中国科技发展研究小组、中国科学院大学中国创新创业管理研究中心：《2020 中国区域创新能力评价报告》。

在西部陆海新通道建设框架下，沿线节点的现代物流业能够得到较好的发展机会，现代物流业的重要作用主要是实现要素在区域之间的流动畅通，降低物流成本，使得要素更合理且自由地流动。根据 Fritsch 和 Slavtchev（2011）、Tsekouras 等（2016）的研究结论，由于交通基础设施发展能够促进系统内部主体之间的交流和联系，通过要素畅通流动能够加快系统内各地区之间的知识溢出，因此，交通基础设施网络是区域创新体系的一个重要组成部分。总体而言，在西部陆海新通道框架下，我国西部地区现代化物流体系的发展能够促进要素在各区域的畅通流动，进而通过产业联动效应、知识溢出效应对区域创新产生影响，如图6－4所示。

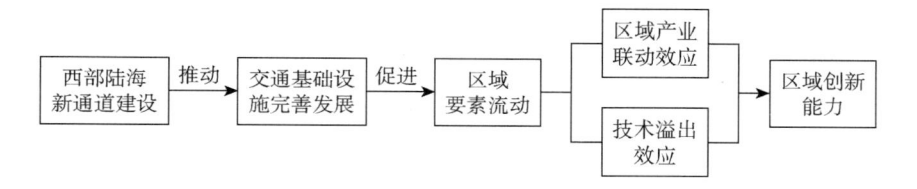

图6－4　要素流动示意

（一）要素流动与产业联动

要素流动是产业联动发生的基础条件之一，也是产业联动的最基本方式，生产要素流动的广度和深度决定了区域产业联动的强度和水平。根据以 Kurgman（1998）、Ottaviano（2002）为代表的新经济地理范式，运输成本会对区域要素流动下的产业联动产生决定性的作用，在西部陆海新通道建设的推动下，西部地区交通基础设施将会进一步完善和发展，区域产业联动效应得以有效发挥。在区域产业联动效应的影响下，不同区域的产业得以互相促进、互相协调、联合发展，实现各区域产业的有效互利，进而促进西部陆海新通道沿线区域的经济发展、加速区域技术协同进步。在经济发展的推动下，与经济发展水平高度耦合的区域创新能力同样会加速发展，区域产业联动能够推动技术创新效率的提高（范允奇、周方召，2014）。

1. 企业视角

西部陆海新通道的打通意味着不同区域企业之间业务往来及合作的时空壁垒被打破,减少西部地区市场分化的同时也促进了各区域企业共同构成高效流通的产业链,形成各区域之间的优势互补,提高各区域的专业化水平和技术水平。此外,区域产业互联互通也意味着企业面临着更大的竞争压力,对企业的生产效率和技术水平提出了更高的要求,进而倒逼企业提升管理水平、加大研发投入,促使区域创新能力进一步提高。

2. 区域视角

西部陆海新通道的建设有利于通道各节点的基础设施特别是运输条件大幅提高并在西部地区打造通道化、枢纽化物流网络,在现代化多式联运物流体系下汇聚物流、商流、信息流、资金流等要素,为西部地区产业发展提供要素支撑,为西部地区承接东部地区产业提供环境支持。此外,物流业作为基础性服务业,高水平的现代物流业发展能够与各区域的产业发展产生有效联动,在西部地区形成规模经济效应,对西部地区产业发展提供基础支撑,推动各区域产业向高级化发展。

(二) 要素流动与技术溢出

西部陆海新通道框架下交通基础设施水平的发展能够通过要素高效流动发挥技术溢出效应。相比于西部地区现有传统的公铁海多式联运交通运输体系,西部陆海新通道的建设会极大地加强交通网络的密集度以及管理水平,推动西部地区交通运输效率的大幅提高。在此影响下,人才等创新要素的流动成本将会大幅降低,人才流动规模和效率会得到较大的提高(卞元超等,2019)。对于区域创新而言,以人才为主的创新要素是其发展最重要的推动要素之一,由于西部地区技术水平与东部地区存在较大的"技术势差",创新要素在西部地区的高效流动会产生明显的技术外溢效应,对区域创新能力产生积极作用。

1. 企业视角

西部陆海新通道框架下,各区域的企业交流时间、空间障碍在一定程度上被打破,对外交流成本进一步降低,便利性进一步提高,有利于促进企业对外交流频次的提高。由于西部地区企业受到创新要素的限制，相对东部地区而言创新能力不足，但随着企业与其他地区企业交流愈发密切，国内统一大市场壁垒进一步被打破，来自其他发达区域的先进要素会更多地被西部企业利用，特别是在与其他地区创新型企业的合作、交流中产生的技术外溢效应，会对西部地区企业创新能力和生产效率的提高产生积极作用。

2. 区域视角

目前西部地区的创新能力水平仍然比较低，与东部地区有明显的差距，根据技术势差理论，技术落后地区与技术先进地区之间的要素的流动能够对技术落后地区的技术发展产生积极作用。具体说就是，在西部陆海新通道框架下，通道沿线区域市场被打通，西部地区与东部发达地区市场实现互联互通能够使西部地区获得先进的发展要素，特别是劳动力市场的打通得以让西部地区吸收更多人才与技术工人等创新要素，通过技术外溢效应实现西部地区创新能力提高。

总体而言，在西部陆海新通道建设完善、区域交流壁垒逐渐消除的背景下，要素在西部地区与东部地区之间的畅通流动通过实现区域产业联动效应以及技术外溢对区域创新能力提高产生积极作用。

三 推动区域产业集群新发展，培育国内经济增长新高地

物流业作为基础服务产业，是区域之间生产要素流动的基础。而在经济新常态以及信息技术高速发展的背景下，现代化物流业发展不仅是生产要素畅通流动的基础，更是对信息流、资金流在区域内部、区域之间有效流通的重要支撑，是各产业发展的关键因素。目前有大量的研究聚焦于地区经济发展、产业集群与物流业发展之间的关系，研究结果证明现代物流业建设对产业集群具有极强的推动作用，能够在一定程度上解决我国西部地区产业分散、无法形成规模效应的发展问题（刘雪妮等，2007；杨志梁等，2009）。

在西部陆海新通道框架下，高效的物流体系能够为西部地区以及国内经济发展创造巨大收益。据测算，我国社会物流总费用占 GDP 的比重每降低 1 个百分点，就可节约 7500 亿元成本。目前，我国的物流运输费用仍然处于较高的水平，2005—2018 年物流费用逐年快速递增，国家统计局数据显示，2018 年、2019 年、2020 年上半年，我国的物流总费用占 GDP 的比重分别为 14.8%、14.7%、14.2%。作为对比，美国、日本等发达国家该比重一般处于 8%—9%。

此外，如图 6-5 所示，从快递业务上看，我国物流业近年来整体发展迅猛，但是 2013—2019 年西部陆海新通道沿线地区规模以上快递业务量上升幅度较小，占全国规模以上快递业务量比重没有出现明显的上升。显然，西部陆海新通道沿线地区在迅猛发展时期没有充分抓住现代化物流业带来的红利，在物流体系建设方面存在缺陷。

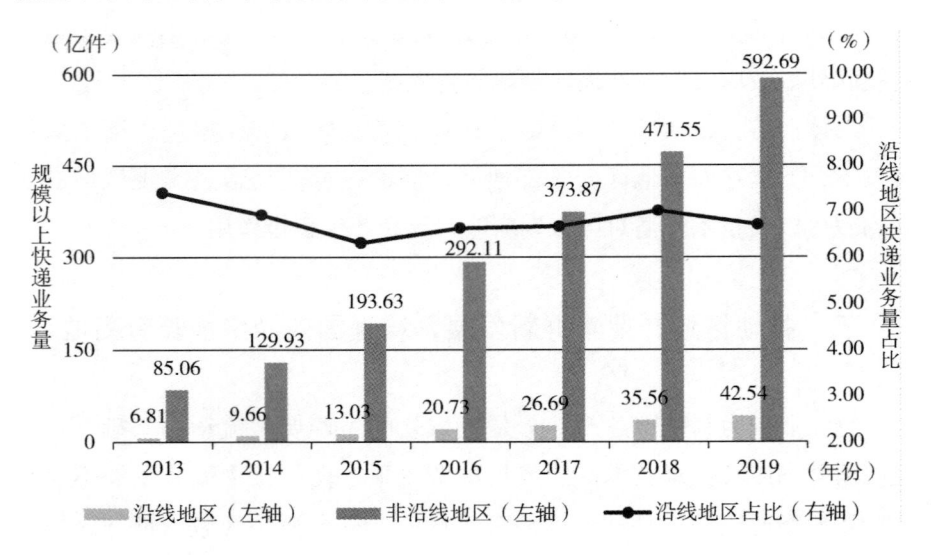

图 6-5 西部陆海新通道沿线地区及非沿线地区快递业务量对比

资料来源：根据国家统计局数据整理而得。

物流业务量增长缓慢，物流费用居高不下，西部陆海新通道沿线地区物流体系建设还存在较大的改进空间，西部陆海新通道的建设将会为西部地区带来新的发展机遇，充分释放其协同效应推动产业集群的发展，畅通区域之间各种要素的流动，让区域之间的生产、消费产生有效联动，同时能够直接降低社会运行总成本，提高经济体系运行效率，以基础服务业新姿态创造经济增长新源泉，紧跟时代发展步伐，享受双循环建设红利。

总之，西部陆海新通道能够以促进区域内产业集群以及集群外部联系为抓手，促进区域经济增长并形成新的经济增长点。

（一）新通道与区域产业集群

从区域内产业集群角度分析，各区域的产业集群本质上是以国内大市场的专业化分工为基础的。同时，产业集群又进一步深化了分工。然而，目前我国国内统一大市场的内循环仍然存在要素流动滞涩的现象。尽管西部地区各省区市在地理位置上相近，但是受限于基础设施落后，西部地区内部出现了分化而非集群（王娟娟，2021），西部地区交通运输网络的落后使得地理区位相近的产业无法产生紧密联系，极大地阻碍了西部地区产业集群发展。通过西部陆海新通道的建设，西部地区市场一体化以及融入国内大市场的时空壁垒被打破，西部地区产业集群得以发展，而产业集群是地区经济增长的主要推动力量，特别是对于尚处于初始发展阶段的西部产业集群来说，相关产业在现代物流业的支撑下能够充分发挥在全国市场及产业链中的专业化生产优势，推动产业水平相对落后的西部地区发展。

（二）新通道与区域产业集群外部联系

产业集群外部联系理论是产业集群理论的拓展，Giuliani 等（2005）认为区域内产业集群与外部的联系能够更进一步推动区域经济的发展，有利于区域生产质量、效率以及产业的提升。对于我国西部地区而言，其机制主要是区域内部的产业集群得以通过与外部的紧密联系跟位于其他区域的产业链上下游形成产业协同，并且通过竞争效应以及规模效应等促进西部地区产业集群的整体产业升级。然而，产业集群的外部联系对区域对外交通运输条件提出了较高的要求，西部地区的重庆、广西等物流节点无法与东部地区高效连通的状况是产业集群外部联系的关键阻碍。因此，西部陆海新通道落地将会直接打通西部地区各省区市直接对外交流通道，有利于西部地区产业集群外部联系的发展，促进西部地区产业升级，形成高级化、专业化的生产体系，为我国产业链整体从中低端向中高端发展提供有力支撑。

总体而言，在西部陆海新通道框架下，西部大开发战略得以在新常态下进一步推进，西部现代化物流体系也能够在地理区位上进一步打通西部地区与"一带一路"和"中欧班列"的深度连接，对西部地区产业的发展发挥积极作用，培育西部地区成为国内经济发展新高地，充分发挥其"国内大循环"的引擎作用。

（三）新通道与区域产业集群协同效应

在区域产业集群发展演化过程中，西部陆海新通道框架下的西部现代物流业能够直接推动区域经济增长，形成高质量的区域经济发展格局。

改革开放以来，我国物流业呈现蓬勃发展态势，特别是在电子商务迅猛发展的背景下，大量消费者通过网络实现跨区域消费，商品的跨区域流动对物流业的发展提出了更高的要求。《2020年全国物流运行情况通报》显示，2020年全国社会物流总额为300.1万亿元，物流业总收入为10.5万亿元，目前现代物流业正加速与制造业、现代农业融合，已从附属服务转变为降低企业成本、提升企业利润空间的重要行业。在西部陆海新通道建设框架下，位于重庆的西部陆海新通道物流和运营组织中心已于2020年11月正式启用，该物流和运营组织中心覆盖西部12个省区市及广东省湛江市，作为西部陆海新通道的服务机构协调相关地区物流产业建设发展，推动西部各地区的产业联动和资源互用、对流，将物流产业打造成西部地区的经济支撑产业。

根据西部陆海新通道发展规划，西部新型现代化物流体系将会融合订单配送、仓配一体、售后维修、嵌入式供应链等多种模式，与区域产业集群发挥协同效应，成为西部地区优势产业以及西部地区及全国的重要经济增长点，推动西部地区经济高质量高速发展。

四 维持国家经济稳定，发挥经济助推器作用

目前，世界正处于百年未有之大变局，我国不仅面临外部政治经济环境的重大改变，还面临着国内经济如何进一步突破、跨越中等收入陷阱的困局。此外，新冠肺炎疫情的暴发让我国经济的发展变得更加扑朔迷离。疫情的冲击对我国经济造成了极大影响，如图6-6所示，2020年居民消费价格指数（CPI）持续走低，CPI当月同比为负数，尽管在2021年出现了回升，但是，我国整体CPI指数水平仍然不高，而工业生产者出厂价格指数（PPI）则持续处于负增长或是低位震荡状态，这样的情况不利于经济的稳步发展。物流业作为基础性产业，是要素流动、贸易发展等经济活动的基础，西部陆海新通道框架下现代物流业建设将从多方面深层次拉动经济的恢复，激发经济增长新动力，同时保证经济的持续稳定发展，对于抵御外部冲击、维持国家经济稳定及增长具有重大意义。

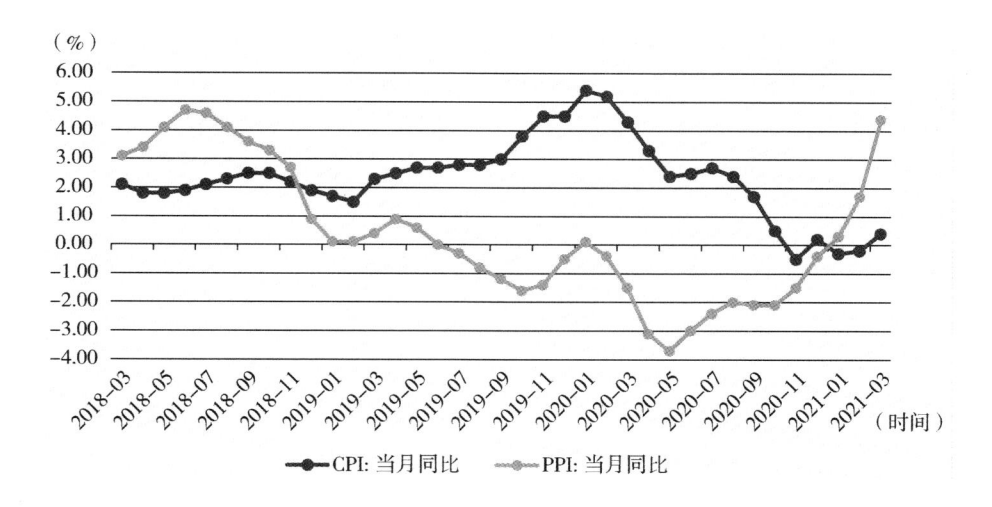

图6-6 中国CPI及PPI当月同比情况

资料来源：笔者根据公开资料整理。

(一) 跨区域流动与应急稳定作用

西部陆海新通道框架下,公铁海多式联运的现代化物流体系能够为国内跨区域要素流动、提振内需提供强有力的支撑,对区域经济稳定快速增长产生积极影响(叶昌友、王遐见,2013),更有利于发挥高质量的国内大循环对于经济体系稳定发展的重要作用。特别是电子商务作为跨区域消费及要素流动的新兴商业模式,我国的发展程度远远领先于世界其他国家,电子商务也为我国调整各区域供需结构、释放部分区域过剩产能、促进消费提振内需提供了重要路径。然而,尽管电子商务的发展在一定程度上实现了信息流和资金流跨区域高效流动,但是跨区域的生产—消费模式无论是供给还是需求,都高度依赖于物流业的发展,只有相关消费资料或者生产资料能够实现高效率的跨区域流动,才能使我国跨区域生产和消费真正实现即时性、便利性、安全性,进而充分释放消费潜力,在"0距离"时代,谁先实现"0距离"谁就能抢占经济发展高地,充分享受时代红利,西部陆海新通道支撑下的电子商务发展,为我国打开了全国整体"0距离"的发展契机。

此外,西部陆海新通道下现代物流业的发展也能够对经济社会发挥应急稳定作用。新冠肺炎疫情的暴发进一步证明了强大高效现代物流体系建设对于国家安全以及经济稳定的必要性。在疫情期间,电子商务成为我国各地区消费者、厂商的主要消费或采购模式,包括B2B、B2C、C2C在内的电商模式,都高度依赖于区域物流体系的发展水平。这从我国疫情期间复工复产情况上也能得到反映:我国在疫情暴发期间最先复工复产的产业为物流业,相关数据显示,在2020年2月底,全国物流企业复工比例就已经超过六成,车辆开工率恢复至七成左右,物流园区复工率接近九成。这一时期,电子商务消费极大程度替代了线下购物(京东到家消费数据显示,自2020年1月下旬至2月上旬,其销售额同比增长450%),物流业的高效运行从消费端降低了全国各地区消费者受到的疫情冲击。

总体而言,现代物流业在新冠肺炎疫情期间发挥了经济应急稳定器的作用,对经济发展、社会就业、人民生活起到显著的稳定支撑作用。

（二）地区融合与均衡发展效应

西部陆海新通道的建设将进一步促进中西部地区融合，在中国内部连通中巴经济走廊、新亚欧大陆经济走廊、孟中印缅经济走廊等六大经济走廊，在西部陆海新通道物流和运营组织中心统筹下实现各节点的连通，促进地区间在信息互享、资源共用、技术共进等方面的交流合作，缩短各地商品、要素等资源的流动时间，降低物流成本。

从消费领域看，在互联网时代，西部陆海新通道上各大平台也能够充分发挥现代物流业对要素流动的支撑作用，使得"人与人、人与物、物与物"之间的联系更加紧密，真正实现"0 距离"，为西部各区域消费者提供"所见即所得"的便捷、高效消费模式，促进西部地区市场一体化进程、冲破国内统一大市场要素流动在西部地区的滞涩，通过地区融合实现跨区域供需结构调整，进而最大限度地拉动国内需求增长，对国内各区域均衡发展有着积极意义。

除消费领域外，西部陆海新通道的建设也能够促进城市圈、产业群在各个方面的进一步融合，交通的便利为异地教育、医疗和养老等方面创造了可能性，从社会资源共享层面对西部发展不平衡、不充分问题的解决产生积极作用。同时，西部陆海新通道的建设将创造新的中心枢纽城市，形成"多点开花、百家争鸣"的新局面，通过西部陆海新通道物流和运营组织中心统筹协调各个关键节点之间的相互配合，最大限度地实现西部地区内部资源合理分配、各省区市的均衡发展，缓解"大城市"病所造成的一系列问题，为西部大开发战略以及乡村振兴战略的推进打下坚实基础。此外，经济的均衡发展加强了我国经济的自我修复能力和抗打击能力，对国家安全与重大军事战略部署具有重要意义。

第二节　外循环

目前，我国正处于以经济外循环为主内循环为辅的经济发展格局（郭晴，2020）。自 2001 年加入 WTO 后，我国采取出口导向型发展战略，深度嵌入全球价值链，通过"引进来"和"走出去"为经济发展缓解了国内资本要素不足和技术落后问题，成为"世界工厂"。但是这种"外循环"格局也使得我国在全球价值链和产业链分工体系中处于中低端位置，特别是加工贸易企业呈现出明显的"微笑曲线"特征，在我国从贸易大国向贸易强国转变、满怀信心为实现第二个百年奋斗目标继续奋斗的新发展阶段，以加工贸易为主的"外循环"旧格局不利于我国整体产业的升级。进入新发展阶段，为适应我国社会主义现代化经济体系新形势，打造以国内大循环为主的国内国际双循环新发展格局，国家"十四五"规划提出实施西部陆海新通道等重大工程，主要目的之一便是要打造东西双向互济的对外开放通道网络，改善国际贸易环境，推动高水平对外贸易格局的建设，实现新的"外循环"格局。

一 建设西部国际通道，形成对外贸易新格局

（一）我国对外贸易现状

目前，我国对外贸易仍主要在东部沿海地区开展。

1. 港口外贸货物吞吐量

根据交通运输部相关数据，2020年全国港口外贸货物吞吐量449554万吨，其中沿海地区合计400457万吨，占比已超过89%。如图6-7所示，一方面，北部湾作为西部地区唯一的出海口，其外贸货物吞吐量长期以来都低于深圳市，相对于广袤的西部地区而言体量仍然不足。另一方面，2020年2月北部湾港口外贸货物吞吐量首次超过了深圳，展现出了较强的发展潜力。

从中国港口协会公布的全国国内港口行业景气指数——外贸货物吞吐量指数（如图6-8所示）看，北部湾港口外贸货物吞吐量发展速度已超过了长江三角洲。尽管西部地区对外贸易体量仍然较小，但从西部地区主要出海口北部湾港口的发展情况看，西部地区目前已呈现出对外贸易快速发展的趋势。

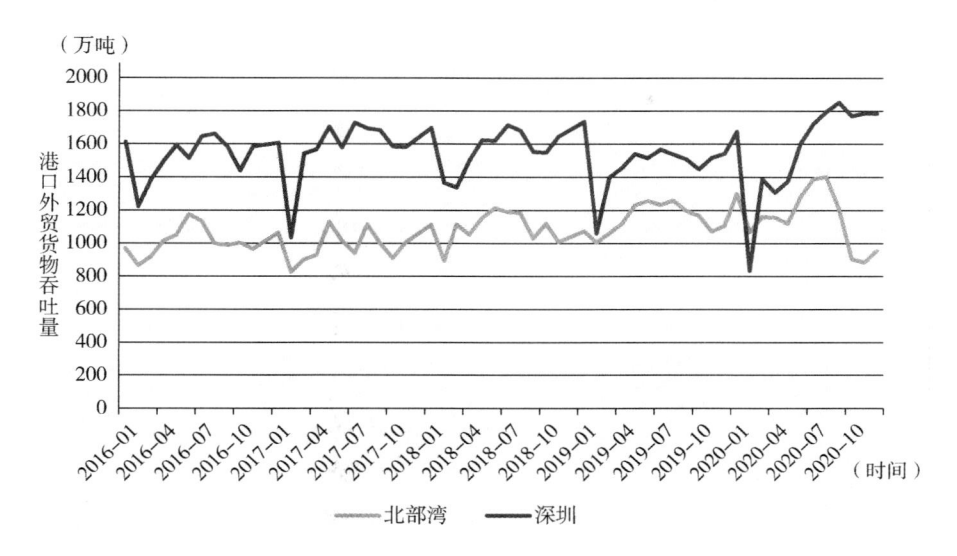

图6-7　北部湾与深圳港口外贸货物吞吐量对比

资料来源：中华人民共和国交通运输部。

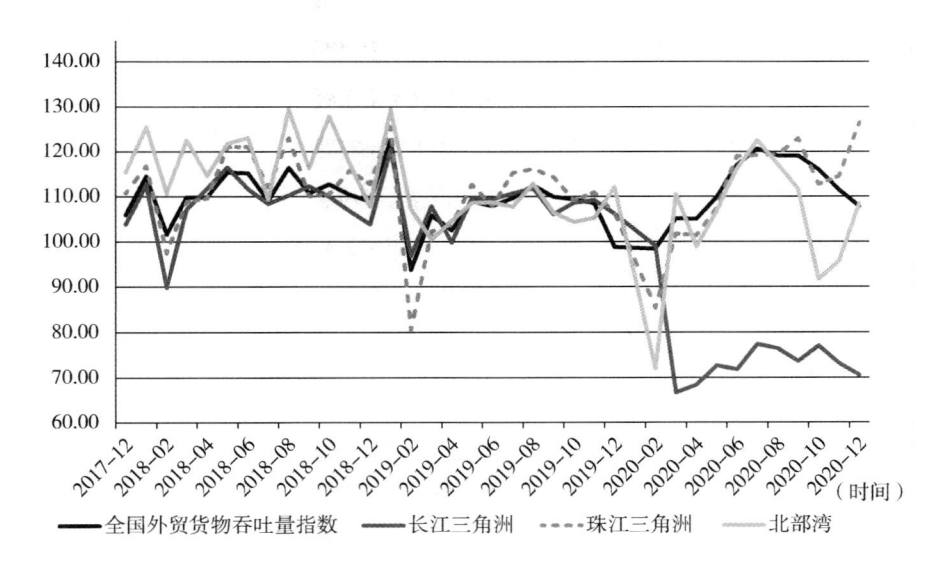

图6-8　全国港口行业景气指数：外贸货物吞吐量指数

资料来源：中国港口协会。

2. 对外贸易依存度

如图 6-9 所示，2019 年各省区市对外贸易依存度排名方面，国内各区域在国际贸易参与方面具有极大差异，对外贸易依存度排名前五的均为东部沿海地区，排名倒数五位的均为西部地区省区市，西部陆海新通道沿线 13 个省区市排名最高的重庆也仅为 24.54%，西部陆海新通道沿线地区对外开放力度相对于非沿线地区特别是东部沿海地区存在较大差距。

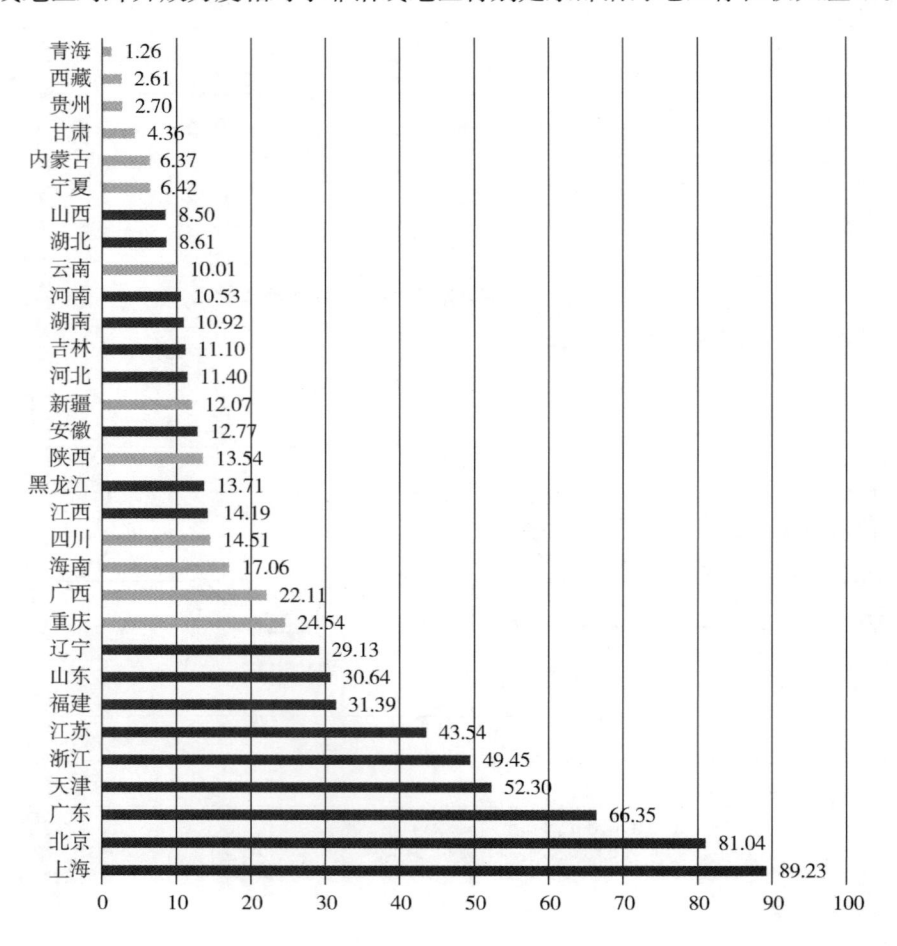

省区市	对外贸易依存度(%)
青海	1.26
西藏	2.61
贵州	2.70
甘肃	4.36
内蒙古	6.37
宁夏	6.42
山西	8.50
湖北	8.61
云南	10.01
河南	10.53
湖南	10.92
吉林	11.10
河北	11.40
新疆	12.07
安徽	12.77
陕西	13.54
黑龙江	13.71
江西	14.19
四川	14.51
海南	17.06
广西	22.11
重庆	24.54
辽宁	29.13
山东	30.64
福建	31.39
江苏	43.54
浙江	49.45
天津	52.30
广东	66.35
北京	81.04
上海	89.23

图 6-9 2019 年西部陆海新通道沿线地区（灰色部分）
与非沿线地区（黑色部分）对外贸易依存度

资料来源：根据各省区市统计局数据计算整理而得。

目前，我国东西部地区在对外贸易参与度上存在严重的不平衡问题，过于依赖沿海地区，对我国外贸健康发展存在较大影响。

3. 对外贸易潜力

此外，当今世界正在经历百年未有之大变局，以英美为代表的西方发达国家高筑贸易壁垒，使得我国主要海外市场面临高度的不确定性，而随着RCEP协定正式签署，我国对外贸易重心将逐渐由欧盟、美国向"一带一路"沿线国家（地区）转移，东盟国家也在2020年成为中国最大贸易伙伴国，2021年第一季度，中国对东盟进出口总值为1.24万亿元人民币，增长26.1%，占中国外贸进出口总值的14.7%。在此背景下，与"一带一路"直接连接的西部地区特别是与东盟接壤的西南地区将会是我国对外贸易新节点，更是我国形成新的"外循环"格局的关键。从数据上看，我国对外贸易格局也充分显示了西部地区极强的对外贸易潜力。

（1）贸易进出口总值

海关数据显示，2020年我国全年贸易进出口总值为32.16万亿元人民币，同比增长1.9%；贸易顺差为3.7万亿元，增加27.4%。尽管广东、江苏、上海仍然位居进出口总值前三，但西部地区的四川、重庆等省区市的出口增速达到10%以上，贵州和云南出口增速更是超过了30%，西部地区作为西向贸易通道出口，在"一带一路"建设及西部陆海新通道建设的支撑下已成为我国出口增速最快的地区。

（2）贸易伙伴

如图6-10所示，随着"一带一路"深入推进，我国"一带一路"贸易额指数近年来呈上升趋势，其中欧洲国家的贸易额指数在2020年上升程度较大，可能与欧洲疫情暴发有较大关系。但东盟作为我国目前最大的贸易伙伴之一，"一带一路"贸易额指数上升相对缓慢，其原因可能是"一带一路"沿线国家与东盟各国的连通还未真正实现，我国西南地区作为直接与东盟国家接壤的地区，其贸易出口没有很好地发挥贸易节点作用。

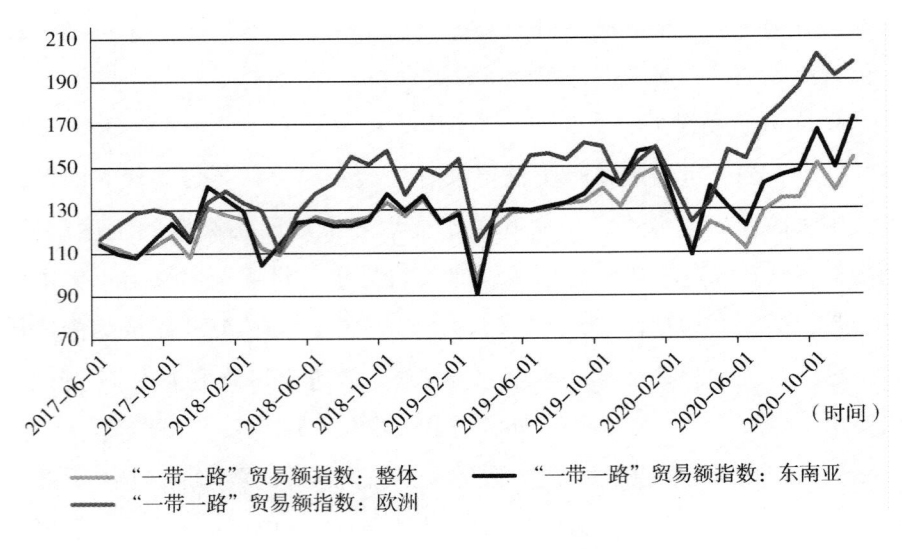

图 6-10 "一带一路"贸易额指数

资料来源：Wind。

（二）对外贸易新格局

西部陆海新通道的建设能够有效针对西南地区与东盟连通不畅的问题改善贸易环境。从西部陆海新通道的发展历程看，新通道的基础是重庆南向对外贸易通道，重庆南向对外贸易通道于 2017 年 8 月成立，该通道以重庆为运营中心，甘肃、广西、贵州为重要节点，南向对外贸易通道是直接连接重庆到新加坡的通道，对于发展西南地区到东南亚的贸易起到了重要作用。2018 年 11 月，以重庆南向对外贸易通道为基础，"陆海新通道"建立，我国西部地区的对外贸易有了更强有力的支撑。2019 年 10 月，西部 12 个省区市与海南、广东湛江的参与促使这一通道更名为"西部陆海新通道"，这也标志着我国西南地区到东南亚的贸易通道建设成为我国重要发展战略，西部对外贸易迎来了历史性的发展机遇。

因此，西部陆海新通道是进一步打通西部对外贸易路线、解决我国对外贸易过于依赖东部地区使得西部地区贸易利得有限的贸易不平衡问题的关键规划，也是形成以西部为枢纽，以东南亚、中东地区为主要贸易对象的"外循环"新形式、新格局的关键。

目前,西部陆海新通道主要物流组织方式均已实现常态化运行,国际铁路联运(重庆—河内)班列、重庆—东盟跨境公路、"渝新欧"班列等一系列通道的通畅运行使得西部地区传统贸易方式特别是对东南亚地区的贸易方式发生了重大的改变——西部地区传统对外贸易以上海或珠三角为中介,货物通过内部通道运至东部出海口后再出海转运至东南亚;2019 年开通的西部陆海新通道铁海联运班列则能够让货物通过铁路运输到广西北部湾后转运出口,改变了"广西货不走广西"的原有形势,以重庆为起点,西部陆海新通道比传统的东向出海通道节约 20 天。因此,西部陆海新通道的建设极大地降低了西部地区对外贸易的成本,促进西部地区参与国际贸易与国际交流,截至 2021 年 1 月,西部地区通过西部陆海新通道已辐射连通全球 96 个国家或地区、250 个港口。我国西部地区的国际贸易通道在西部陆海新通道框架下逐渐完善,从西部地区向东南亚、中东地区延伸的国际贸易通道将有利于我国加强与东南亚国家等的贸易往来,降低对欧盟、美国等国家或地区的贸易依赖,在国际形势日趋不确定的背景下,构建与周边国家的良好贸易关系,形成我国对外贸易新格局。

二 助力跨境电商发展,打破国际贸易壁垒

(一)跨境电商现状

跨境电商专指商品交易主体地处不同的国家或关境,分别通过跨境电子商务平台和跨境物流完成商品交易与交付的活动,在信息技术不断进步的背景下,跨境电商进一步打破了国际贸易壁垒,为消费者带来了极大的便利,促进了各国要素的流通。目前,跨境电商已经成为我国主要的对外贸易方式之一,2019 年我国跨境电商交易规模达 10.50 万亿元,同比增长 16.66%,占进出口的比重为 33.29%,较上年提高 3.79 个百分点。通过缩短流通环节,拓宽消费者的触达范围,跨境电商能够对我国

经济发展产生积极作用，有效促进中国的对外贸易转型升级，助力中小微企业发展（王惠敏，2014）。

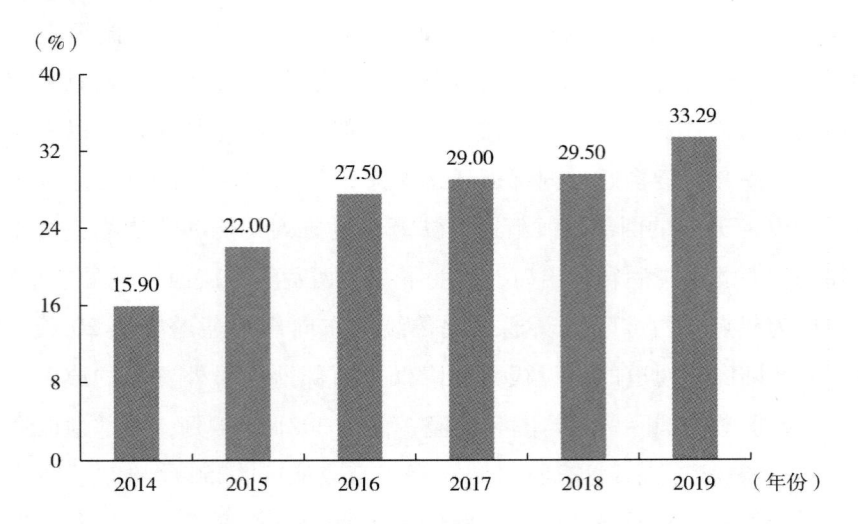

图 6-11 跨境电商交易规模占进出口规模比重

年份	占比(%)
2014	15.90
2015	22.00
2016	27.50
2017	29.00
2018	29.50
2019	33.29

资料来源：《2020年度中国跨境电商市场数据报告》。

然而，目前我国跨境电商发展仍然面临比较大的阻碍，特别是作为跨境电商基础和支撑的跨境物流发展水平相对滞后，存在物流费用高、运输时间长、通关效率低、物流通道基础设施建设滞后等问题（刘小军、张滨，2016），这些问题直接增加了企业开展跨境电子商务贸易的成本，影响了消费者的跨境消费体验，是目前跨境电商进一步发展的主要阻碍因素。

（二）跨境电商蓬勃发展

1. 基础设施更新

西部陆海新通道是我国西南地区连通东南亚、西部地区连通欧洲的重要运输体系，新通道的建设将会极大推动西部地区的基础设施建设，例如国际铁路联运（重庆—河内）班列、重庆—东盟跨境公路、"渝新欧"铁路等国际通道的通畅运行将会直接打通我国西向的货物运输路线，并且与相关国家的基础设施实现互联互通，极大降低了跨境物流成本与难度。特别是跨境电商方面，西部陆海新通道已于 2019 年年底实现冷链运输，在西部陆海新通道中，重庆—东盟冷链物流通道效率极高，从重庆至越南的物流耗时仅为 30—40 小时。

2. 通关效率提高

西部陆海新通道带动的通关改革会大大缩短跨境物流通关效率，对跨境电商通关效率提升产生明显的积极作用。在中欧班列（渝新欧）跨境电商 B2B 出口专列开通的基础上，从 2020 年 12 月开始，重庆海关在西部陆海新通道货物运输上运用"两步申报"模式，即货物的通关过程分为概要申报和完整申报，使得企业准备资料和通关的时间由原来的 3 天减少到了半天，大幅压缩了货物通关时间，提高了跨境物流的效率，进一步促进了西部地区跨境电商的发展。

3. 为跨境电商发展提供便利

西部陆海新通道框架下，西部各物流节点开始重视并发展建立跨境电商相关业态，国家也在西部地区设立了一批跨境电商试验区，以促进西部地区的跨境电子商务发展。在 2016 年重庆和成都设立第二批跨境电子商务试验区的基础上，国家于 2018—2020 年先后在四川、广西、贵州、云南、陕西等 10 个西部陆海新通道沿线省区市设立了 17 个跨境电子商务试验区，鼓励西部各地区充分利用西部陆海新通道建设，进一步推进西部地区对外开放，各地区的政府也加大了对跨境电商发展的扶持力度，推进审核程序简化、建立新型跨境贸易电子商务模式，如广西的崇左跨境电子商务综合试验区就凭借西部陆海新通道优势，推行了 "9610" "9710" "9810" 等业务模式，在线上、线下两端建立完善的跨境贸易体系，跨境电商贸易量增长迅猛。

三 改善国际投资环境，扩大技术外溢效应

吸引外商投资是我国"外循环"中"引进来"的重要实现方式，是区域经济增长的重要驱动力，外商投资不仅会带动投资所在地生产效率

提升、拉动当地就业,还会带动周边地区生产率的改进,同时,现有研究认为,东部发达地区与西部落后地区之间经济增长速度和质量的差异与外商投资差异有密切关系(魏后凯,2002;钟昌标,2010)。外商投资在长期和深层次上带来的竞争、示范效应特别是技术外溢效应的影响对中国经济的转型和升级十分关键,在世界形势复杂多变、全球产业链面临重构的经济形势下,充分利用外商投资对我国的经济带动作用特别是对欠发达地区的带动作用至关重要。

(一)西部投资环境现状

从外商投资企业数上可知,在西部陆海新通道规划落地前,我国西部地区明显低于全国平均值(如图 6-12 所示)。1998—2019 年西部地区平均为 29466 家,而全国平均为 372632 家,尽管西部地区外商投资企业数量占全国的比重在 2010 年达到顶峰,但仍然低于 10%,为 9.48%,除 2009 年及 2010 年,其余年份均低于 10%,2019 年仅为 7.94%。从外商直接投资总额上看,虽然西部外商直接投资总额逐年上升,占全国外商直接投资的比重总体也呈现上升趋势,但是占比最高的 2019 年仍然不到

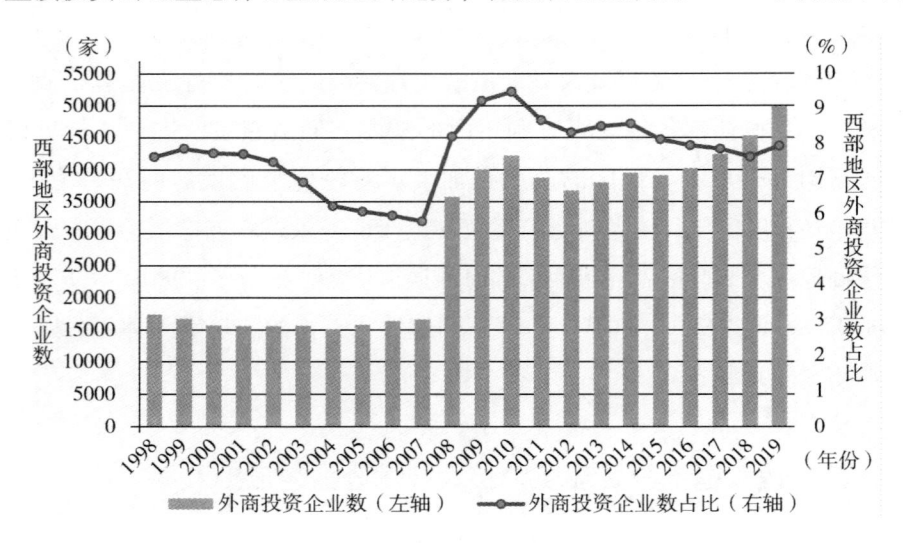

图 6-12 西部地区外商投资企业数情况

资料来源:国家统计局。

10%，为 9.89%（如图 6-13 所示）。以上数据充分证明我国西部地区对于外商投资的吸引力有限，对外开放水平不高，基础设施落后、产业的集聚和规模化水平低均是重要原因。

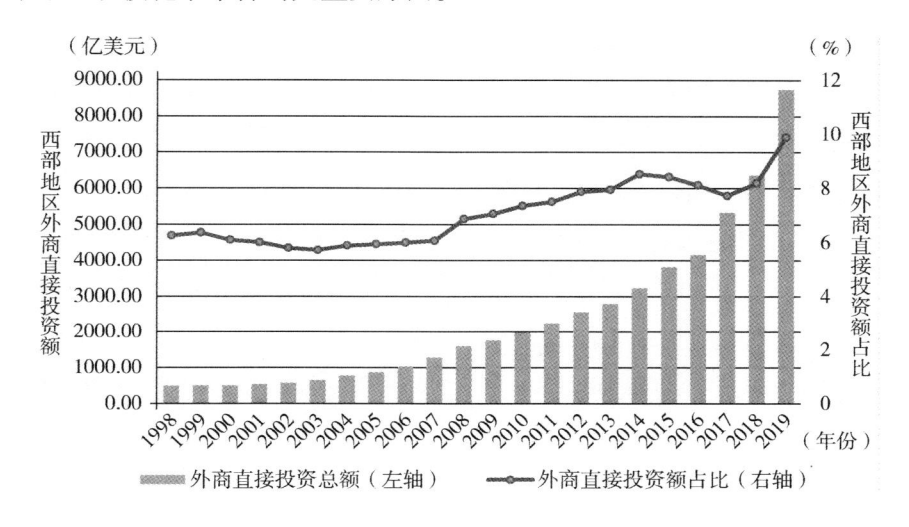

图 6-13　西部地区外商投资情况

资料来源：国家统计局。

解决当前西部地区外商投资不足、吸引东部 FDI 向内地转移既是我国区域协同健康发展的必然要求，也是我国适应国际环境变化、实现稳定可持续"外循环"的重要方式，中国与"一带一路"沿线国家（地区）的国际合作在欧美发达国家掀起"逆全球化"浪潮的背景下已逐渐成为我国对外经济贸易的基本盘，而西部地区便是处于连通"一带一路"沿线国家（地区）经贸圈的前沿。

（二）投资环境改善

在西部陆海新通道规划下，我国西部地区的多式联运体系将逐步完善，为西部地区经济健康稳定发展提供基础设施支撑，这也改善了西部地区的投资环境，对于"引进来"有重要意义。现有研究表明，强大的经济基础设施可以吸引更多的外商投资流入，特别是对于经济欠发达地区，基础设施的发展能够有效地促进外商投资流入（杨海生等，2010），其中交通基础设施建设不仅有利于地区吸引外商投资，还能够与外商投资产生正向协同效应，进一步扩大外商投资的技术外溢效应，促进地区经济发展，增强地区的经济发展动力。

西部陆海新通道的建设能够直接改善西部地区的基础设施水平，特别是在西部陆海新通道框架下，西部各地区着重强化铁路基础设施能够极大地提高公路通行效率，升级沿海港口集疏运功能。以广西为例，在西部陆海新通道框架下，广西计划在2020—2022年实施重点项目151个，总投资约4885亿元，其中包含铁路、公路、水运、民航、城市轨道交通五个方面，力求2022年初步形成现代化综合交通体系。其中，作为西部陆海新通道重要出海口的北部湾被重点关注，通过北部湾高等级航道、锚地等26个重点项目落地以及与西部其他地区运输体系的连通，预计2022年广西港口总吞吐量达到4.5亿吨，集装箱吞吐量达到700万标箱，极大地改善了当地的基础设施体系并进一步加快了西部地区推进对外开放的步伐。总体而言，西部陆海新通道的建设能够推动西部地区建设高水平的基础设施体系，改善西部地区投资环境，进而吸引更多的外商投资，充分发挥高质量基础设施与外商投资技术外溢效应的协同作用，进一步放大外商投资对当地经济的拉动作用。

第三节　国内国际双循环

2020年以来，习近平总书记多次强调，要推动形成以国内大循环为主体、国内国际双循环相互促进的新发展格局[①]。这是我国应对百年未有之大变局、开拓发展新格局的主动调整，也是畅通国内大循环、重塑国际合作和竞争新优势的战略选择，在此背景下，西部陆海新通道建设作为直接连通我国西部地区与欧洲、东南亚的交通枢纽，对国内国际双循

---

① 2020年4月10日，习近平总书记主持召开了中央财经委员会第七次会议，首次提出构建以国内大循环为主体、国内国际双循环相互促进的新发展格局。

环畅通具有重大意义，西部陆海新通道下的现代物流业建设也能够与国内国际双循环产生协同效应，推动"一带一路"建设向纵深发展，助力我国经济高水平、高质量发展。

一 形成国内国际双循环枢纽，建立要素对流通道

（一）双循环"堵点"

自"一带一路"倡议提出以来，我国逐渐形成了以"一带一路"建设为依托的与中亚、东欧、东南亚周边国家的新商贸通道和经贸合作网络，有利于我国充分利用"一带一路"沿线国家与我国各地区特别是西部地区在生产结构上的互补性，推动国内国际双循环新发展格局的形成。但是推进以"一带一路"沿线国家为主体的对外贸易方式仍然有较大阻碍，其中，交通基础设施连通缺乏以及贸易机制便利性不足的问题较为突出（姚树洁等，2018），在我国明确提出国内国际双循环新发展格局的背景下，基础设施建设水平不足的问题不仅阻碍了我国深入推进"一带一路"发展、形成新的对外贸易格局，还在一定程度上阻碍了国内各区域要素与国际要素的互用对流，交通基础设施建设水平较低已成为我国国内国际双循环发展的重要"堵点"。

目前，我国西向对外贸易主要依托在"一带一路"框架下打通的中蒙俄、新亚欧大陆桥、中国—中亚—西亚、中巴、孟中印缅、中国—中南半岛六大经济走廊开展，六大经济走廊整体布局。尽管"一带一路"上的六大经济走廊均呈东—西向，并且在中部、东部产生了一定的交织，但是各个经济走廊在西部地区却因为西部地区交通运输网络分散而无法有效连通，西部地区交通运输网络问题也成为东西部发展分化、阻碍国内国际双循环发展的重要堵点（龙少波等，2021）。

1. 地理优势发挥不充分

我国西部地区位置靠近中亚、东欧、东南亚，是西部地区对外交流的重要节点，然而因为西部地区基础设施建设水平较低，其他地区要素

流向西部以及西部内部要素流动均不够顺畅，我国西向交流仍然较为滞涩。以广西为例，广西作为西部地区唯一的沿海省份，是中国西部出海距离最近的通道门户，然而，尽管广西地理位置优越，不仅直接连通东南亚，还毗邻粤港澳大湾区，但广西基础设施水平却一直相对落后，缺乏与西部其他省份直接、高效的要素交流通道，无法高效率地承接其他省份要素并充分发挥其西部门户作用。不仅如此，广西长期以来还存在"广西货不走广西港"的问题，其根本原因在于以北部湾为代表的广西港口服务设施不完善、运营水平较低。以广西为代表的西部地区对外交流问题是荣晨（2021）总结的内循环九大"堵点"中"流通体系现代化程度不高"以及"国内国际循环联结存在堵点"的集中体现，既阻碍了国内大循环的畅通，也对内陆地区充分发挥"一带一路"框架作用、扩大外循环发展新格局产生消极影响。

目前，我国西向对外交流仍然主要依托东部沿海地区和北京为枢纽的多式联运交通网络开展，内部先进发展要素也整体上呈现从西部到东部的单向流动（龙少波等，2021）。尽管相比于西部地区，依托于东部港口或者北京开展直接对外贸易会因为地理距离因素耗费更多的时间，但西部地区基础设施落后的问题却使得其作为"内循环"和"外循环"的重要节点无法很好地发挥有效的枢纽作用。

2. 产业联动性较差

我国西部地区目前仍然存在产业集聚度不高的情况，尽管在"西部大开发"战略实施以来，西部地区不断承接东部产业，但是西部地区基础设施落后的问题却阻碍了先进要素向西部地区集聚（高煜、张雪凯，2016；刘明等，2020），并且西部地区内部较高的流动成本也阻碍了西部各省区市融入西部地区产业链体系，西部地区与我国其他地区、西部地区内部的产业联动仍然不够紧密，不利于全国产业链体系整体协调发展。

此外，我国西部地区产业主要属于劳动密集型及资源密集型，而"一带一路"沿线的多数发展中国家的对外贸易产品主要是能源类产品、原材料产品，相比于劳动密集型产品，能源类产品及原材料产品属于我国相对不充裕的要素资源。因此，我国以西部地区为节点与"一带一路"沿线国家形成产业联动能够与我国经济体系发展产生互补协同作用。然而，由于交通运输体系不完善问题，西部地区与"一带一路"沿线国家的交流面临时间和空间上较大的阻碍，我国与"一带一路"沿线国家的交流需要依托地理位置上连接不紧密的东部地区开展，对我国加深与"一带一路"沿线国家交流并实现与相关国家的产业联动，获取国际要素实现国内国际双循环协同发展产生消极影响。

（二）要素对流通道再升级

1. 通道硬件再升级

西部陆海新通道的建设直接聚焦于西部地区基础设施建设薄弱的现状，通过形成以重庆为中心并以广西、贵州、甘肃等西部省区市为关键节点的铁路、海运、公路多种方式协同的综合性西部交通枢纽，为国内国际双循环的通畅运行提供了海陆空三栖要素对流通道，发挥了基础设施的支撑作用。西部陆海新通道使得"一带一路"六大经济走廊中最南端的"中国—中南半岛"和最北端的"中蒙俄"两个经济走廊实现了连通，不仅解决了我国西部地区与其他地区对流及西部地区内部要素流通不通畅的问题，还实现了六大经济走廊的"从西向东"和"从西向南"出海兼顾的目标，使得原本相互独立的经济走廊连成一个整体，扩大"一带"与"一路"的连接空间，充分发挥了西部地区的地理位置优越性，为我国与中亚、东欧、东南亚的要素对流打开了新的接口。

2. 通道服务再升级

目前，西部陆海新通道上的铁海联运"一单制"全程运输模式已经能够通过铁路集装箱班列连接全球海运网络，为我国其他地区企业向东南亚出口提供高效率的一体化服务，以江苏省零配件出口东南亚为例，该模式改变了原有的企业先委托公路运输至深圳，再委托海船公司出口的模式，极大地节约了我国企业的贸易成本，提高了我国内外部要素流动的效率；多式联运金融服务创新机制也通过建立重庆、贵州等地与新加坡、马来西亚等境外金融机构的合作机制极大地提高了我国西部地区内部、西部地区与外部的资金流、信息流流通效率。总体而言，西部陆海新通道为我国形成以国内大循环为主体、国内国际双循环相互促进的新发展格局打通了关键堵点，建立了新的循环枢纽，畅通了西部地区内部及对外的物流、资金流、信息流对流通道。

二 优化市场供需结构，实现各区域平衡发展

党的十九届五中全会明确提出，"十四五"时期经济社会发展指导思想要"以深化供给侧结构性改革为主线，以改革创新为根本动力，加快构建以国内大循环为主体、国内国际双循环相互促进的新发展格局"。目前，我国经济发展不平衡问题是主要的国内国际双循环发展堵点，具体包括供给需求不匹配以及地区发展不平衡问题（刘志彪，2020）。

（一）供给需求不平衡问题

供给需求不平衡问题本质上是因为随着我国经济发展，消费者日益增长的美好生活需要与不平衡不充分发展之间矛盾的体现。一方面，无论是我国居民消费总量的稳步上升还是由生存性消费向符号性、服务性消费的消费结构转变（石明明等，2019），都意味着我国消费市场对产品的品质提出了更高的要求，而我国目前在全球价值链中仍然处于中下游位置（张会清、翟孝强，2018），供给水平较低，与美国、德国、日本等制造业强国有较大的差距，国内产业链体系无法有效且高质量地实现大量高附加值产品供给。但另一方面，我国产业链整体偏低端也导致我国不少行业（例如，钢铁、煤炭、水泥、平板玻璃、光伏、风电设备、船舶制造等）都出现了严重的产能过剩问题，国内市场出现了比较严重的供需不平衡问题。

我国目前存在的供需不平衡问题与西部地区发展有较大关系，一方面，西部地区无法完全、有效地承接东部地区产业转移，形成价值链中下游产业的集聚，消费潜力也没有得到释放；另一方面，我国高端产业技术要素的自我供给基础较为薄弱，在欧美发达国家掀起"反全球化"浪潮、世界经济不确定性上的背景下，"一带一路"沿线国家产业能够与我国产业有效

互补，也能够消化我国过剩产能，对我国产业链迈向中高端有积极意义。但因交通运输网络体系发展不完善，我国西部地区承接产业转移、释放消费潜力以及对"一带一路"沿线国家进一步扩大开放均面临流通上的阻碍。

（二）地区发展不平衡问题

地区发展不平衡问题一直以来是我国重点关注的问题，尽管西部大开发战略已实施二十多年，但是随着新技术革命、全球分工格局的深度调整和产业数字化转型的推进，我国地区差距出现了新一轮的扩大。根据现有研究（如图6-14所示），我国2008年以来各地区的劳动生产率差距不仅没有缩小，还在逐渐扩大，并且有进一步扩大的趋势（孙志燕等，2019）。从各地区新增企业单位数占全国的比重来看，占比超过30%的集中在江苏、广东和山东等东部发展相对领先的地区，而西部12个省区市之和所占比重不到20%。我国西部地区发展滞后且越发落后于东部发达省市的问题严重阻碍了我国经济整体协调发展。

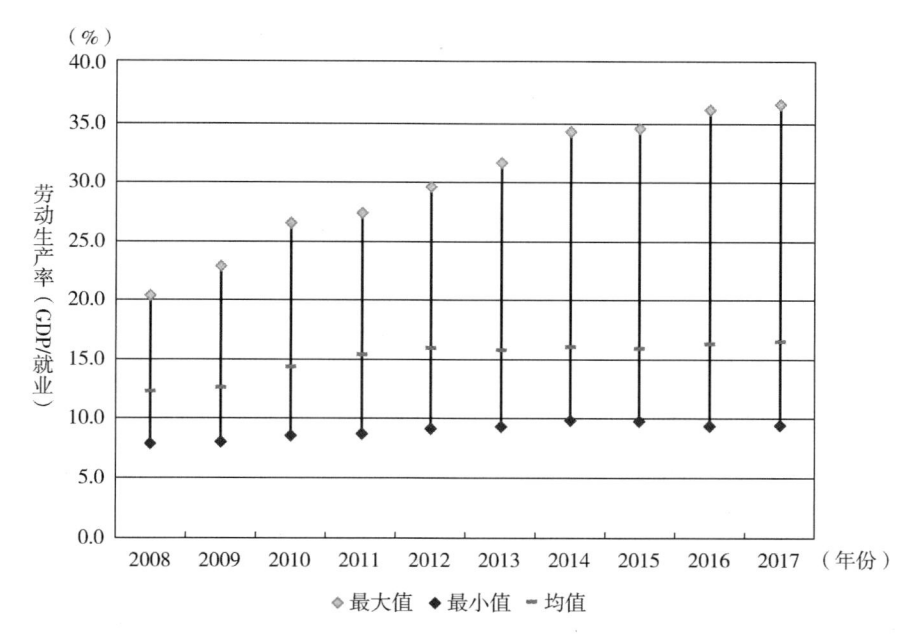

图6-14 省级层面劳动生产率差距的演变（2008—2017年）

资料来源：相关年份《中国统计年鉴》、孙志燕等（2019）。

作为市场分割的主要因素，基础设施建设水平与区域市场一体化进程具有高度相关的关系，而目前我国西部地区市场分割指数较高。对于欠发达地区，市场分割指数会极大地阻碍该地区的经济发展，同时也不利于发达国家的经济增长（景维民、张景娜，2019），西部地区内部以及西部地区与我国其他地区的市场分割会对我国经济协调稳定发展产生消极影响，加剧供需不平衡问题，而解决市场分割、促进市场一体化的重要手段就是通过基础设施建设来实现地区内部、地区之间在空间上的连通。

（三）新通道与区域均衡发展

西部陆海新通道的建设能够从根本上解决西部地区交通基础设施薄弱、城市圈交通网连接不完善等一系列问题，加快西部地区与我国其他地区的市场一体化进程，通过国内各地区市场之间的资源共享、要素对流将我国东部地区的相对先进发展要素、技术水平等引入到西部地区，带动西部地区的产业集聚与发展，与我国东部地区形成畅通高效的要素对流通道，发挥有效的产业联动效应，调整我国内部供给、需求不平衡问题，缩小东部与西部经济发展水平差距，增强西部经济增长内生动力，实现区域平衡发展与高质量的国内大循环。

西部陆海新通道框架下，西部地区将成为对外贸易的重要节点，直接连通东南亚国家，构建西向对外贸易通道，通过西部地区对外贸易出口，我国各地区均能够以更低的成本、更高的效率与RCEP、"一带一路"框架下的贸易伙伴形成要素对流互补，充分利用西部地区拓展海外市场、进行国际大循环，进而一方面释放国内相对低级产业的过剩产能；另一方面引入我国相对稀缺要素，形成国内国际要素对流，推动我国产业链迈向全球价值链中高端位置，助力供给侧结构性改革，从根本上助力解决我国的供给需求不平衡以及地区发展不平衡的问题。

三 抵御国际环境风险，助力经济稳步前行

（一）国际环境复杂多变

当前，世界正面临着前所未有之大变局，从 2008 年国际金融危机开始，世界贸易持续低迷，外贸出口整体呈下滑趋势，并且，全球贸易增速开始持续多年低于全球 GDP 增速。与此同时，近年来以欧美发达国家为代表的逆全球化与单边贸易主义抬头，地缘政治风险不断加剧，突出表现在随着我国经济、科技等方面的快速发展，部分国家开始鼓吹"中国威胁论"，以中美经贸争端为标志，部分国家对我国高筑贸易壁垒或是对我国在关键技术及资源上进行"卡脖子"，全球产业链的重构导向已日渐明显。这也表明我国以往以出口导向型为主的经济发展模式在贸易保护主义抬头的国际政治经济环境下难以持续。如何抵御国际环境风险成为重要议题。

面对不可逆且复杂多变的国际环境风险，我国提出了国内国际双循环的新发展格局，在贸易上的具体应对策略主要是稳固多边关系以及开拓新的国际贸易市场。目前，我国在 RCEP 协定、"一带一路"框架下已与东南亚地区、中亚地区以及东欧地区的国家或地区建立了较为稳定的合作伙伴关系。然而，降低对美国的贸易依赖需要更进一步深化与东盟国家及"一带一路"沿线国家的贸易合作，充分发挥相关国家与我国在技术和产品上的互补性，实现风险分散，助力我国产业链从中低端向中高端发展。在此背景下，西部陆海新通道框架下的现代化物流体系建设重要性更加明显，其能够缩短我国与"一带一路"沿线国家特别是东盟国家时空距离的特点能够为我国与相关国家稳固贸易伙伴关系、进一步开展经贸合作提供坚实基础。

（二）新通道助力经济稳步前行

随着西部陆海新通道正式落地，中国与东盟等国家和地区深入合作的空间障碍被进一步消除，紧密的贸易伙伴政治关系转化为频繁的贸易

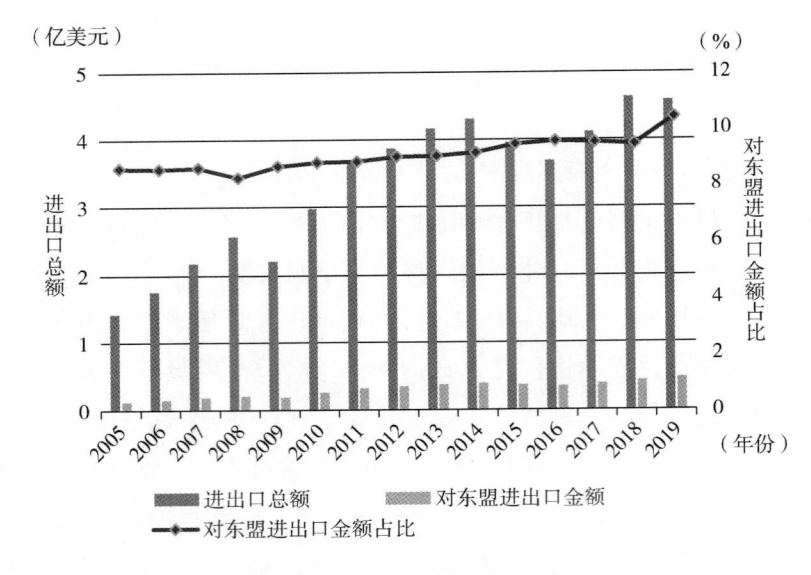

图 6-15 中国对东盟进出口情况

资料来源：国家统计局。

往来及经济合作。2019 年中国—东盟贸易额达到 6415 亿美元，增长 9.2%；2020 年 1—11 月中国与东盟贸易额在疫情影响下逆势持续增长，达到 6095.8 亿美元，同比增长 5.6%。从进出口金额上看，中国对东盟进出口金额占进出口总额的比例在 2019 年提高到了 10.39%，东盟已经成为我国最重要的贸易伙伴之一，也是我国分散贸易风险的重要依托。在西部陆海新通道框架下，我国已在重庆、四川、陕西、广西、云南五个省区市设立自贸试验区，这五个自贸试验区将承担"一带一路"和长江经济带互联互通重要枢纽作用、西部门户城市开发开放引领作用，进一步推动我国西部地区的对外交流，充分将我国在 RCEP 协定和"一带一路"框架下形成的贸易伙伴政治关系转化为新的国际贸易市场，降低对美国、欧盟的贸易依赖，防范发达国家对中国进行技术封锁和市场封锁的风险。此外，随着发展中国家逐渐成为我国主要贸易对象，以"一带一路"沿线国家（地区）为主的贸易伙伴政治环境不稳定、经济体系不健全等导致的经济风险仍然可能会对国际贸易产生不利影响，对我国高质量的国内国际双循环发展形成一定的阻碍。对于此类问题，于2020年启动的西部陆海新通道金融服务平台依托跨境金融区块链服务，聚焦于我国西向贸易对象国家的资金流、信息流畅通，形成风险预警机制，以重庆为中心构建高质量的贸易服务体系降低贸易伙伴国之间的信息不对称问题，防范有些发展中国家无力偿还债务、政治不稳定以及不能兑现合约的诚信问题等风险，进一步稳固我国社会主义现代化建设成果。

本章小结

总体而言，西部陆海新通道将会是我国新时代下一体化、现代化物流运输体系的一个重要组成部分，其对于解决全国范围特别是西部地区要素流通不畅、内部分化及市场开放程度不高的问题有着重要意义，对于我国形成对外贸易新格局、进一步发展跨境电商并改善投资环境能够产生积极作用。从形成以国内大循环为主、国内国际双循环新发展格局的角度看，西部陆海新通道将会是新发展格局形成的一大关键因素，一方面，其能够直接解决现有的双循环"堵点"，即我国交通基础设施建设水平较低、物流运输网络发展不均衡等问题连通了西部地区与广东西部和海南的要素市场，有助于形成以重庆为中心的国内大循环与国际大循环的交汇枢纽，建立要素对流通道。此外，西部陆海新通道的落地有利于解决我国供需不平衡、地区发展不平衡问题，也有利于抵御外部环境风险的冲击，是稳步推进双循环新发展格局形成、构建新时代中国特色社会主义市场经济体系的重要抓手。

综上所述，我国正处于经济体制改革、构建"双循环"新发展格局的关键时期，西部陆海新通道对国内市场发展、国际贸易调整以及经济协调发展具有划时代的意义，其能够充分发挥现代物流业的协同效应，成为我国经济发展的强劲推动力。

第七章 西部陆海新通道沿线节点现代物流业协同发展机遇与障碍

西部是我国发展潜力较大的区域之一,西部陆海新通道可快捷连通东南亚,从而使西部的工业同东南亚形成成本优势互补,并同"一带一路"及粤港澳大湾区、长江经济带、西部大开发等国家建设有效交汇对接,进而激发西部地区的经济发展潜能。2020年的新冠肺炎疫情凸显西部陆海新通道的价值。此次疫情的暴发给全球经济造成巨大冲击,而西部陆海新通道铁海联运、跨境公路班车和国际铁路联运班列三种主要物流形式的运输规模持续增长。此外,西部陆海新通道的网络节点越发密集,合作伙伴数量与日俱增,基础设施建设不断强化。目前,西部陆海新通道已覆盖西部所有省区市,提升了西部地区开放水平。2019年,对东盟贸易总值方面,重庆、甘肃、四川、广西分别同比增长43.2%、47.2%、19.7%和13.3%,2020年各项指标依然实现了正增长。

第一节 西部陆海新通道沿线节点现代物流业协同发展机遇

一 "一带一路"建设

"一带一路"倡议提出的目的是利用与国家相关的现有双边或多边机

制，借助已有区域合作平台来推进同相关国家的合作。当前，各国间的经济高度关联。"一带一路"建设的深入推进是中国扩大对外开放，并加强同亚、欧、非及世界各国合作的需要。在"一带一路"共建过程中，中国加大对周边地区基础设施投入，积极推动与周边地区互联互通。现已形成高效安全的陆海空交通网络通道，提升了互联互通水平。

（一）"一带一路"合作框架下，中国连接亚欧基础设施建设取得显著进展

截至2021年1月底，中国已与140个国家以及31个国际组织共签署共建"一带一路"合作文件205份。通过"一带一路"共建来加强同沿线国家的互联互通，构建全方位、多层次复合型互联互通网络。在"一带一路"合作框架下，中欧班列开行、中国连接中南半岛及中缅经济走廊基础设施建设取得显著进展。"一带一路"的互联互通建设推动西部陆海新通道取得成效。

1. 在中欧班列方面

2020年中欧班列开行数量逆势上涨，为国际防疫合作和疫情控制提供了至关重要的保障和支持，年度开行班列首次超过1万列，为1.24万列，同比增长50%，单月开行班列超过1000列。运送113.5万标箱，同比增长56%，综合重箱率高达98.4%。国内开行累计百列以上的城市有29个，通达欧洲20余个国家的90多个城市，开行范围继续扩大。截至2021年5月底，已累计开行中欧班列39622列，共发送354.1万标箱货物，通达22个欧洲国家的160余座城市。中国高端仪器、医疗物资、电子等产品走出去的同时，将中间投入品、资源、资本品等引进来，实现物流在国与国之间双向循环。在经济全球化大环境下，物流贸易双向循环让双方在互利共赢的同时，也为我国西部地区，尤其是西部陆海新通道的畅通注入了新的活力。

在中欧班列的运输网络中，已建成乌鲁木齐、郑州、重庆、成都、西安五大枢纽地区。其中，西部地区的成都、重庆、西安年开行量均超过2000列，占全国总开行量的58%。作为连接中国中西部地区同欧洲的铁路联运网络，中欧班列西部通道从中国的中西部地区经阿拉山口（霍尔果斯）出境。2020年，阿拉山口国境站开行的中欧班列超过5000列，同比增长41.8%。开行十年来，该口岸通行中欧班列累计已达1.6万列。2021年3月13日从南宁—西安（新筑）—努尔苏丹首发的21028次重型机械中欧班列，有利于南宁集聚周边地区物流，充分发挥南宁作为"一带一路"有机衔接重要门户城市的功能，有效实现"一带"同"一路"的对接。

2. 在中国连通中南半岛及中缅经济走廊方面

在"一带一路"框架下，中国同东盟各国战略对接与政策沟通力度日益加强，范围逐渐扩大，战略对接与政策沟通推进"一带一路"建设作用日益显现。随着共建"一带一路"的高质量推进，基础设施在东盟国家经济发展中的作用日趋明显。高质量的基础设施连通降低了相关国家间技术、信息、资金、商品交易成本，提升了区域资源要素配置效率。自2020年中越跨境班列开行以来，运行水平逐步提升。中国中西部地区的特色优势产品，如精制盐、棉纱、小麦、柴油机、淀粉、玻璃等产品经由中越班列运向越南等东盟各国，并将东盟各国产品运入境。2018—2020年共开行中越班列336列，有力地促进了中国同东盟各国的经贸合作和交流。

在中缅经济走廊基础设施建设上，缅甸是中国连接东盟、南亚的重要枢纽，在共建"一带一路"中具有重要地理位置，是连接"一带"与"一路"的关键节点国家之一。缅甸要实现经济快速增长，必须将建设交通与能源基础设施放在首位，并共建中缅经济走廊。建设中缅两国高速公路和铁路，从云南修铁路至瑞丽，随后跨境连通曼德勒，进而向西到皎漂镇，往东南修至仰光，打通缅甸铁路大动脉。中国也于2017年11月，提议建设作为"一带一路"倡议重要组成部分的中缅经济走廊。次年9月签署共建经济走廊谅解备忘录，并成立经济走廊联合委员会。2019年4月签署包括《中缅经济走廊合作计划（2019—2030）谅解备忘录》等在内的三个合作文件。

皎漂特别经济区深水港项目于 2018 年 11 月成功签署框架协议。并于 2020 年 1 月 18 日两国进行深水港项目协议交换，这表明中缅经济走廊建设进入实质规划阶段。木姐—曼德勒铁路是中缅经济走廊建设互联互通重要项目，于 2019 年确认铁路工程勘测项目。云南与木姐接壤，是中缅最大口岸，木姐—曼德勒铁路建成后将成为两国贸易生命线。近年来，随着达贡山镍矿、莱比塘铜矿、中缅油气管道等两国标志性合作项目建成投产，中缅油气管道项目不仅带动当地基础设施建设，而且推动了管道沿线经济发展。中缅经济走廊已经建立并完善工作机制。两国边境经济合作区已基本安排到位。缅甸央行批准人民币为官方结算货币，以促进两国经济走廊建设贸易投资便利化等。

（二）互联互通项目推动沿线各国实现发展战略对接、耦合

互联互通项目推进有效开发了区域市场潜力，有力地促进了就业、消费、投资，推动沿线各国发展战略的对接、耦合。2021 年 1—5 月，我国承接"一带一路"沿线国家的离岸外包合同额、执行额分别为 714 亿元人民币和 424 亿元人民币，同比分别增长 61.0% 和 24.6%。对外承包工程和对外非金融类直接投资分别完成营业额 3528.8 亿美元和 432.9 亿美元，同比分别增长 6.5%、2.6%；对外劳务合作派出人员 13.4 万人，5 月末在外劳务人员共 60 万人。2021 年 1—5 月，我国对外直接投资主要流向制造业和信息传输业，分别为 72 亿美元、35.1 亿美元，同比分别增长 11.8%、49.4%。在居民服务、交通运输、电力热力燃气及水的生产和供应、科学研究和技术服务业等领域投资呈现上升态势。

（三）边境地区互联互通

边境地区作为连接中国与邻国的重要门户与纽带，在共建"一带一路"中占据重要地位。边境和平与稳定为推进"一带一路"建设提供必要前提与保障；边境地区实现互联互通，为"一带一路"建设提供依托。"一带一路"建设过程中尤其关注边境地区边境口岸建设，而边境地区边境口岸作为西部陆海新通道节点，显现出作为对外开放前沿窗口的作用。

目前中国与东盟国家共建边境经济合作区 6 个，其中广西 2 个[①]；云南 4 个;[②] 另外还建有 1 个跨境经济合作区[③]。同东盟各国共建"一带一路"沿线项目，促进与东盟的互联互通具有十分重要价值。目前与东南亚国家的公路铁路、跨界桥梁、油气管道、输电线路等基础设施建设取得一定成果，并正在建设泛亚铁路网规划和建设、亚洲公路网，这为西部陆海新通道畅通提供了基础设施保障。

"一带"与"一路"互联互通建设，迫切需要西部陆海新通道将"一带"与"一路"有机连接，形成亚欧运输通道，使中欧班列具有往南及与东南亚连通的条件，这推动并形成了欧洲与东盟国家连通的国际运输通道，为西部陆海新通道建设带来了重大机遇。目前西部城市先后向南开行铁海联运班列，并与中欧班列等国际联运班列实现对接。东南亚各国的商品正经由西部陆海新通道快捷运抵中国西部，或者直接进入中国市场，或换乘前往欧洲的中欧班列。近年来，中欧班列不断增加开行数量与范围，通道作用日趋明显。西部陆海新通道班列开行频次、线路不断增加，国内外"朋友圈"不断扩大。西部陆海新通道与中欧班列将东南亚、中亚、欧洲有机联结，使西部陆海新通道沿线地区共享"一带一路"建设释放的红利。同时，"一带一路"倡议鼓励向西开放，进而带动西部地区开发与对外开放，为西部地区经济快速发展，西部陆海新通道整体效率及效益提升带来发展机遇，为西南地区社会、经济高质量发展提供强有力支撑。

二 《区域全面经济伙伴关系协定》（RCEP）

2012 年 11 月 20 日，东盟十国以及中、日、韩、澳、新等 16 国领导

[①] 分别为东兴边境经济合作区、凭祥边境经济合作区。
[②] 分别为畹町边境经济合作区、河口边境经济合作区、瑞丽边境经济合作区、临沧边境经济合作区。
[③] 中老磨憨—磨丁经济合作区。

人，共同发布了《启动〈区域全面经济伙伴关系协定〉（RCEP）谈判的联合声明》，这标志着 RCEP 建设正式启动；自 2013 年 5 月 9 日在文莱举行第一轮谈判开始；至 2020 年，历时 8 年共进行 31 轮正式谈判；于 2020 年 11 月 15 日，15 国[①]共同签署高质量、现代、全面、互惠的世界最大区域自贸协定：《区域全面经济伙伴关系协定》。

由于 RCEP 成员国在经济发展水平、市场规模、经济总量及资源禀赋方面存在较大差异，因此成员国间在供应链、价值链、产业链上存在较强互补性，形成完整多元的区域生产供应网络。RCEP 成员有非常密切的贸易投资及产业转移往来。东盟是 RCEP 核心纽带，东盟国家成为承接跨国投资及全球产业转移最为重要的目的地之一。RCEP 成员国具有较高的对外依存度。各国统计数据显示，2019 年，中国外贸依存度高于 30%，马来西亚外贸依存度是 120%，越南、新加坡两国甚至已超过 200%。成员间具有较好合作传统、机制与理念，RCEP 生效后，在货物贸易方面，最终实行零关税的货物贸易将超过 90%；在服务贸易方面，其开放水平高于区域内当前已有的自贸协定；在投资方面，采用负面清单对渔业、采矿业、林业、农业、制造业五个行业做高水平开放安排。对于自然人移动，主要通过便利签证来促进贸易投资活动开展。RCEP 的签署是东亚区域经济一体化新的里程碑，其生效有利于提高区域开放水平，这不仅为我国构建"双循环"，而且为我国西部陆海新通道沿线节点现代物流业发展提供了重大机遇。这主要体现在以下几个方面。

（一）RCEP 重塑产业链为西部陆海新通道发展提供契机与平台

2019 年东盟成为世界第五大经济体。具有统一的技术标准、检验检疫、海关程序、原产地规则等的实施，以及取消关税、非关税壁垒带来的叠加效应将增强 RCEP 的贸易创造及投资效应，有利于提高区域内部贸易依存度。同时由于东亚有资本与劳动力优势，RCEP 的签署将推动区域

---

① 印度于 2019 年 11 月 4 日宣布不加入。

内生产要素自由流动。全球三分之一以上的投资发生于RCEP国家，由于区域内产品价格与成本的显著降低提高了对FDI的吸引力，有助于中国产业的"走出去"与"引进来"，加快新一轮产业链优化及制造业升级，对区域内产业链进行重塑。这有利于我国加强与RCEP国家的联系，巩固供应链、价值链及产业链在亚洲的核心地位。产业链的重塑与提升离不开现代物流业的发展，产业链的完善和提升需要畅通的物流链。西部陆海新通道是"一带"与"一路"的有机衔接，是我国面向东盟的重要物流通道，其畅通有利于加强我国与东南亚国家的贸易往来。RCEP带来的产业链重塑为西部陆海新通道提供了契机与平台。

（二）RCEP有利于构建国内国际双循环新发展格局，为西部陆海新通道发展提供了机遇

RCEP有利于高质量共建"一带一路"。RCEP成员均与中国签署共建"一带一路"协议，RCEP有利于深化中国同东盟合作，发挥东盟在"一带一路"建设中的核心作用。同时RCEP也有助于中国与新加坡等国在东盟及其他"一带一路"沿线国家进行第三方市场合作。

在消费层面，RCEP的实施将为中国消费者带来更多低价消费品，为居民提供更为丰富高端的商品与服务，扩大国内消费规模，推动消费升级，推进新业态发展，助力国际国内双循环；在产业发展方面，RCEP成员是我国邻近最有潜力与活力的经济体，同我国有十分密切的经贸投资联系。2020年，东盟成为中国最大贸易伙伴，是承接我国产业转移的主要地区。取消或减少关税、非关税壁垒将提升进口、投资，在产业层面将会倒逼制造业企业加大科技创新，以应对激烈的竞争，从而引致区域内资源禀赋在服务与产品竞争中实现二次优化重组，经由区域扩张模式、价值链再造以全面提升产业链，从而加快提高产业集中度。RCEP的实施为我国经济社会稳定长期发展提供了良好的周边环境，通过加强区域内产业链、价值链以及供应链合作来抵御全球风险，助力"双循环"新发展格局，为西部陆海新通道发展提供新机遇。

（三）RCEP 与西部自贸区、自贸港对接，为西部陆海新通道建设带来新的机遇

截至 2020 年 9 月，中国已经建立了 21 个自贸区和海南自贸港。位于西部地区的自贸区或自贸港有 5 个，分别在重庆、四川、广西、云南、新疆等地。RCEP 与中国西部自贸区或自贸港有机结合，为西部地区以及西部陆海新通道建设带来新的机遇。西部地区根据各自比较优势及要素资源禀赋，通过对接 RCEP 区域国家生产要素优势，制定特色更为鲜明的、适宜自身发展的自贸区、自贸港建设规划与方案，并以此带动区域经济更高层次、更高水平发展。如广西、云南自贸试验区通过加强同东盟邻国的生产合作，为西部陆海新通道运行创造了发展机遇。

三　中国—东盟自由贸易区（CAFTA）升级版建设

《中华人民共和国与东南亚国家联盟关于修订〈中国—东盟全面经济合作框架协议〉及项下部分协议的议定书》（简称升级版《议定书》）降低了在投资、服务贸易、贸易通关、原产地规则等领域的限制，升级版《议定书》对所有成员全面生效，自贸区红利得到进一步释放。中国与东盟各国产品存在互补性，升级版《议定书》对通关、原产地等方面的规定为双方贸易带来便利与成本节约。在中国推动贸易自由化、扩大进口以及积极开放市场的背景下，升级版《议定书》为东盟等国产品进入中国市场提供了新助力。

（一）在贸易方面

升级版《议定书》的生效促进了贸易快速增长。2020 年，东盟取代欧盟成为我国第一大贸易伙伴。表 7-1 和表 7-2 是 2020 年和 2021 年 1—4 月中国进出口商品国别（地区）总值。2020 年新冠肺炎疫情给全球经济造成重创，但中国与东盟进出口贸易的各项指标逆势上扬。2020 年中国与东盟进出口 6845.99 亿美元，增长 6.7%，占我国外贸总额的 14.73%。其中进口 3008.76 亿美元，同比增长 6.6%；出口 3837.23 亿美元，同比

增长6.7%。根据表7-2数据，显然，伴随疫情防控态势的向好，中国与东盟的进出口贸易形势复苏，并实现快速增长。2021年1—4月，中国与东盟进出口总额达到2640.25亿美元，同比增长37.2%。其中进口1177.53亿美元，同比增长37.2%，出口1462.72亿美元，同比增长38.8%。

表7-1　　　　　　　　2020年进出口商品国别（地区）总值

单位：亿美元，%

贸易伙伴	进出口	出口	进口	累计比上年同期			贸易差额
				进出口	出口	进口	
总值	46462.57	25906.46	20556.12	1.5	3.6	-1.1	5350.34
亚洲	23865.68	12310.62	11555.06	0.8	0.9	0.8	755.56
文莱	19.02	4.66	14.36	72.5	-28.3	217.1	-9.70
缅甸	188.93	125.51	63.42	1.0	1.9	-0.7	62.09
柬埔寨	95.55	80.57	14.98	1.4	0.9	3.7	65.59
印度尼西亚	783.75	410.05	373.70	-1.7	-10.2	9.5	36.34
老挝	35.58	14.95	20.63	-9.2	-15.2	-4.3	-5.69
马来西亚	1311.61	564.28	747.33	5.7	8.2	3.9	-183.05
菲律宾	611.47	418.40	193.07	0.3	2.6	-4.4	225.33
新加坡	890.94	575.41	315.52	-1.0	5.0	-10.5	259.89
泰国	986.25	505.27	480.98	7.5	10.8	4.2	24.28
越南	1922.89	1138.14	784.75	18.7	16.3	22.4	353.39
非洲	1869.72	1142.25	727.48	-10.5	0.9	-24.1	414.77
欧洲	9075.58	5359.01	3716.57	3.5	7.2	-1.4	1642.44
美国	5867.21	4518.13	1349.08	8.3	7.9	9.8	3169.05
东南亚国家联盟	6845.99	3837.23	3008.76	6.7	6.7	6.6	828.48
欧洲联盟	6495.29	3909.78	2585.51	4.9	6.7	2.3	1324.27
亚太经济合作组织	29971.90	16236.13	13735.77	3.7	4.4	2.9	2500.36

资料来源：海关统计数据。

2020年东盟成为中国最大贸易伙伴。在中国同东盟国家的贸易中，中国与泰国、马来西亚、越南的对外贸易稳步增长，拉动中国同东盟双边贸易增长5.7个百分点。从出口来看，中国对越南、新加坡、马来西亚出口位居东盟各国的前三位。从进口来看，中国从越南、马来西亚、泰国进口位居前三。其中，表7-2是2020年中国对部分国家（地区）出口商品类章金额表，可以看出中国电子制造业同东盟国家联系紧密，集成电路等相关产品贸易规模日益扩大。活跃的集成电路贸易拉动中国同东盟贸易增长3.2个百分点。双方贸易的快速发展为西部陆海新通道运行提供了有力的支持，为西部陆海新通道的运行带来了新的机遇。西部陆海新通道途经越南、老挝、泰国、马来西亚等国家和中国国内的重要物流节点，缩短双方贸易运输时间。在升级版《议定书》的框架下，能更好地发挥中国与东盟国家已有的互联互通的经验，提升中国与东盟国家的互联互通水平；升级版《议定书》也为东盟产品进入中国市场提供了新助力。持续深化的经贸合作，需要有畅通的货物运输通道来支撑区域贸易新格局，这就必须加快西部陆海新通道建设，为中国与东盟各国贸易的快速发展构建更为高效、完善、畅通的区域运输体系；升级版《议定书》为中国与东盟各国贸易快速增长提供了新的动力，其生效后，中国与东盟国家贸易迅速增长，西南地区尤其是西部陆海新通道沿线节点与东盟各国间的运输量与运输需求飞速增长，对提升区域运输系统的服务效率和水平提出了更高要求。

表7-2　　2020年中国对部分国家（地区）出口商品类章金额

单位：亿美元

类章	名称	印度尼西亚	马来西亚	菲律宾	新加坡	泰国	越南	合计
第十六类85章	电机、电气、音像设备及其零配件	83.03	164.10	81.53	152.65	110.29	404.94	1010.64
第十六类84章	核反应堆、锅炉、机械器具及零件	75.52	62.85	36.64	93.92	84.51	120.03	484.51

续表

类章	名称	印度尼西亚	马来西亚	菲律宾	新加坡	泰国	越南	合计
第七类39章	塑料及其制品	18.61	27.43	21.39	20.40	27.66	51.35	171.13
第二十类94章	家具；寝具等；活动房屋；等等	9.94	29.49	14.69	31.99	17.73	25.90	131.45
第十五类73章	钢铁制品	18.91	18.93	21.68	15.82	20.42	27.68	131.14
第五类27章	矿物燃料、矿物油及其蒸馏产品；沥青物质；矿物蜡	5.61	15.80	27.77	51.60	3.26	9.92	116.96
第十五类72章	钢铁	14.42	7.72	21.35	4.10	22.29	28.46	105.53
第十八类90章	光学、照相、电影、计量、检验、医疗或外科用仪器及设备、精密仪器及设备；等等	12.76	16.37	6.12	13.44	11.32	35.51	96.33
合计		238.80	342.69	231.17	383.90	297.48	703.79	2247.70

资料来源：海关统计数据。

（二）在投资方面

2018年以来，美国对中国出口美国的产品加征关税，意在打乱全球已有的产业链、供应链布局，试图通过打破现有的分工来遏制中国对美产品出口增长并降低对中国制造的依赖，这给中国的产业链、供应链布局带来严峻挑战。在此背景下中国必须调整现有的供应链、产业链布局，鼓励本土企业将核心环节留在本国，将中下游生产环节转移至东南亚和周边国家（地区），利用当地丰裕的资源禀赋进行加工生产后出口至美国市场，避免由于中美贸易摩擦产生的负面影响。中方企业对东盟投资额累计超过1000亿美元，中国对东盟出口提高的同时对美出口下降，可能产生市场转移，这可能是为应对中美贸易摩擦,中国对产业链调整后呈现的新动向。见表7-3、表7-4、表7-5和表7-6。

表7-3　　　　　　　　2018年中国对东盟直接投资情况

单位:亿美元,%

序号	行业	金额	同比增长	占比	主要国家
1	制造业	44.97	41.7	32.8	马来西亚、印度尼西亚、越南、新加坡、泰国
2	批发和零售业	34.73	41.8	25.4	新加坡
3	租赁和商务服务业	15.02	-29.9	11.0	新加坡、老挝、印度尼西亚
4	电力、热力、燃气及水的生产和供应业	8.61	36	6.3	印度尼西亚、越南、老挝、马来西亚
5	交通运输、仓储和邮政业	8.26	9	6.0	新加坡、老挝、柬埔寨
6	金融业	7.34	-0.7	5.4	新加坡、泰国、印度尼西亚、菲律宾
7	农、林、牧、渔业	5.87	-5.8	4.3	老挝、新加坡、印度尼西亚
8	建筑业	3.2	-83.1	2.3	柬埔寨、泰国、新加坡、越南
9	房地产业	2.4	-66.2	1.8	新加坡、泰国、老挝

资料来源:根据中华人民共和国商务部统计数据整理而得。

表7-3结果显示,2018年中国对东盟直接投资的前三个行业分别是制造业、批发和零售业、租赁和商务服务业,中国对东盟这三个行业的直接投资总额占总数的69.2%。其中,排名第一的制造业直接投资总额就占总数的32.8%。在国家层面,中国投资最多的国家是印度尼西亚、新加坡、马来西亚和老挝等,对新加坡直接投资的行业范围最广。而根据表7-4结果,2018年中国对东盟投资存量的前三个行业依然是制造业、租赁和商务服务业以及批发和零售业,占比之和为54.1%。不同的是这一数值比2018年中国对东盟国家直接投资的前三个行业占比之和要

小，租赁和商务服务业排名第二。这在一定程度上说明中国加大了对东盟国家制造业、租赁和商务服务业、批发和零售业的直接投资力度，尤其是制造业、批发和零售业。

表 7-4　　　　　　　　2018 年中国对东盟投资存量行业分布

单位：亿美元，%

	行业	金额	占比	主要国家
1	制造业	214.18	20.80	印度尼西亚、马来西亚、越南、泰国、新加坡、柬埔寨、老挝
2	租赁和商务服务业	188.74	18.30	新加坡、印度尼西亚、老挝、柬埔寨、越南、马来西亚
3	批发和零售业	154.3	15.0	新加坡、马来西亚、泰国、印度尼西亚、越南
4	电力、热力、燃气及水的生产和供应业	100.05	9.7	缅甸、新加坡、老挝、印度尼西亚、柬埔寨
5	采矿业	97.63	9.5	新加坡、印度尼西亚、缅甸
6	建筑业	68.77	6.7	新加坡、马来西亚、柬埔寨
7	金融业	56.76	5.5	新加坡、泰国、印度尼西亚、马来西亚
8	农、林、牧、渔业	49.26	4.8	新加坡、老挝、柬埔寨
9	交通运输、仓储和邮政业	8.26	6.0	新加坡、老挝
10	房地产业	31.27	3.1	马来西亚、新加坡、老挝、泰国
11	科学研究和技术服务业	10.77	1.1	新加坡

资料来源：根据中华人民共和国商务部统计数据整理而得。

根据表 7-5 结果，截至 2018 年年末，在东盟十国中，中国对新加坡直接投资存量高达 500.9 亿美元，远远高于其他 9 个国家。其次是印度尼西亚和马来西亚等国，但仅有新加坡和印度尼西亚两个国家的直接投资存量超过 100 亿美元，说明中国对东盟国家的投资还有一定的发展空间。

表 7-5　　2018 年年末中国对东盟十国直接投资存量情况

单位：亿美元

排名	国家	金额
1	新加坡	500.9
2	印度尼西亚	128.1
3	马来西亚	83.9
4	老挝	83.1
5	柬埔寨	59.7
6	泰国	59.5
7	越南	56.1
8	缅甸	46.8
9	菲律宾	8.3
10	文莱	2.2

资料来源：根据中华人民共和国商务部统计数据整理而得。

中国面临的外部环境非常严峻，亟须加强同周边国家投资、贸易合作来建立以区域生产网络为依托的产业链、供应链，这有利于保持并提升中国企业的国际竞争优势，更有助于推动中国经济稳定与高质量发展。升级版《议定书》带来的投资、贸易通关以及原产地规则等限制的降低为中国同东盟国家建立长期稳定的供应链、产业链提供了重要的制度基础支撑。为中国企业在东南亚国家的投资，供应链、产业链的重新布局带来了新的发展机遇。产业转移需要高水平的物流体系作为支撑，中国企业对东盟的投资为西部陆海新通道提供了新的机会。

四　西部大开发

东部沿海地区作为我国对外开放的第二层次，获得了大量资源投入，因此得以快速发展，而西部地区由于历史及地理等原因，在开放程度上大大落后于东部地区。实施西部大开发，不仅能解决区域经济不均衡发展引致的社会、政治、经济等问题，还能够解决中国潜在的地缘关系问题。西部大开发的重点任务主要有贯彻发展新理念、推进高质量发展，不断提升创新发展能力、推动形成现代化产业体系、强化基础设施规划建设，为西部陆海新通道提供了机遇。具体表现在以下几个方面：

（一）大幅提升西部地区经济发展水平及居民收入，为西部陆海新通道运行提供广大消费市场

西部大开发以来，国家与地方采取了一系列提升西部地区经济发展的政策措施，使西部地区经济得以显著提升。国家统计局的数据表明，从2001年到2019年，西部12个省区市的地区生产总值从1.9万亿元上升到20.5万亿元，增长了近10倍。占比由2001年的17.57%上升到2019年的20.86%，提高了3.29个百分点。年均增长率高于全国平均水平，为13.34%。随着西部地区经济的快速增长以及居民收入水平提升，西部地区消费需求得到快速上升。

恩格尔系数指食物支出在家庭支出中所占的比重，也是国际上常用于度量居民生活水平的重要指标。系数越大，表明一国（地区）或家庭收入越低，反之则越高。从表7-6中可以看出，自实施西部大开发战略以来，西部地区各省区市城镇居民恩格尔系数下降趋势明显。广西由2001年的37.7%下降到2019年的30.46%，下降了7.24个百分点。下降幅度最大的是云南和贵州，分别下降了13个百分点、12.58个百分点。截至2019年，西部各省区市恩格尔系数超过30%的仅剩下广西、重庆、四川、西藏。宁夏是西部地区城镇居民恩格尔系数最小的城市，为24.25%，其次是四川、重庆及广西。恩格尔系数最大的是西藏，为37.77%，而在2008年，西藏的恩格尔系数曾高达51.2%。这些数据表明，西部大开发迅速提升了西部地区城镇居民生活水平，从而降低了食品支出占消费支出的比重。

表7-6 西部地区各省区市历年城镇居民恩格尔系数

单位：%

年份	内蒙古	广西	重庆	四川	贵州	云南	西藏	陕西	甘肃	青海	宁夏	新疆
2001	33.9	37.7	39.9	40.23	40.9	40.1	43.8	34.3	36.43	38.1	34	34.8
2002	31.5	40.7	36.8	39.83	38.9	41.6	40.8	34.1	34.12	35.7	34.8	33.9
2003	31.5	40	36.2	38.91	39.8	41.61	44.04	34.6	34.49	36.8	36.01	35.9
2004	32.6	44	35.4	40.2	41.14	42.4	46	35.9	35.23	35.7	37.04	36.1
2005	31.4296	42.5	33.8	39.3206	39.9121	42.8341	44.5	36.1	33.74	36.3053	34.8	36.4
2006	30.31	42.1	33.4	37.72	38.7	42.04	50.2	34.3	32.03	36.24	33.93	35.5
2007	30.4	41.7	33.9	41.2	40.3	45	50.9	36.4	33.02	37.32	35.3	35.1
2008	32.82	42.4	35.6	44	43.1	47.1	51.2134	36.7	34.86	40.5	35.1	37.3242
2009	30.5	39.9	33.6	40.5	41.51	43.7	50.7	37.3	34.33	40.4	33.4	36.3
2010	30.1	38.1	33	39.5	39.9	41.5	50.0497	37.1	33.55	39.4	33.2446	36.234
2011	31.3	39.5	34.5	40.7	40.2	39.2084	49.9	36.6	32.83	38.9	34.8	38.3251
2012	30.84	39	36.7	40.4	39.7	39.4	49.3341	36.2014	31.06	37.8036	33.901	37.7123
2013	31.7	37.9	40.7	34.88	35.9	37.88	48.15	36.43	31.04	35.3	32	35.01
2014	28.74	35.18	34.51	34.93	31.53	30.66	39.35	27.36	31.14	29.89	27.85	31.27
2015	28.39	34.37	33.57	35.19	31.23	30.25	42.52	27.87	30.63	28.66	25.72	30.67
2016	28.34	34.38	32.73	34.46	31.30	29.69	44.89	27.99	29.57	28.66	24.01	29.11
2017	27.37	33.24	32.10	33.33	30.68	28.96	43.88	28.44	29.20	28.23	24.49	27.90
2018	26.94	30.66	31.45	32.24	26.96	27.03	38.97	26.99	28.71	27.62	24.45	28.52
2019	26.35	30.46	31.16	32.64	28.32	27.10	37.77	27.12	28.61	29.01	24.25	29.00

资料来源：国家统计局。

从表7-7的数据可以看出，西部大开发大幅提升了西部地区农村居民生活水平。主要体现在农村居民恩格尔系数均下降了两位数，下降幅度最大的是贵州省，由2001年的60.03%下降到2019年的27.07%，下降了32.96个百分点。其次是西藏的31.01%和云南的25.68%。结合表7-6和表7-7数据，西部地区城镇及农村居民恩格尔系数大幅下降，人民生活水平和家庭收入大幅提升。同时数据显示，2019年西部城镇和农村居民的人均可支配收入达到3.5万元和1.3万元，为2001年的7.8倍、6.5倍。西部地区居民可支配收入的大幅提升扩大了西部地区的消费市场，提升了西部地区的经济实力，这为西部陆海新通道运行提供了广大的消费市场及发展机遇。

表7-7　　西部地区各省区市历年农村居民恩格尔系数

单位：%

年份	内蒙古	广西	重庆	四川	贵州	云南	西藏	陕西	甘肃	青海	宁夏	新疆
2001	43.7	52.3	52.7	54.7	60.03	57.5	66.7	41.9	45.16	52.4	46.9	50.4
2002	43.4	51.9	53.9	53.9	58.14	55.92	63.8	37.9	44.85	48.9	44.6	49
2003	45.3	51.3	50.1	53.9	56.93	53	65.1	39.3	42.3	49.6	41.5	45.5
2004	42.7	54.3	53.3	55.72	58.2	54	57.5	42.42	46.14	48.53	42	45.2
2005	45.14	50.5	49.5	54.72	52.81	54.54	60.3	42.9	44.92	45.21	44.05	41.8
2006	39	49.5	48.8	50.8	51.53	48.8	53	39	44.41	44.16	41.4	39.9
2007	39.3	50.2	50.9	52.3	52.2	46.5	48.7	36.8	44.54	44.4	40.3	39.9
2008	41.01	53.4	49.2	52.03	51.7	49.6	52.44	37.45	44.77	43.64	41.63	42.6
2009	39.8	48.7	44.4	42	45.2	48.2	49.7	35.1	38.88	38.1	41.7	41.6
2010	37.55	48.5	42.9	48.3	46.3	47.21	49.71	34.25	42.07	39.6	38.42	40.32
2011	37.53	43.8	41.5	46.24	47.7	47.1	50.51	30	39.66	37.83	37.3	36.14
2012	37.3	42.8	38.9	46.85	44.6	45.61	53.65	29.72	37.13	34.81	35.34	36.1
2013	35.54	40	43.8	40.03	43	44.22	54.25	31.82	34.47	30.9	34.4	33.86
2014	30.5	36.9	40.5	39.7	37.2	35.6	52.6	29.1	34.9	31.9	29.9	34.5
2015	29.4	35.4	40.0	39.1	34.2	36.4	52.2	27.8	32.9	29.9	29.1	34.1
2016	29.3	34.5	38.7	38.1	30.8	35.3	52.4	26.9	31.3	29.4	26.5	31.7
2017	27.8	32.2	36.5	37.2	30.2	32.5	49.1	26.0	30.4	29.7	25.3	30.6
2018	27.5	30.1	34.9	35.8	28.3	29.5	36.1	25.6	29.7	29.5	27.3	30.0
2019	27.28	30.91	34.89	34.71	27.07	31.82	35.69	25.90	29.16	29.73	27.43	28.97

资料来源：国家统计局。

（二）西部大开发强化西部地区基础设施规划，为西部陆海新通道建设畅通提供更为完善的交通基础设施

在交通基础设施建设方面，西部大开发重点提升西部地区通达度、通畅性和均等化水平，强化建设连通东西和南北运输通道，拓展区域开发轴线。加强重大工程规划建设，推动航空枢纽及跨区域高速公路通道建设。截至2019年年底，西部地区交通网络持续拓展，空间可达性得到大幅度提升。以铁路建设为例，西部地区营业里程达到5.6万千米，其中高铁的营业里程为9630千米。西部多数省会已同70个城市实现高铁连通。此外，国家发改委在西部地区选取部分城市作为第二批共建综合交通枢纽示范城市，并与多个省区市①签订合作框架协议，协同推进西部的综合交通枢纽示范城市建设。

（三）西部地区基本形成现代产业体系，破解西部发展的不平衡、不充分，有利于促进区域协调发展

根据西部地区的比较优势，目前已建成一批涉及战略性新兴产业、装备制造业、能源、资源深加工等的国家重要基地，推动健康养生、大数据、旅游文创等新业态繁荣发展，持续推动西部地区新旧动能转换。近年来西部地区内部出现分化，内部差距有所扩大。推进西部大开发就是要解决区域发展不平衡、不充分等问题，有效发挥西部的比较优势，缩小区域间人均收入水平及经济发展差距，使其维持在合理范围，经济发展水平、人民生活水平、基础设施通达程度等方面达到一般均衡的状态。

西部大开发构建西部地区现代化产业体系，为西部陆海新通道建设提供了科技及产业基础。一直以来，西部地区虽然在产业发展及科研等方面具有一定基础，但是自主创新能力还较弱，重化工业以及传统产业占比过高，现代服务业发展缓慢，生产方式较为落后，主要依赖不可持续的粗放式、外延式的经济增长方式。西部大开发在充分发挥西部地区具有特色资源优势的基础上，培育先进制造业和战略性新兴产业；同时对传统产业进行改造提升、转型升级，加快现代服务业发展。充分发挥西部特色与优势，打造支柱产业，强化产业集群发展进而构建具有鲜明

---

① 这些省区市包括重庆、云南及昆明、四川及成都、新疆及乌鲁木齐。

(四) 西部地区积极发展外向型经济，为西部陆海新通道建设奠定良好的经贸合作基础

西部大开发促进了我国陆海内外联动和东西双向互济，为西部陆海新通道建设提供了机遇。除去历史及地理因素，西部地区在营商环境、思想观念、规则标准、基础设施等方面都较为落后，严重制约着西部地区经济的发展。西部大开发前后，西部地区对外贸易在全国所占比重较低，仅为0.3%—0.4%。西部地区应紧抓西部大开发战略机遇，推动西部地区融入"一带一路"倡议及西部陆海新通道等国家重大区域性战略，发展高质量的外向型经济；参与国内外价值链、产业链、供应链，积极融入全球经济体系。截至2019年年末，西部地区外贸占比为2.34%，比2000年高了2个百分点（见表7-8）。

表7-8　　　　　西部地区对外贸易在全国所占比重情况

单位：%

年份	内蒙古	广西	重庆	四川	贵州	云南	西藏	陕西	甘肃	青海	宁夏	新疆	合计
1995	0.03	0.09	—	0.10	0.02	0.06	0.01	0.05	0.02	0.00	0.01	0.03	0.40
1996	0.03	0.06	—	0.11	0.01	0.05	0.01	0.05	0.01	0.00	0.01	0.03	0.34
1997	0.03	0.07	0.04	0.05	0.02	0.04	0.00	0.04	0.01	0.00	0.01	0.03	0.35
1998	0.02	0.06	0.03	0.05	0.01	0.04	0.00	0.04	0.01	0.00	0.01	0.04	0.34
1999	0.03	0.04	0.03	0.06	0.01	0.03	0.00	0.05	0.01	0.00	0.01	0.04	0.31
2000	0.05	0.04	0.03	0.05	0.01	0.03	0.00	0.03	0.01	0.00	0.01	0.04	0.30
2001	0.03	0.03	0.03	0.05	0.01	0.03	0.00	0.03	0.01	0.01	0.01	0.03	0.27
2002	0.03	0.03	0.03	0.06	0.01	0.03	0.00	0.02	0.01	0.01	0.01	0.04	0.27
2003	0.03	0.03	0.03	0.05	0.01	0.03	0.00	0.02	0.01	0.01	0.01	0.05	0.27
2004	0.03	0.03	0.03	0.05	0.01	0.03	0.00	0.02	0.01	0.01	0.01	0.04	0.26
2005	0.03	0.04	0.03	0.06	0.01	0.03	0.00	0.03	0.02	0.01	0.01	0.06	0.32
2006	0.04	0.05	0.04	0.08	0.01	0.04	0.00	0.03	0.03	0.01	0.01	0.06	0.40

续表

年份	内蒙古	广西	重庆	四川	贵州	云南	西藏	陕西	甘肃	青海	宁夏	新疆	合计
2007	0.05	0.06	0.05	0.09	0.01	0.06	0.00	0.05	0.04	0.00	0.01	0.09	0.52
2008	0.05	0.08	0.06	0.13	0.02	0.06	0.00	0.05	0.04	0.00	0.01	0.13	0.64
2009	0.04	0.08	0.05	0.14	0.01	0.05	0.00	0.05	0.02	0.00	0.01	0.08	0.54
2010	0.05	0.10	0.07	0.19	0.02	0.08	0.00	0.07	0.04	0.00	0.01	0.10	0.75
2011	0.07	0.13	0.16	0.27	0.03	0.09	0.01	0.08	0.05	0.01	0.01	0.13	1.03
2012	0.06	0.16	0.29	0.32	0.04	0.11	0.02	0.08	0.05	0.01	0.01	0.14	1.29
2013	0.06	0.18	0.37	0.35	0.04	0.14	0.02	0.11	0.05	0.01	0.01	0.15	1.49
2014	0.08	0.22	0.51	0.37	0.06	0.16	0.01	0.15	0.05	0.01	0.03	0.15	1.78
2015	0.07	0.28	0.40	0.28	0.07	0.13	0.00	0.16	0.05	0.01	0.01	0.11	1.57
2016	0.07	0.27	0.36	0.28	0.07	0.11	0.00	0.17	0.04	0.01	0.00	0.10	1.48
2017	0.08	0.34	0.39	0.40	0.05	0.14	0.01	0.24	0.00	0.00	0.03	0.12	1.81
2018	0.09	0.36	0.45	0.52	0.04	0.17	0.00	0.31	0.03	0.00	0.02	0.11	2.11
2019	0.10	0.41	0.50	0.59	0.04	0.20	0.00	0.30	0.03	0.00	0.02	0.14	2.34

资料来源：根据国家统计局网站数据计算整理而得。

表7-9反映了西部地区各省区市外贸依存度的整体情况。其中，重庆的外贸依存度最高，从1997年的0.09上升到2019年的0.25；其次是广西和四川的0.22和0.15。自2017年开始，青海、贵州、西藏和甘肃始终保持着较低的外贸依存度。在外贸依存度增长速度方面，重庆的外贸依存度增长最快，从1997年的0.09增加到2014年的0.4；此后受全球市场需求的影响，自2015年开始外贸依存度有所下滑，但其外贸依存度均高于0.2。整体而言，西部大开发以来，西部地区对外贸易得到一定的发展，但还有很大的发展空间。要继续发挥沿交通干线、沿海、沿江等区位优势，做好人员、货物畅通，进一步加强国内外的经贸往来，构建西部多层次的开放体系。西部大开发为西部陆海新通道奠定了经济发展、交通基础设施、产业升级等基础，西部陆海新通道也推动了西部地区开放型经济的发展。

表 7-9　　　　　1995—2019 年西部地区各省区市外贸依存度情况

年份 地区	内蒙古	广西	重庆	四川	贵州	云南	西藏	陕西	甘肃	青海	宁夏	新疆
1995	0.10	0.17	—	0.12	0.09	0.15	0.32	0.14	0.09	0.08	0.10	0.12
1996	0.09	0.10	—	0.11	0.06	0.10	0.23	0.12	0.05	0.06	0.08	0.09
1997	0.08	0.13	0.09	0.05	0.06	0.08	0.19	0.11	0.05	0.05	0.08	0.09
1998	0.06	0.10	0.05	0.05	0.06	0.07	0.11	0.12	0.04	0.04	0.08	0.11
1999	0.08	0.07	0.06	0.06	0.05	0.06	0.13	0.10	0.04	0.04	0.10	0.13
2000	0.14	0.08	0.08	0.05	0.05	0.07	0.09	0.10	0.04	0.05	0.12	0.14
2001	0.10	0.07	0.06	0.06	0.06	0.08	0.06	0.08	0.06	0.06	0.13	0.10
2002	0.10	0.08	0.07	0.08	0.05	0.08	0.07	0.08	0.06	0.05	0.10	0.14
2003	0.10	0.09	0.08	0.09	0.08	0.07	0.08	0.09	0.08	0.07	0.12	0.21
2004	0.10	0.11	0.10	0.09	0.08	0.08	0.08	0.10	0.08	0.11	0.14	0.21
2005	0.11	0.11	0.10	0.09	0.06	0.11	0.07	0.10	0.12	0.07	0.14	0.26
2006	0.11	0.12	0.11	0.10	0.06	0.12	0.09	0.14	0.09	0.17	0.25	
2007	0.11	0.13	0.12	0.10	0.06	0.13	0.09	0.09	0.16	0.06	0.14	0.30
2008	0.10	0.13	0.14	0.11	0.12	0.11	0.13	0.08	0.14	0.05	0.11	0.37
2009	0.07	0.14	0.08	0.12	0.04	0.08	0.06	0.09	0.08	0.04	0.06	0.22
2010	0.07	0.14	0.10	0.13	0.05	0.12	0.11	0.08	0.13	0.05	0.08	0.22
2011	0.08	0.15	0.19	0.16	0.06	0.11	0.14	0.08	0.12	0.04	0.08	0.23
2012	0.07	0.16	0.29	0.16	0.06	0.12	0.30	0.07	0.10	0.05	0.07	0.21
2013	0.07	0.16	0.33	0.15	0.06	0.12	0.25	0.08	0.11	0.05	0.09	0.20
2014	0.07	0.18	0.40	0.15	0.07	0.13	0.15	0.10	0.08	0.06	0.13	0.18
2015	0.06	0.22	0.29	0.11	0.05	0.10	0.05	0.11	0.08	0.06	0.09	0.13
2016	0.06	0.20	0.23	0.10	0.03	0.08	0.04	0.13	0.07	0.04	0.08	0.12
2017	0.06	0.22	0.22	0.12	0.04	0.09	0.04	0.13	0.04	0.02	0.11	0.12
2018	0.06	0.21	0.24	0.14	0.03	0.09	0.03	0.15	0.05	0.02	0.07	0.10
2019	0.06	0.22	0.25	0.15	0.03	0.10	0.03	0.14	0.04	0.01	0.06	0.12

资料来源：笔者根据国家统计局网站数据计算整理而得。

五　双循环为西部陆海新通道建设带来机遇

2020 年 5 月 14 日，中共中央政治局常委会会议首次提出深化供给侧结构性改革，充分发挥我国超大规模市场优势和内需潜力，构建国内国际双循环相互促进的新发展格局。此后"双循环"新发展格局在多次重要会议中被提及，更是我国经济发展的重要方向和抓手，在新冠肺炎疫情冲击和外部环境震荡的大背景下，"双循环"新发展格局的提出对于我国经济发展有着重要意义，同时也给西部陆海新通道建设带来了前所未有的机遇。

（一）建设新时代物流体系，迎接西部物流业发展新机遇

在中央提出要建立以国内大循环为主的国内国际双循环发展格局背景下，物流业迎来了前所未有的发展机遇。2018年，我国年快递量就已超过400亿件，成为全世界物流第一大国。2020年，全国社会物流总额达300.1万亿元，按可比价格计算同比增长3.5%，物流总费用则达到了14.9万亿元，同比增长2.0%。可以说，目前我国的物流业体量已经较为庞大，我国已是物流大国（见图7-1）。

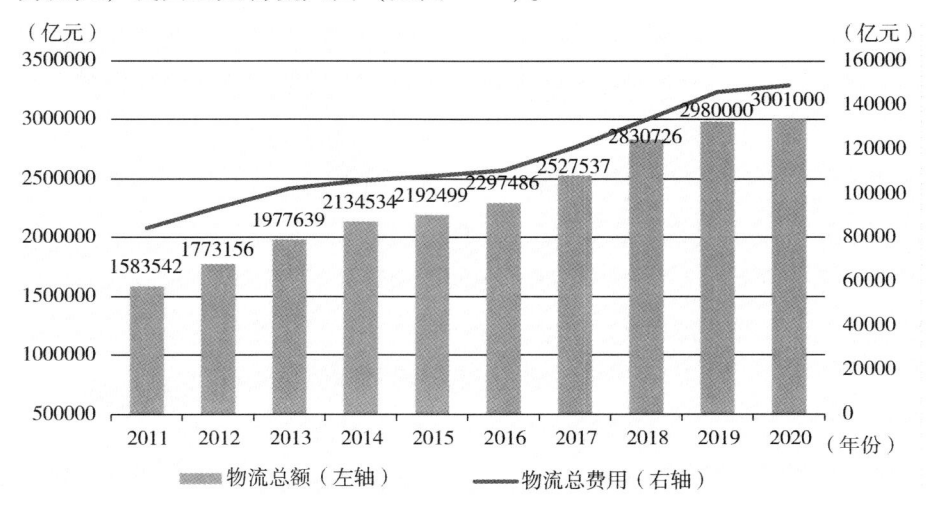

图7-1 全国物流总额及物流总费用

资料来源：Wind。

然而，目前我国物流体系仍然存在大而不强、全球连接能力弱、现代化程度不高以及物流成本偏高、质量效益不佳等问题，同时我国物流体系的中高端、体系化、集约式物流服务与供应链服务发展水平仍然不高（魏际刚，2019），特别是西部地区物流体系的发展水平与东部沿海地区的物流体系发展水平之间具有较大的差距，这直接导致了作为我国基础服务体系的现有物流体系无法实现高效、便捷、低成本运作，我国距离物流强国仍然有一定差距。在我国迈向社会主义现代化强国的关键时期，亟须建设与经济发展相适应的新时代高效物流体系，对我国经济高质量、可持续发展提供有效支撑作用。

上述问题的解决不仅依赖于我国整体经济水平的提高，更依赖于政府及社会各界对于全国一体化、现代化物流体系构建的重视及投入，认识到在经济新常态下，高效便捷的一体化、现代化物流运输体系对我国经济发展乃至社会运行的重要积极作用。

以国内大循环为主的国内国际双循环发展格局的提出能够有效提高各级政府以及社会各界对现代化物流体系建设的重视程度，特别是作为双循环突出"堵点"的西部地区物流体系发展程度不高、运输网络不完善问题将会被重点关注。在此背景下，预计中央及西部地区各级政府将会加大对西部地区物流业发展建设的投入力度，通过财政直接支持、政策引导民间资本流入等手段，大力扶持西部地区建设新时代的现代化物流体系。作为西部地区内部现代化物流及运输体系构建的重要载体以及西部地区对接国内其他地区进而融入全国一体化、现代化物流体系的重要手段，西部陆海新通道的建设将会是各级政府落实推进双循环发展工作的重要抓手，更是新时代物流体系的重要组成部分。因此，西部陆海新通道作为西部地区互联互通，与广东西部、海南等地区直接相连的西部重点发展项目，预计将会承接大部分的财政投入以及民间资本。双循环新发展格局的提出预计能够直接从资金上、政治环境上对西部陆海新通道的建设产生推动作用。

（二）破除区域要素流通壁垒，助力新通道沿线紧密融合

长期以来，我国都存在着区域之间要素流动不顺畅的问题，王曙光和郭凯（2021）认为我国要素流动需要用市场化手段驱动，要素配置市场化是畅通经济循环的重要途径。然而，我国内部存在着较为严重的区域内、区域间分化问题，特别是西部地区因为基础设施发展水平问题，无法实现

要素的内部高效流通并与我国其他地区形成对流（龙少波等，2021）。

"十三五"规划实施以来，我国采取了多种举措破除要素区域间流通壁垒问题，例如2017年国家发改委、环境保护部、国土资源部等八部委联合印发《关于支持"飞地经济"发展的指导意见》，该文件明确提出要鼓励各区域开展跨区域深度合作，实现要素的跨区域联动和高效配置。而双循环发展格局则全方位地对跨区域的要素流动提出了更高的要求，对于消除跨区域要素流动面临的政府协调、市场发展水平差异等壁垒有积极意义。

西部陆海新通道作为贯穿西部地区的重要物理通道，承担着在西部地区内部以及西部地区向外进行要素交流的责任。自西部陆海新通道建设以来，受限于各区域之间要素流动存在较高的壁垒，西部陆海新通道的顺畅运行也遇到了较大的阻碍：一方面，西部地区内部的分化使得各区域之间经济及贸易方面合作难度较大，西部陆海新通道无法真正落地；另一方面，我国先进生产要素以及商品一般向东部沿海地区集聚，西部地区市场开放程度及发展水平较低的缺陷使得市场机制下要素不会自发流向西部地区，生产要素特别是先进生产要素的缺乏阻碍了西部地区产业的升级，进一步导致了西部陆海新通道沿线地区无法有效实现产业跨区域协同发展。

因此，双循环新发展格局的提出一方面会从政府层面，促进沿线各区域进行经贸合作，通过推动西部地区内部或者西部地区与发达地区的合作，充分发挥"飞地经济"模式的带动作用，打破西部地区内部、西部地区对外的要素流动的壁垒；另一方面，双循环的提出也能够通过非市场手段促使要素更多地在国内进行循环，国内大循环的推进也会给西部地区获取先进生产要素、进行产业升级进而发展以西部为支点的贸易带来前所未有的机遇。

（三）激发国内市场活力，展现新通道建设效应

改革开放以来，中国抓住了国际产业分工转移的机遇，成为世界第二大经济体、第一大贸易国和制造业大国，以外循环为主、以外促内、培育壮大国内市场的目的已经基本实现。其间，中国外贸依存度从改革开放前的不足10%一度攀升到2007年的66%。2008年国际金融危机后，

由于外需萎缩、贸易保护主义抬头、新冠肺炎疫情冲击以及国内相关要素成本上升等原因，中国对外贸易格局逐渐转变，中国外贸依存度呈现逐步下降趋势，已由2016年的64.2%下降到2019年的31.8%。内需的贡献逐步上升，消费对经济的基础性作用不断增强和巩固。

在此背景下，中央提出的以国内大循环为主的国内国际双循环新发展格局旨在进一步推动全国统一大市场形成以及高效运作，充分释放国内市场潜力，发挥内需对经济的拉动作用，各省区市政府也积极响应，将发展重心从外贸转向内贸。

双循环的提出意味着我国的供给侧结构性改革将会在地区层面进一步推进以形成国内畅通的要素循环，国内市场消费潜力也将会进一步释放，特别是长期落后于东部地区的西部地区，其作为双循环的一大"堵点"，进一步实现西部地区市场开放将会是各级政府关注的重点内容。在政策大力扶持的同时，西部陆海新通道在时空上能够缩小西部地区到东南亚地区、西部地区到广东与海南地区的距离，也与双循环的推进目标高度契合，提振内需将会放大西部陆海新通道作为现代化交通运输通道的经济效益，充分发挥我国其他地区市场对西部地区市场的带动作用并加快西部地区对外开放的步伐，调整对外贸易、国内贸易结构，实现高效率的、现代化的全国统一大市场，助力我国各地区经济协调发展。

第二节 西部陆海新通道沿线节点现代物流业协同发展障碍

一 缺乏行之有效的西部陆海新通道沿线节点现代物流业协调发展机制

（一）国家级、各物流节点省级协调机制

1. 在国家级协调机制方面

西部陆海新通道主要强化同西北地区综合运输通道、丝绸之路经济

带及长江经济带的衔接。2019年我国出台《西部陆海新通道总体规划》，确定了西部陆海新通道建设总体规划。但是由于缺乏系统详细的执行计划，沿线各省区市物流业尚未形成成熟的配合机制，相关部门及企业间尚未建立联动协调机制，如在铁海联运方面，由于铁路运输部门与海关数据不对接，铁路运达时间无法共享，造成货物滞留时间较长，且铁路、海关需分别填报信息，部门间信息系统未打通，影响了运行效率，从而增加了物流成本。同时，西部陆海新通道更多的是面向国际市场，而物流需要经过通关、报检、退税、运输、配送等一系列环节。所以，这就要求各沿线省区市、部门和企业提高协调效率，确保西部陆海新通道发挥良好的地缘优势，以利于西部陆海新通道沿线省区市对外开放合作。因此在统筹西部陆海新通道物流节点发展方面，需建立并完善国家级协调机制。2021年3月，重庆市代表团向十三届全国人大四次会议提交建议，其中建议在国家层面进一步健全省部际联席会议制度，在省际层面进一步支持重庆依托"13+1"省际协商合作机制，发挥西部陆海新通道物流和运营组织中心统筹协调作用。

2. 在省级协调机制方面

在各物流节点合作机制方面，目前已于2019年和2021年分别在成都和云南举行助推西部陆海新通道建设座谈会，并于2020年在重庆召开西部陆海新通道第一次省部际联席会议，由重庆牵头进一步深化"13+1"省际协商合作机制。

但是由于西部陆海新通道各物流节点经济发展水平有所差异，产生非对称性共生现象，在体制、机制创新过程中容易导致相关部门职能范围重复交叉、监管空白。具体举例，对于广西、云南、贵州、重庆、四川和甘肃的铁海联运线路，需途经门、站、港等多个运输环节，其中报关、清关、两端接取送达等方面均需各物流节点相关部门协调配合，但由于相关联运指导意见的缺失，装卸、检验、监管等部门有待进一步划分职能，完善协同发展机制，并与国际级协调级机制相配合。

西部地区内部协调机制的缺乏也会影响西部陆海新通道建设资源的

配置，进而影响西部陆海新通道的建设效率和质量。各省区市物流领域可能存在不同程度的重复执法、不合规之处，因此各物流节点负责协调西部陆海新通道建设事宜的部门也需进一步协商规划，以确保各参与主体的建设效率和新通道的应用情况。

（二）缺乏物流行业中介组织

物流是支撑商贸流通乃至国民经济的重要基础行业，其现代化有利于降低流通成本，推动经济发展，提升运行效率。而物流行业高质量发展有赖于民间行业中介组织发挥政企沟通的桥梁作用，促使企业参政议政，形成良性的协调机制。

目前西部陆海新通道沿线省区市尚未建立跨区域的物流行业协会等中介组织协，不能协调解决物流企业发展中的具体问题，阻碍现代化物流体系的构建。一方面，现有物流中介组织存在制度规范不明确、管理模式落后等问题，无法形成物流集聚效应，妨碍通道物流业专业化、社会化水平提升。另一方面，西部陆海新通道企业"走出去"的战略对物流行业中介组织提出了较高的发展要求。由于沿线节点跨地区的行业中介组织不健全，企业走出去路径不够畅通，影响企业联盟借助行业协会等中介组织的力量与国内外政府、商会、协会对接联系，无法进一步加强对外交流及学习合作。

二 现代物流业的信息化和标准化进程相对滞后

（一）现代物流业信息化进程滞后

西部陆海新通道是覆盖西部重点省区市的国际通道，物流业发展是发挥通道作用的重中之重。而现代物流业的发展及物流运输枢纽建设以物流的信息化和标准化为基本前提，从而提高物流组织效率。

国家发改委印发的《西部陆海新通道总体规划》（以下简称《规划》），明确提出要"着力打造国际性综合交通枢纽，充分发挥重庆位于'一带一路'和长江经济带交汇点的区域优势，建设通道物流和运营组织中心"。西部陆海新通道物流和运营组织中心（以下称中心）除了负责推进通道建设的日常工作外，还负责通道公共信息平台建设。规划强调，通道公共信息平台主要依靠重庆运营组织中心，并联合其他节点，统筹海关、水运以及铁路等部门的公共服务、管理等信息资源。目前陆海新通道运营有限公司（以下称公司）已于 2020 年 11 月 17 日在重庆正式成立，其按照"统一品牌、统一规则、统一运作"来统筹并推动通道运营。公司目前已在渝、黔、宁、陇、新等地成立区域公司。

然而目前西部陆海新通道沿线节点均有自己的物流运营平台，且各节点内部也存在许多分散的私人运营信息平台，尚未形成统一公开的公共信息和市场信息平台。根据 2019 年中物联发布的数据，全国 50 强物流企业总部分布于 18 个省区市，其中属于西部陆海新通道物流节点的企业仅有 6 家，在西部陆海新通道建设物流节点中仅有山西、四川、重庆及云南拥有全国 50 强物流企业，因此西部陆海新通道现有大型物流运营平台数量还不够多、覆盖面还不够广。且针对既有物流平台内部信息化问题，一方面，由于多数平台运营的信息管理水平较为落后，能提供完整服务的企业少，信息化进程缓慢，平台间信息不能共享，各物流节点商品物流信息数据库也尚未成形，影响物流体系的运作效率。另一方面，各地的运营平台之间存在竞争激烈、协同性较弱等问题，难以提升通道的综合竞争力。总体而言，由于中心及公司成立时间较短，其协调物流的能力及运营基础还有待进一步加强，目前现代物流业信息化进程的相对滞后制约了西部陆海新通道的建设与发展。

（二）现代物流业标准化进程滞后

西部陆海新通道沿线节点现代物流业尚未实现标准化建设，各项标准统一的滞后影响信息联动，进而阻碍智慧物流系统建设进程。就现实情况而言，第一，国内现有物流标准包括技术标准、信息标准、管理标准和服务标准等的推广应用十分缓慢。部分物流标准之间互认程度低，流通成本增加，且大多数标准未发挥作用，仅作为指导意见施行。第二，沿线省区市物流标准制定伊始仅从自身角度出发，缺乏基于西部陆海新通道整个范围的政策配合。其系统性的欠缺致使标准兼容性在运输方式和地区间降低，阻碍物流活动有效衔接和集装运输、多式联运的发展。第三，国内现有物流标准与国际标准存在差距，将影响西部陆海新通道沿线省区市企业的走出去。现代物流业标准化在托盘标准化、市场供需标准化等重点环节存在瓶颈，其与国际标准的不统一、不兼容将影响国际物流中转，极大限度地降低运输效率，增大物流成本，但要使沿线省区市物流业标准对标国际仍有较高的革新难度。为了使西部陆海新通道物流系统运行效率提高并降低成本，促进相应物流标准化水平提升十分关键，其通过推动沿线省区市物流产业园区、基地中信息的共享，助力西部陆海新通道物流信息平台开发。

三 区域交通和产业布局不合理影响交通、物流、商贸联动

《规划》强调"着力加快通道和物流设施建设，大力提升运输能力和物流发展质量效率，深化国际经济贸易合作，促进交通、物流、商贸、产业深度融合，打造交通便捷、物流高效、贸易便利、产业繁荣、机制科学、具有较强竞争力的西部陆海新通道，为推动西部地区高质量发展、建设现代化经济体系提供有力支撑"，以"全链条、大平台、新业态"为指引，汇聚物流、商贸、资金等资源，创新"物流+贸易+产业"发展模式，将通道建设成为集物流、经济、交通深度为一体的重要平台。这就要求在政府统筹规划下，科学、合理布局交通、物流、三次产业。当前西部陆海新通道沿线省区市在交通构建和产业合作上缺乏统筹规划，交通领域铁路干线运力不足、公路尚未全面贯通、港口专业化程度低，通达性有待进一步提高；产业方面尚未形成规模，合作意向多、项目落地少，创新协同项目略显不足，贸易便利水平有待提升。

（一）交通基础建设存在短板

1. 铁路方面

近年来，随着中国与东盟经贸合作日益深化，通道建设不断完善。

但由于沿线铁路的运力趋向饱和，无法满足沿线运输需求。同时由于西南地区铁路主干道存在建设早、标准低等问题，虽历经多次改造仍无法满足当前运输需求。且部分主要铁路线路属于单行线，如钦北、南防及南昆等。重庆至北部湾需绕行湖南怀化，成都到钦州港则需绕行麻尾，由于绕行时间较长，难以吸引例如生鲜等企业选择新通道来运输货物。南防线虽然经过改造，但时速仍仅为80km/h。而东向的支线在贵柳段已满负荷运行，需进一步扩能。成昆线正在扩能，短期内无法便利通行至中南半岛。云南通行至中南半岛的中老铁路建设于2021年12月3日开通。为了提升干线铁路运输能力，如不对干线铁路进行扩能改造，将制约西部陆海新通道的通畅。

由于铁路干线运力不足，制约着物流畅通运行，需尽快建成渝怀铁路二线，并启动渝贵高铁、广涪柳铁路建设，加快打造重庆—柳州—北部湾出海口铁路便捷通道。充分释放渝贵铁路的运输能力，提升重庆—贵阳—北部湾的通道运力水平。

2. 公路方面

公路建设上，我国主要通过干线公路的对接以及线路互通来打通广西的东兴、凭祥以及云南的磨憨、龙邦等地区同越南、缅甸、老挝及新加坡公路快捷通道。虽然已基本建成西部陆海新通道高速公路网络，但在跨境公路的南向线路上，越南及老挝二级三级公路较多，且存在路段衔接不通畅等问题，严重制约着西部陆海新通道的连通。在西部地区公路运输网络方面，由于尚未对渝湘、渝黔等高速路的复线进行建设及扩能改造，亟须全面打通西部陆海新通道在主要公路上的瓶颈路段，以扩大新通道的辐射范围。

3. 港口方面

在港口建设方面，作为西南地区的重要出海口，北部湾港大型专业化泊位少，目前20万吨以上的泊位仅占2%，且在港口集疏运的"最后一公里"仍不通畅，码头吞吐能力与东部地区港口相比还存在较大差距。与此同时，北部湾三大港之间信息系统相互独立，且码头运营系统（TOS）

与设备控制系统（ECS）相互分离。由于北部湾港没有建成统一的物流信息平台，没有实现信息实时共享，导致通关效率低下。

（二）产业布局不合理

1. 产业存在雷同性

由于西部陆海新通道沿线节点大多数具有资源优势，资源型产业在经济中的占比较高。除文化等具有明显地域特色的产业外，其他产业具有较强的相似性，因此具有较强的竞争性。比如：重庆、四川的资源型产业、装备制造业、高新技术产业；广西与海南的云计算等新兴产业，宁夏与甘肃的生物制药产业，新疆与青海的文化产业，云南、贵州的水电产业等。如不进行统筹规划，沿线省区市的产业布局雷同将会引致恶性竞争，进而导致政府本位意识和局部利益主导西部陆海新通道建设规划加强，在一定程度上使得西部陆海新通道物流建设功能与区域产业的整体布局出现矛盾和冲突。

2. 产业发展受阻

尽管西部地区新兴产业取得一定发展，但由于西部地区区位劣势，且行政、物流、融资及土地等成本较高，导致西部地区新兴产业发展受阻。在经济新动能方面，与东部地区相比，西部地区在科研水平、人才培养、创新资源、研发经费等方面存在不足，制约着西部地区新兴产业发展。由于西部陆海新通道沿线大部分省区市属于西部地区，产业基础薄弱，许多产业需要进行转型升级，转换新旧动能，才能促进产业集聚。新旧动能转换需要资金支持，由于西部地区发展水平相对较低，且包括风险投资在内的创新型金融严重不足，无法适应新动能创新型企业的发展要求，同时缺乏促进新动能发展的培育平台，导致西部地区产业发展受阻。且西部地区发展主要以政府投资为主导，需要在现有资源前提下优化资源配置，这就需要统筹西部陆海新通道发展，在推动技术进步及经济结构调整前提下，统筹西部地区产业布局，防止低水平项目盲目重复建设。

(三) 保障机制不完善

交通、物流与商贸产业联动是西部陆海新通道发挥作用的主要方式，因此更需要相应保障机制来促进联动发展目标的实现。交通、物流与商贸产业联动保障机制的不完善表现在三个方面：一是尚未充分统筹规划设计联动机制，具体思路和实施方式尚不明晰。二是相关政策法规的欠缺，对于联动机制发挥作用的支持力度不足。相关法律法规是保障交通、物流、商贸产业联动的基础机制，主要的作用是协调商贸产业同物流业服务、交通布局间的供求关系，兼顾西部陆海新通道沿线省区市各方利益，形成长效机制。法律法规缺失会影响物流业和商贸产业发展，引起恶性竞争和降低流通效率。三是对于联动模式的引导机制的欠缺。需要通过合理措施引导市场主体发挥主要作用，促进资源良好配置，使得企业发育壮大、产业形成集聚优势。

四 尚未形成对西部陆海新通道物流业长远发展的规划

西部陆海新通道强化了与西北地区综合运输通道的衔接，加强了其与长江经济带、丝绸之路经济带的连通，提高了通道对西北地区的辐射联动作用。然而，目前尚未形成对西部陆海新通道物流发展的长远规划，对各物流节点定位还需进一步明确，这些问题不解决将制约新通道物流节点物流社会化、专业化及物流园区网络布局合理化发展，无法发挥物流集聚优势。具体而言，长远发展规划需着重考虑物流枢纽布局、物流设施及装备、智慧物流和特色物流发展等方面。

(一) 物流枢纽布局建设不充分

物流枢纽布局和运输组织建设等方面对于推动构建西部陆海新通道的骨干物流基础设施网络，有效发挥物流在衔接供需、活跃市场、优化资源配置等方面的关键作用，提高物流规模化、组织化、系统化运作水平和推动物流降本增效至关重要。第一，现有布局尚未结合沿线省区市的物流发展基础、质量、效率以及贡献等因素分别长期定位，统筹组织工作尚不到位。第二，物流枢纽的联盟建立和合作机制还不完全，没有依托行业协会形成长效模式，物流枢纽之间互联成网还有较长的路要走。第三，对于物流枢纽建设没有形成定期评估和动态调整机制，2018年12月，国家发改委和交通运输部联合发布《国家物流枢纽布局和建设规划》，从全国层面做出统一部署，确定了212个国家物流枢纽。相关部门要建立并形成定期评估和动态调整机制。及时引入市场自发建设，形成对完善国家物流枢纽网络有重要作用的枢纽，对无法有效推进建设或长期不达标的枢纽要及时调出，以确保物流枢纽建设质量。

（二）物流设施及装备不完善

西部陆海新通道现有物流设施和装备技术尚未根据交通、物流布局应用完善。主要存在的问题为沿线物流节点已有装备设施存在重复建设和低效供给现象，新技术在沿线物流园区应用不足。同时欠缺相应政策支持物流设施建设和装备技术升级，特别是涉及铁路专用线、多式联运转运等公共性、基础性的设施建设，以及优化物流质量的新型技术。

（三）智慧物流、特色物流发展不充分

西部陆海新通道作为与东盟国家及其他国家或地区经贸往来的重要物流集散通道，沿线节点现代物流欠缺一体化智慧物流体系，并且各省区市特色产品所需的特色物流尚未发展成熟，不利于将西部地区商品输送至东盟、南亚、欧洲、非洲等国际市场。智慧物流方面，政策支持和科技投入有待加强，物流核心技术攻关仍需推进，物流信息化和标准化有所滞后，技术升级与模式创新相配合有待进一步探索。特色物流方面，例如，与东盟的主要贸易产品如水果、海鲜、肉类进行国际物流所依托的冷链运输还需进一步加强冷链产业合作，当前仍然欠缺完善的冷库储存、冷链物流基地、交易市场等，还未形成专门化的冷链班列来组织货源、市场分销等程序。

本章小结

西部陆海新通道与"一带一路"建设、《区域全面经济伙伴关系协定》(RCEP)、中国—东盟自由贸易区(CAFTA)升级版建设以及西部大开发等国家战略交汇对接,面临众多协同发展机遇,具有较高的战略价值。但是西部陆海新通道与沿线节点物流业协同发展过程中还缺乏行之有效的协调发展机制,现代物流业的信息化和标准化进程相对滞后,区域交通和产业布局不合理影响交通、物流、商贸联动,尚未形成对西部陆海新通道物流长远发展的规划等,阻碍西部开发开放潜能的激发。

具体而言,机遇方面,第一,在"一带一路"建设中,中国连接亚欧基础设施建设取得显著进展,互联互通项目推动沿线各国实现发展战略对接、耦合,边境地区互联互通,促使西部陆海新通道共享"一带一路"建设释放红利,与中欧班列无缝衔接,提升通道整体效率,加深西部地区对外开放。第二,RCEP通过重塑产业链、推动构建国内国际双循环新发展格局,与西部自贸区、自贸港对接,为西部陆海新通道建设和发展提供新的机遇与平台。第三,随着中国—东盟自由贸易区升级版建设促使贸易投资快速发展,持续深化的经贸合作对西部陆海新通道沿线节点运输需求上升,中国以区域生产网络为依托的产业链、供应链建立也需要西部陆海新通道的高水平物流体系作为支撑。第四,西部大开发通过大幅提升西部地区经济水平及居民收入、强化西部地区基础设施规划、构建现代产业体系、积极发展外向型经济等,来为西部陆海新通道运行提供了广大的消费市场、更完善的交通基础设施,并有利于其区域协调发展,奠定了良好的经贸合作基础。第五,西部陆海新通道为西部陆海新通道沿线节点新时代物流体系建设、破除区域要素流通壁垒、激活国内市场活力等带来了发展新机遇。

障碍方面,首先,不成熟的国家级、各物流节点省级协调机制及物流行业中介组织的缺乏对健全企业间协调机制的影响将导致西部陆海新通道"国家—省区市—企业"三个层次协调模式无法高效运作，对于省区市、部门、物流企业等实际问题协调不到位。其次，现代物流业信息化和标准化进程的滞后会通过影响物流数据共享和物流公共信息、市场信息等信息化平台的培育进而阻碍物流体系的改革创新。再次，西部陆海新通道沿线省区市在交通构建和产业合作上缺乏统筹规划，交通基础建设存在短板，产业布局不合理会影响交通、物流、商贸联动融合发展。交通领域铁路干线运力不足、公路尚未全面贯通、港口专业化程度低，通达性有待进一步提高；产业方面雷同性强、发展受阻，尚未形成规模化，合作意向多、项目落地少，创新协同项目还需拓展，贸易便利水平尚需提升。最后，西部陆海新通道各物流节点由于市场定位和国际战略不明晰，缺乏全盘策划和精准分析，总体未形成长远发展规划，在物流枢纽布局、物流设施建设及装备技术升级、智慧物流和特色物流发展等方面都需要进一步规划，制定相应的发展路径。

第八章 促进西部陆海新通道沿线节点现代物流业协同发展的对策

第一节 构建沿线节点现代物流业协调发展机制

一 统筹建立国家级协调机制

在国家出台《西部陆海新通道总体规划》的背景下，西部陆海新通道作为系统性、宽领域、覆盖多个沿线省区市的区域开放发展战略，建设物流系统时需要特别重视在政策、行业、企业等多维度的统筹协调工作。目前新通道的政策设计在物流业协调机制建设和物流系统一体化发展方面仍处于初级阶段，整体布局、环节衔接存在较大提升空间。因此，建立健全基于"国家—省区市—企业"三个层次，由政府主导、多方参与、沿线省区市协同发展的跨区域合作机制已刻不容缓。

（一）统筹规划沿线省区市战略布局

政府作为制定物流宏观政策的一方，统筹规划时需基于沿线省区市优势及特色来整合资源，从考虑地区均衡发展的角度构建国家级协调机制。从宏观层面看，新通道沿线省区市物流业应合理分工、协调合作，借助现代化物流技术搭建智慧物流系统等实现产品等要素在各省区市的流动交换，通过优化资源配置促进沿线省区市共同繁荣发展。就微观层面而言，新通道沿线节点物流业应在最低费用和最小风险的条件下兼顾质量等级和时效性的要求，以最佳路线和运输方式使产品等要素能够在西部地区与其他省区市乃至境外国家和地区间流动。权威、有力的物流政策体系还需考虑现阶段西部陆海新通道实际情况，制订促进物流发展的长、短期计划，分阶段实施，其中完整的政策体系应包括西部陆海新通道物流发展战略和物流扶持政策，后者应包括土地政策、税费政策和融资政策等。

（二）建立健全省部际协商合作机制

西部陆海新通道物流系统作为由"线"及"面"乃至"体"的区域开放发展战略，为使国家级协调机制在不同省区市、不同行政主体间良好地协调运作，凝聚各方合力及时解决争议问题，切实起到促进沿线新通道区域物流发展，需要建立健全省部际协商合作机制，由重庆市联合其他沿线省区市共同解决合作争议事项，以确保有关项目决策的科学合理性，避免沿线省区市各自为政，将协商合作机制常态化。贯彻落实国家发展改革委主导的省部际联席会议制度，尽快建立沿线节点联席会议制度，设计务实可行、科学合理的物流政策体系，制定新通道沿线节点物流发展战略规划，指导新通道沿线节点物流业结构转型升级，宏观调控其物流网络空间布局。此外，还需通过推动省际交通建设、提升一体化通道服务等方式带动物流业发展，落后地区打通物流节点，扫清区域合作的客观障碍。

（三）注重沿线省区市对外开放合作

同时，国家级协调机制还应加大西部陆海新通道的对外开放程度，促进各物流节点对外贸易的发展。新通道沿线省区市外部临近东南亚，内部衔接长江经济带，基本与"一带一路"倡议覆盖区域一致，通过贯通融合国内与国际市场资源，协同带动西部地区高质量全面对外开放。具体而言，政府应积极发挥与东南亚国家毗邻的优势，积极号召周边及相关国家共商共建西部陆海新通道，开拓第三方市场合作模式，加快国际合作园区、跨境经济合作区特别是边境地区合作园区的建设进度，通过经贸合作利用通道资源实现互惠共赢，使西部陆海新通道助力开放型经济体系构建和"一带一路"建设。

二　建立各物流节点省级协调机制

在"国家—省区市—企业"三个层次协调模式下，需建立西部陆海新通道各物流节点省级协调机制，负责协调西部陆海新通道区域物流发展中的具体问题。通过制定相应的物流行业政策来规范物流市场秩序，加快建设陆海空物流枢纽，打通多种运输方式，实现交通、物流的良好衔接，提升物流系统运行质量效率，为发挥沿线省区市比较优势创造条件。

（一）协调沿线省区市物流发展规划

协调各省区市的现代物流发展战略规划，沿线省区市需按照实际情况和发展蓝图，在本地区国民经济发展规划下制定相应的现代物流业发展规划，对不符合国家总体战略规划和西部陆海新通道区域物流发展的产业布局进行调整，协调物流网络、园区建设，降低交叉重复和资源浪费。在此基础上，各省区市要依据基础情况和比较优势，根据国家级协调机制的战略规划，大力发展具有本省特色的物流业，充分发挥创造性和能动性，使物流产业布局科学合理。

（二）有效衔接国家级与沿线省区市内部协调机制

省区市级协调机制要做好连接各省区市内部和国家级协调机制的桥梁。确保国家级协调机制的部署安排切实落到各省区市，并将已统筹的沿线节点现代物流业发展战略规划上报国家级协调机构，达到二者的有机配合、互相促进。此外，在省级协调机制有需要的情况下建立专业协调机构。例如设立铁路、公路协调部门，协调各省区市间二者运输计划及基础设施建设计划，监督管理跨省区市的日常物流活动。

（三）建立健全省际协调机制

对于建立省际的协调机制，提升省际物流系统运作效率，有赖于优化省际营商环境。在政策上以畅通连通为导向，消除贸易壁垒，完善相关制度，肃清市场规则，提升监管力度，营造良好环境，从而促进技术、资本、人力等要素自由流动，实现资源的整合优化和合理配置，以充分发挥市场制度的内生动力。具体在降低制度性交易成本上，深化交通、物流、商贸等改革，推进落实简化申请程序、优化审批过程、压缩行政时间、提高办理效率的一系列具体措施，进而缓解目前物流领域执法不合规、不合理等问题，切实通过改善营商环境来加强西部陆海新通道物流系统运作效率。

三 建立各物流节点企业间协调机制

企业间协调机制是三层次协调模式中的基层机制。物流企业作为现代物流业主体，其发展水平决定着物流产业和市场的发展水平。而建立企业间协调机制能够加强企业间合作学习，避免恶性竞争，引导市场健康可持续发展。

（一）建立健全物流行业中介组织

构建企业间协调机制时，西部陆海新通道各物流节点应建立、健全物流行业中介组织，并充分发挥其作用，借助行业中介组织在业内的影响力，协调解决物流企业发展过程中的现实问题。同时就西部陆海新通道物流的运输基础设施空间布局、运力资源、国内外供应链的服务保障等方面建立相应的协调机制，避免交叉重复的管理工作和监管空白。在公正有效地确保各个物流企业资金流、信息流以及管理流趋于稳定同步运行的同时，整合各自的优势资源，实现分工协作和组织一体化。

（二）企业间协调机制助力物流企业发展

构建企业间协调机制首先需要根据西部陆海新通道沿线省区市对外开放、物流发展的具体要求，基于国内实际情况，力求与国际接轨，参考物流行业协会相关研究方案，制定西部陆海新通道沿线节点物流标准化制度。其次，企业间协调机制应监督指导西部陆海新通道沿线节点物流企业经营管理。其中行业中介组织应发挥引领作用，促进西部陆海新通道沿线节点物流企业由传统化向现代化、专业化转变。通过促进物流企业规模化，降低物流成本，提升物流效率。并且，积极培育西部陆海新通道物流企业主体，鼓励其参与到国际市场竞争中去，扶持跨区域、现代化龙头物流企业成长，提升其核心竞争力和品牌影响力。同时，企业间协调机制应积极借助公共宣传平台，加大对物流行业、企业的宣传力度，宣传前沿的现代化物流理念，塑造物流行业、企业的良好形象，促进物流行业、企业良性稳步发展。此外，企业间协调机制应积极为西部陆海新通道物流发展建言献策，通过联系中国物流与采购联合会，调研统计沿线节点物流状况，关注物流企业成长过程中的环境变化和新型挑战，及时上报物流企业动态情况至省级协调机制，贯彻落实国家级协调机制和省级协调机制的工作部署和指导意见。

第二节　加强西部陆海新通道现代物流信息平台建设

一　加快建设公共信息平台

政府应积极分级推进物流信息化平台搭建工作，经过共商统筹，构建科学合理、功能完备、开放共享、智慧高效、绿色安全的西部陆海新通道物流枢纽网络，打造"西部陆海新通道+枢纽+网络"智慧物流运行体系，贯通沿线省区市在重点园区基地、连接物流和产业的信息平台，通过统一标准、共享信息来降低通道物流成本，提高通道物流效率。同时应用新一代信息技术来优化配置物流资源并使物流组织运行系统化、物流基础及配套设施智慧化、物流业务流程数据化，进一步提升物流运输效率。

（一）建设统一开放的通道公共信息平台

在西部陆海新通道物流和运营组织中心带领下，由重庆联合其他省区市物流枢纽，综合海陆空运输部门的公共管理信息数据，基于电子计算机、电子信息、现代网络技术等，建设统一开放的通道公共信息平台，重点实现跨区域、跨部门、跨国界、跨运输方式的物流信息共享与应用，在新通道的省级层面实现快速准确便捷的信息检索、在线服务、监管审核等功能，打通信息壁垒，推动数据高效联动，构建高效有序的物流业市场。由于建设统一的西部陆海新通道物流公共信息平台所需投资大、周期长，根据沿线省区市发展实际情况，西部陆海新通道物流公共信息平台建设可以遵循"总体规划、重点建设、分步完善"的步骤，优先投入开发信息平台上对物流企业至关重要的基础功能，之后根据发展情况逐渐完善其他所需应用设计。

（二）引导地方性公共信息平台建设

引导建设地方性公共信息平台和相关服务功能，实现线上线下双渠道联合运营，促进政企良好互动。通过构建集信息发布系统、投诉信息系统、企业黄页系统等于一体的地方政府物流公共信息平台，实现政府与企业间的实时信息沟通和一体化管理，同时满足政府分析把控西部陆海新通道物流发展总体状况的需求，利用公共信息科学分析预测，进行政策规划、制定，满足企业获取国家、地方及行业的相关政策、措施、管理办法、发展规划等相关信息的需求，从而及时调整发展规划，最终通过地方性公共信息平台的建设来促进物流业的发展。

（三）加强公共信息平台中的信用体系建设

政府与行业协会应加强信用体系建设，加快制定管理办法，构建以信用为核心的物流行业监管新体制，营造公平诚信的市场环境，将基础服务提升为品质服务。具体而言，政府应尽快制定统一的行业标准，通过设立信用黑白名单监管物流企业，视企业风险等级予以警示、处罚、淘汰等不同程度措施，进而整合信息，形成公开、公正的信用报告。当潜在信用风险较高时，可考虑引入第三方信用风险评估机构，解决无法针对所有企业展开及时有效、独立全面的信用风险评估的问题。根据风险等级划分企业需求，政府和第三方信用风险评估机构可向企业提供阶梯式的信用风险评估服务，满足企业物流的不同层次需求，例如初级需求，即获取基本信息和信用记录，快速知悉物流企业的经营情况和违规情况，以及高级需求，即全面了解潜在的信用风险，开展常规信用评估以及现场采集的全面、可靠的信用考察记录等。

二 支持建设市场信息平台

建设市场信息平台将成为西部陆海新通道物流企业发展的核心竞争力。其中，市场信息平台应以北部湾为代表的港口以及国际铁路联运各物流节点为核心，通过建立市场信息平台，以电子单据取代传统单据，充分发挥港口公共资源优势，通过与码头、船公司、货代、场站、船代以及海关、商检数据的良好衔接，简化西部陆海新通道铁海联运、跨境公路和跨境铁路三种物流组织手续，改革创新物流管理体系，提高物流管理体系运行效率。

（一）对接并连通物流企业与上下游企业

市场信息平台的主要作用为以统一化、标准化、信息化的物流系统为基础，促进物流企业与上下游企业的连通，使物流链与供应链相互配合，提供更加广泛、多样、个性、实用的物流服务。通过设立激励、制约和保障机制，调动参与主体积极性，保证市场信息数据平台建设规范有序的机制，为平台建设和运行的机构设置和管理权限划分提供制度保障。鼓励政府运输部门与物流企业信息共享、业务互通，借助于统一的市场信息平台协同发展。通过克服市场信息平台建设布局覆盖面广、沿线节点多、空间距离远的困难，实现时间和空间上的信息联动，以便平台准确高效地将信息传递至各参与主体，从而采取相应的应变措施。鼓励平台功能的完善拓展，通过数据搜集、分析预测满足参与主体需求，利用大数据分析成果回馈政府企业，实现双方增值。市场信息平台建设过程中还要保证意识、内容、标准上的前瞻性，根据现实反馈及时修正调整，不断适应经济社会发展新要求。

（二）推动智慧物流标准化建设

推动西部陆海新通道智慧物流标准化建设，促进物流市场信息平台规范发展。首先，标准化建设主要体现为技术标准统一、管理标准统一，技术标准统一，要求基础技术、产品工艺、安全卫生环保等方面按照统一标准建设,管理标准统一则要求组织生产环节、经济管理过程和行政业务管理等彼此配合,以实现市场信息平台建设的各沿线节点、各参与主体、各环节必须按照经济效益、建设效率等来统一管理。其次,推动有关职能部门搜集整理相关数据,鼓励企业建设智慧物流特色建设应用平台。通过物流大数据,实现物流技术和物流模式等方面的创新,优化运输、存储等流程的高效技术应用,提高物流系统进行分析、决策、执行的能力,以及物流系统的智能化、专业化、自动化水平,进一步促进新兴技术与物流业的深度融合。再次,探索组建物流园区联盟,园区内部通过优化供应链实现从服务的物流一体化到工艺一体化,同时加强园区间业务协作、标准互认、设施互联,充分发挥不同类型企业的比较优势,有效控制供应链中物流信息等一系列有价值数据的传送,为打造智慧物流园区联盟提供数据来源。依托新兴技术和丰富的数据,形成标准化、信息化、主次分明的物流网络和物流平台,推动西部陆海新通道物流的现代化。

三 用好开放合作平台

西部陆海新通道连通与中国相邻的中南半岛国家,南下衔接新加坡等东盟国家,进而辐射至全球所有国家或地区,具有全面对外开放的地理优势,是深入发展"一带一路"倡议的战略通道。因此,西部陆海新通道现代物流信息平台建设势必需要考虑到开放合作平台的利用。

(一)利用开放合作平台推动企业"走出去"

首先,沿线省区市依托西部陆海新通道和自身优势,按照"政府引导、企业主体、市场运作"原则,深入贯彻企业"走出去"方针,充分利用国际市场资源展开对外经贸合作。其中尤其需要利用好国际博览会、投资贸易洽谈会等平台的洽商功能,深化同周边国家及其他新合作伙伴的贸易投资往来,通过商贸合作开拓国际物流发展空间。其次,通过建设西部陆海新通道与其他国家或地区的信息港等数据通道,促进沿线省区市获取利用国内国际两个市场信息，资源互通互享，及时借助国际产能合作扩大的契机，发展国际物流业务，积极跟随上游企业开展新一轮"走出去"，到新通道辐射地区布局符合当地需求的工程物流、合同物流和仓储配送等物流专业化服务。

（二）以西部陆海新通道促进"一带一路"建设

积极促进西部陆海新通道参与、助力"一带一路"建设。参考现有国际合作示范项目，在既有框架下深化战略合作，发挥"一带一路"互联互通的原则，进一步加强基础设施建设及其他政策、经济、金融、文化方面的连通，放大"一带一路"的"五通"机制的实践效果，提供高效便捷的物流转运及配套服务，加强两国海关合作，通过深入推进通关改革、强化国际通关合作、推进跨境运输便利化来营造高效便捷的通关环境。同时加大开放合作力度，持续推进服务业开放，深化农业、制造业对外开放，通过建立健全国际协商合作机制，吸引更多国家（地区）和市场主体共商共建通道。政府应按照相应规定，认真落实准入前国民待遇加负面清单管理制度，加快落实取消或放宽外资股比限制的政策措施，充分保护外资企业合法权益，一视同仁地对待内外资企业，营造秩序公正、信息公开、良性发展的市场环境，加大对国内外企业间合作交流的支持力度，通过引进高级生产要素打造开放式协同创新，积极鼓励引导外商以多种方式参与西部陆海新通道建设，推动产业内技术升级和产业间结构升级。

第三节　促进沿线节点交通、物流与商贸融合发展

一　实现交通、物流有效联动

构建交通、物流、商贸联动机制，重中之重为扫清交通障碍，打造交通网络，通过加强海陆空交通基础设施构建交通走廊，进而统筹海陆空等运输方式，建设西部陆海新通道和衔接国际运输通道，实现现代化

物流业快速发展，与沿线省区市商贸产业相互协调、促进。

交通在集合信息发展物流、商贸等领域起关键的支撑引领作用，其与物流、经济的深度融合使西部陆海新通道成为开放发展的大通道。因此不仅需要注重维护既有交通设施，扩大其服务功能，还要增加路网密度，释放物流需求。以铁路建设为首，增强铁路运力，提高运输效率。同时，保证配套设施如公路、水路、航空、管道、通信的建设与之相适应，发展货物多式联运，以西部陆海新通道通信业为物流信息平台建设提供保障。

（一）统筹交通布局，增强物流能力

具体而言，首先提高铁路、公路干线运输能力。西部陆海新通道现有铁路网络分布不均，需要重新规划干线、支线和联络线，分别进行改造、扩建等，以此疏通瓶颈路段，形成东、中、西三线相互补充、分工配合的铁路运输网络。其中三线的主要职能为东线重点改造提升现有铁路，着力加快渝怀铁路增建二线等项目建设；中线打造大运力铁路运输通道，着力推进贵阳至南宁等新线路建设；西线补足通道短板，着力促进黄桶至百色等项目和新型运输通道建设。而公共运输网络需进一步扩大覆盖面和主干通道有效辐射区域，扩能改造公路重要堵塞路段和开发贯通新路段，特别关注针对支撑通道的通往港口、口岸的地方高速公路铺设。在技术层面要大力推广新兴电子设备运用，减免人工程序，实现公路便捷通行。

其次，应当加强广西北部湾港、海南洋浦港、广东湛江港等港口的分工协作，完善功能建设，充分发挥港口的单独和整体作用。明确北部湾港在国内沿海港口布局中的定位，将其不同港口的功能清晰划分为集装箱运输、大宗散货和冷链运输、国际邮轮商贸和清洁型物资运输等，作为国际门户支撑西部陆海新通道发展。通过将海南洋浦港公共码头等资源整合优化再分配，创新行政管理机制，充分提高港口综合服务能力，吸引国内外优质企业，发展成为国际物流中转运输业务的关键港口，以期成为西部陆海新通道国际集装箱枢纽港。通过补充发展大宗散货和冷

链运输，在湛江港建设专业化、大型化、绿色化码头。在港口扩能中，加强港航领域的设施建设，提升集装箱运输服务能力，尽快整治进港航道，改善通航条件，为实现各港口功能定位提供基础保障。

最后，加强利用综合交通枢纽方面，应立足可持续发展和全面综合发展，合理调整交通路网空间布局，完善基础设施和运输体系建设。基础设施方面，可以着重加强运输场站建设，通过增强铁路和公路运输场站建设和各种交通配套设施整合优化，推动一体化综合交通枢纽发展，扩建处理能力强、效率高的货运基地，并为其增加完善配套设施，提升交通设施运营效率，为国际铁路联运和公路跨境运输的货物集散分流提供保障。同时通过完善边境口岸站、优化堆场布局、升级改造设备等其他措施补充加强港口货运功能，提升港口效率。运输体系建设上，根据物流节点与交通枢纽相互配合的原则设计空间布局，满足重点主干线路建设需求，保证交通、物流有效服务于产业园区、龙头企业、相关港区等。还应保证海陆空货运建设协调发展，特别是对于港口城市，需要扩充绕城公路，降低物流对城市交通的干扰，促进物流运输安全、高效、便捷。

（二）以交通、物流推动经济协同发展

利用西部陆海新通道对外开放的优势，进一步实现与周边国家设施的互联互通。加强与周边国家连接口岸的交通建设上，可以通过与口岸相连的公路扩建改造，增加口岸相关设施，提升承运和通行能力，衔接国外港口，重点关注对接中南半岛国家的铁路网，推进大瑞铁路、玉磨铁路建设和湘桂线扩能改造。按照东、中、西三线的铁路布局，改善跨境交通基础设施，在实现与周边国家交通设施互联互通的基础上，深化与东盟国家等的合作交流，构建符合开放型经济的合作机制，尽快实现物流、经济上的互联互通。

通过设施互联，推动西部陆海新通道的高质量物流园区网络形成和物流业垂直融合发展。物流层面的综合平衡、协调衔接和资源配置、共建共享为产业共兴创造基础。依托具有催化加速作用的物流业，统筹通道产业布局，完善政策环境，创新体制机制，夯实发展基础，建立产业集群及龙头企业培育库，形成产业联动示范效应。此外，基于物流创新链，立足西部陆海新通道沿线省区市的地区优势、产业优势，构建区域、企业优势，实现各节点的利益共享。

二 基于交通物流打造通道经济，带动沿线节点商贸发展

西部陆海新通道沿线省区市应在政府统筹规划下，在交通、物流、产业上科学定位、合理布局。在保证物流网络布局高效满足市场需求的情况下，充分依托交通网络规划和沿线产业需求，制定具有前瞻性的交通、物流、产业联动机制，给予通道经济更多发展空间。在协调通道经济产业结构时应发挥集聚效应，着重推进现代物流业与商贸业、制造业、农业等的产业联动，促进现代物流业与其的深度融合。

（一）加快新旧动能转换，促进产业集聚

在西部陆海新通道发展过程中，推动新旧动能转换，可选取具有竞争力、产业发展已有集聚效应和扩散效应的省区市，或者通过配置完善的物流设施，整合各类产业园区、开发区，引导生产要素集聚，营造新通道区域中心的物流增长极，打破行政区域壁垒，以点带面，辐射扩散至其他地区，进而实现区域物流、经济的整体协调发展。其中的关键是鼓励大型生产制造企业将物流服务由自营自用转化为面向社会，从而引导东部地区向西部陆海新通道沿线省区市有序转移产业，形成规模效益较好、能够辐射带动周边的特色产业集聚区。为了进一步打造强有力、面向国际的产业集群，应坚持制造强国战略，加强自主创新，突破关键"卡脖子"技术，培育知名度较高的自主品牌、技术水平过硬、核心竞争力突出的龙头企业。同时，包括但不局限于物流的外贸行业企业应增强自身外贸竞争力，在技术优势之外，转变传统的成本优势为质量优势、品牌优势，通过增强产品和服务质量提升产品附加值和在全球价值链中的分工地位。

（二）坚持通道经济带动特色产业发展

西部陆海新通道沿线省区市应根据自身优势，坚持以通道经济带动特色产业发展。在协调西部陆海新通道沿线省区市产业时要以区域协同发展为宗旨，以实现经济上的相互依存和资源上的优势互补为目标，根据其自身特点调整区域产业结构布局，体现特色优势，深化合作，有效竞争，实现地区和产业上的良性发展。推动沿线省区市特色化产业发展，需要政府加大对其优势产业的支持力度，制定落实相关企业税费减免等优惠政策。调整产业布局还需考虑到战略性新兴产业、国际经贸重点产业等，重点关注关系国家战略的清洁能源、智能装备制造等产业基地发展，保证战略性新型产业稳步发展，扩大出口周边地区的中高端产业占比，在互利互惠共赢发展的基础上优化西部陆海新通道沿线省区市的产业结构。但是产业结构调整对新兴产业、外贸型产业发展速度的要求仍有赖于新旧动能转换的速度，在此过程中还需注意激发民营经济内在活力，以推动经济高质量发展。

三　辅以保障机制促进各沿线节点产业联动

为了保障西部陆海新通道沿线节点产业良性联动，需要确保交通、物流、商贸联动机制的实用性、适用性和时效性。首先，产业联合制度要考虑企业的实际情况，二者相符才能发挥出制度的实际作用，实现以企业为主体的深度合作以及产业联合的可持续发展。其次，联动机制的设立要经过充分沟通和需求匹配，提升联动机制的使用价值。最后，联动机制既要满足短期利益，又要看到长期利益，还要能够长期、分阶段发挥作用。

具体而言，一方面，政府可以通过制定法规政策、健全制度来规范建设秩序，形成产业联动协调长效机制。通过地区间补偿机制来平衡因特殊产业发展受益、蒙损的省区市的利益。通过制定兼具激励和约束的产业政策，鼓励产业技术创新变革和不同区域、上下游企业协调合作，限制过度竞争、效率低下、交叉重复等的产业建设。针对西部陆海新通道沿线省区市的外贸型产业，还应严格考察周边国家的政治环境和经济环境，防范可能存在的贸易投资、物流电商等不确定性风险，不断完善对外开放的现代物流业与其他产业联动发展的政策环境和法律环境。另一方面，政府可通过经济杠杆和财政金融等政策手段宏观调控通道经济，科学规划西部陆海新通道沿线省区市经济贸易发展方向，营造良好的营商环境和投资环境。但是需注意政府调节应以市场为导向，发挥其在资源配置中的决定作用，循序渐进合理布局，避免产业内和产业间企业的恶性竞争。此外，根据协调机制和任务分工，为保证落实各项工作，可将西部陆海新通道产业联动建设纳入各级各部门责任范围，其工作推进和考核情况将成为新通道建设年度总结的重要内容。

通过交通、物流、商贸联动模式辅以保障机制协调产业发展，交流技术经验，交换配套资源，降低产业链和企业经营面临的内外部风险，提升企业效率和抗压能力，保障企业稳定发展。而其中供求机制的联动则有利于进一步推动产业内企业开拓新市场，稳定市场份额，提升产业整体竞争力，同时有助于产业间企业寻求新的经济增长点，进而获取经济利益，实现共赢。

第四节　统筹沿线节点现代物流业规划建设

随着物流市场竞争日趋激烈，西部陆海新通道各物流节点应明晰各自市场定位，统筹规划、精准分析，制定相应的国内、国际市场战略。为了统筹沿线节点现代物流业规划建设，应当综合借鉴国内外特别是欧盟及东盟等地区的物流发展经验，结合西部陆海新通道建设的整体长远目标，基于各物流节点的物流基础、发展质量、效率和贡献等情况，尽快制定西部陆海新通道物流发展的远期战略目标和发展路径，明确新通道现代物流业发展的市场定位和时空定位，进而优化物流运输路线，解决传统物流管理体制、经营理念中存在的问题，加强各物流节点的核心竞争力。具体而言，市场定位指各级政府应从西部陆海新通道物流需求出发明确其服务对象、经营方向、核心与辅助功能以及功能区定位。时空定位指各物流节点需进行长远的时空定位规划，具体包括物流信息化、标准化平台的建立完成时间以及基于不同物流节点的发展情况，各个物流区域的功能定位。通过明确战略目标和发展路径，利用物流企业采集的全要素数据，推动物流业标准化和信息化发展，进而通过优化物流枢纽布局、加强物流运输组织、完善物流设施及装备、提升物流效率和质量、打造智慧物流运行体系、积极发展特色物流等手段促进西部陆海新通道沿线节点现代物流业协同发展。

一 优化物流枢纽布局，加强物流运输组织建设

（一）优化物流枢纽布局

优化物流枢纽布局方面，要求政府结合西部陆海新通道沿线省份经济基础、区位条件、发展规划等因素，推动物流专业化、信息化、网络化，并实现资源整合在组织上规模化、集散上区域化。具体应加强通道两端和边境口岸枢纽建设、完善沿线节点枢纽功能。在西部陆海新通道两端，根据城市和港口的物流枢纽不同功能定位，基于自由贸易试验区、保税区等，提升铁海联运水平、物流设施建设、港口服务能力等以支撑集散、存储、分拨、转运等国际物流功能。在通道沿线枢纽，分类建设基础设施，开展地区分拨，完善物流相关服务。在陆路边境口岸枢纽，提高国际贸易通关便利化水平，改善国际班列集散和公路过境运输等服务。

（二）加强物流运输组织建设

加强物流运输组织方面，通过优化铁路服务、织密航运网络、衔接长江航运与国际中欧班列、扩大辐射范围来充分发挥西部陆海新通道物流职能，通过创新物流组织模式、扩开运输班列、开拓近远洋航线来鼓励发展现代化物流，提升西部陆海新通道的物流效率、质量。具体而言，

在铁路货物运输组织方面，应当扩大开行高频次、大运量的货物班列，鼓励联合国际联运铁路班列、对接其他地区班列运输需求，开展大宗货物、中长期、远距离运输，引导货物运输集聚于新通道主干线。航运服务方面，开设至周边地区的直达、中转航线，积极开发远洋航线，发展国际物流中转业务，推进航运运营规模化，并通过适当扩大运输适用范围，降低物流成本。在国际班列衔接方面，应充分发挥西部陆海新通道连通东南亚、中亚、欧洲的桥梁中介作用，统筹协调各运营组织，提升联运效率，降低中转时间，推动促进西部陆海新通道与中欧班列、长江航运等协同发展。同时，可以通过鼓励公路信息港和物流企业发展，发挥公路运输优势，辅助铁路、港口等国内与跨境运输。

二 完善物流设施及装备，提升物流效率和质量

（一）完善物流设施及装备

西部陆海新通道作为国家部署的开放发展大通道是以物流系统为基础的，完善物流设施及装备，通过整合现有物流设施、提升装备技术水平，能够有效提升物流质量、效率。现有物流设施应当基于衔接通道便捷、物流设施优良、发展基础扎实的物流园区、基地、货运场站等区位分布情况，通过统筹迁建等方式实现综合资源整合，其中难以迁移的可通过功能搭配、分工运作来提高利用效率。研发、推广新型装备技术，例如多样化运载工具装置、新型冷藏仓库、环保型材料等的应用，将新技术优先试验于西部陆海新通道沿线省区市重点物流园区，尽快实现物流基础设施的信息化、自动化、智能化、现代化。

（二）鼓励发展多式联运

通过发展多式联运业务、发挥大型企业骨干作用、健全技术标准体系，提升运输质量和效率。首先，应培养壮大西部陆海新通道沿线省区市的物流企业，发挥大型、专业化物流企业示范作用，形成物流业资源集聚，引领物流业企业发展。其中通过在通道沿线节点设立物流总部，

引入具有全球物流网络或整合国际供应链的相关企业，促进铁路航运、第三方物流企业等的资本资源融合共享，带动大型运输企业参与建设，形成多形式、跨区域、跨产业的企业合作联盟，推动多式联运发展，拓展其服务链条，培养国内外物流市场。其次，通过健全技术标准体系和内外贸单证标准，一方面尽快研发新型装箱技术和信息化技术，修订统一物流标准，完善保险服务；另一方面简化单据程序，推动信息电子化、流程互认追溯，促进企业联盟和行业协会业务协作，综合提高物流和通关效率。

三 打造智慧物流运行体系，积极发展特色物流

（一）打造智慧物流运行体系

打造智慧物流运行体系方面，通过建立智慧物流标准化体系、推动物流企业数字化改造、充分利用智慧物流协作共享空间、加强政企物流数据共享合作应用等全方位布局。智慧物流建设需要加大科技资金投入和产学研合作，利用5G、区块链、物联网和人工智能等新一代信息技术支撑，攻克关键物流产业核心技术，推动流程优化、无人配送、数据挖掘等领域的技术应用和模式创新。首先，龙头物流企业应当占据智慧物流标准化的战略高地，积极制定物流信息系统、业务技术等标准，最终形成跨区域、跨行业、跨企业的智慧物流业务流程标准化运作管理。其次，企业数字化需要借助大数据、物联网等现代信息技术实现物流各环节业务数据化，通过数字化、智能化赋能物流业务流程和组织管理体系，实现企业成本降低、效率提升。并且，通过构建智慧物流生态系统实现物流资源共享合作，公开企业物流信息，实现基础设施等资源的内部整合配置，进而辐射至制造、金融、商贸等产业，延伸上下游产业深度，促进生产、流通、消费等环节无缝衔接，促进供应链一体化高效运作。此外，加强政企物流信息数据共享应用，能够有效助力政府监管由标准化转为个性化、由实体转为虚拟、由资质监管转为信用监管，推动企业

商业模式和产品服务转型，通过信息透明化促进物流行业治理提升行业影响力，进而构建良好的政商关系。

（二）积极发展特色物流

建设西部陆海新通道特色物流应以优势产业、骨干企业、核心技术产品为重点，推进重大工程和重点项目建设，提升物流行业竞争力，塑造品牌形象。坚持绿色物流、市场共建、区域融合的发展导向，在国家战略和规划目标的引领下，在实施绿色低碳物流的基础上培育西部陆海新通道物流新动能新业态，通过构建公共市场信息平台、整合特色物流战略平台等一系列措施，聚焦西部陆海新通道物流核心任务，打造通道沿线要素自由流动的一体化大市场，吸引并确定战略合作伙伴，同时满足经济社会的智能物流发展新需求。

具体而言，积极发展冷链物流、现代制造业物流、大宗商品物流、电商物流等特色物流模式。针对西部陆海新通道沿线农特产品丰富的省区市例如广西、海南等，支持建设冷链物流，采取铁路冷藏、冷藏车、冷藏集装箱运输等形式减少流通环节的损耗，保证农特产品生产质量和消费安全，鼓励企业加快建设加工中心、社区网点等，积极尝试中央厨房、生鲜电商等新型农产品销售模式，发挥冷链物流优势。制造业领域，针对通道沿线省区市制造业基地，面向东盟国家等东南亚市场的重点消费需求，发挥与周边国家产业的互补优势，提供全产业链供应链物流服务，打造跨区域物流运营组织。大宗商品方面，依托资源产地、工业集聚区和产业基地，促进物流设施部署服务于国际大宗商品交易平台，合理调动资源使大宗商品物流转型为以国家物流枢纽为核心的集约物流，进而降低物流成本。电商方面，建立健全电商物流服务平台，号召吸引物流、互联网企业参与，将电商平台与公共信息、市场信息平台等对接，构建完善的物流信息网络。通过落实跨境电商相关政策，鼓励和支持通道沿线省区市跨境电子商务综合试验区运营，培育示范区带动其他区域发展，以期形成面向国际的跨境电商物流体系。

本章小结

针对西部陆海新通道沿线省区市现代物流业存在的问题，为使沿线节点物流企业协同发展，本书提出构建沿线节点现代物流业协调发展机制、加强西部陆海新通道现代物流信息平台建设、促进沿线节点交通物流与商贸融合发展、统筹沿线节点现代物流业规划建设四条对策。

具体而言，在构建沿线节点现代物流业协调发展机制方面，应统筹建立"国家—省区市—企业"三个层次的协调机制，国家级层面统筹规划沿线省区市战略布局、建立健全省部际协商合作机制、注重沿线省区市对外开放合作，省区市级层面协调沿线省级物流发展规划、有效衔接国家级与沿线省区市内部协调机制、建立健全省际协调机制，企业层面建立健全物流行业中介组织，通过企业间协调机制助力物流企业发展。

加强通道现代物流信息平台建设方面，需要从加快建设公共信息平台、支持建设市场信息平台、用好开放合作三个方面着手。通道公共信息平台应兼顾连通沿线地区公共信息和突出各地方特色，着重加强信用体系建设。市场信息平台应推动智慧物流标准化建设，对接连通物流企业与供应链上下游企业。利用现有开放合作平台推动企业"走出去"，实现西部陆海新通道促进"一带一路"建设的重要作用。

促进沿线节点交通、物流与商贸融合发展方面，通过统筹交通布局、增强物流能力来实现交通、物流有效联动，并基于交通物流打造通道经济，以交通、物流带动沿线节点商贸发展。为实现"交通+物流+商贸"的发展模式，需加快新旧动能转换、促进产业集聚，坚持通道经济带动沿线省区市特色产业发展，同时通过政府制定法规政策等措施建立各沿线节点产业联动模式的保障机制以降低内外部风险。

统筹沿线节点现代物流业规划建设上，应尽快制定西部陆海新通道物流发展的远期战略目标和发展路径，明确西部陆海新通道现代物流业发展的市场定位和时空定位。并通过优化物流枢纽布局、加强物流运输组织，完善物流设施及装备、提升物流效率和质量，打造智慧物流运行体系、积极发展特色物流来切实可行地激发西部陆海新通道现代物流业发展的内在动力。

参考文献

白俊红、蒋伏心：《协同创新、空间关联与区域创新绩效》，《经济研究》2015年第7期。

白列湖：《协同论与管理协同理论》，《甘肃社会科学》2007年第5期。

卞元超、吴利华、白俊红：《高铁开通是否促进了区域创新》，《金融研究》2019年第6期。

曹志强、杨筝、叶子瑜：《"陆海新通道"下区域物流系统综合评价与轴辐网络构建研究——以广西为例》，《系统科学学报》2022年第1期。

陈恒、苏航、魏修建：《我国物流业非均衡发展态势及协调发展路径》，《数量经济技术经济研究》2019年第7期。

陈林玉、喻澜迪：《西部陆海新通道建设下广西物流发展的思考》，《财富生活》2020年第2期。

陈龙、朱昌锋、王庆荣：《中国西部十二省物流业效率及收敛性分析》，《物流科技》2020年第7期。

陈小辉、龙剑良：《西部陆海新通道铁海联运发展与对策研究》，《铁道货运》2020年第6期。

程艳：《长江经济带物流产业联动发展研究》，博士学位论文，华东师范大学，2013年。

丛晓男：《西部陆海新通道经济影响及其区域协作机制》，《中国软科学》2021年第2期。

戴德宝、范体军、安琪：《西部地区物流综合评价与协调发展研究》，《中国软科学》2018年第1期。

丁俊发：《改革开放40年中国物流业发展与展望》，《中国流通经济》2018年第4期。

段艳平、江奔腾：《广西产业高质量发展导向的西部陆海新通道建设——基于交易费用理论视角》，《改革与战略》2020年第8期。

樊一江：《高水平共建西部陆海新通道》，《人民日报》2021年6月11日。

范允奇、周方召：《我国高技术产业技术创新效率影响因素及区域联动效应研究》，《科技管理研究》2014年第21期。

傅远佳：《中国西部陆海新通道高水平建设研究》，《区域经济评论》2019年第4期。

傅远佳、包国庆、夏天一、罗嘉琪：《西部向海经济带建设的基础与对策》，《开放导报》2020年第5期。

高煜、张雪凯：《政策冲击、产业集聚与产业升级——丝绸之路经济带建设与西部地区承接产业转移研究》，《经济问题》2016年第1期。

龚爱清、罗柳平：《我国西部地区物流业政策变迁及特征——基于政策文本量化的实证研究》，《商业经济研究》2020年第6期。

郭宏宇、竺彩华：《中国—东盟基础设施互联互通建设面临的问题与对策》，《国际经济合作》2014年第8期。

郭湖斌、邓智团：《长江经济带区域物流与区域经济耦合协调发展研究》，《当代经济管理》2019年第5期。

郭晴：《"双循环"新发展格局的现实逻辑与实现路径》，《求索》2020年第6期。

韩智勇、高玲玲：《基于交易费用理论的虚拟企业动力机制及效率边界分析》，《科研管理》2004年第1期。

郝渊晓、常亮、闫玉娟、康俊慧、郝思洁：《丝绸之路经济带区域物流一体化协调机制构建》，《陕西行政学院学报》2014年第4期。

贺忠：《中国西部地区物流人才开发研究》，硕士学位论文，广西大学，

2005 年。

胡红兵：《奋力开创西部陆海新通道高质量发展新局面》，《重庆日报》2021 年 6 月 1 日。

胡婷、陈久梅：《西部陆海新通道物流业与对外贸易协调发展及收敛性研究》，《价格月刊》2021 年第 5 期。

黄成亮：《中国东盟自贸区升级版背景下广西贸易便利化研究》，《大众标准化》2021 年第 4 期。

黄承锋、曾桃：《国际陆海贸易新通道发展的时空结构》，《重庆交通大学学报》（社会科学版）2021 年第 2 期。

戢晓峰、王然、陈方、覃文文、李杰梅：《中国城市物流蔓延的时空演化特征——基于 329 个城市的物流用地面板数据》，《地理科学》2021 年第 2 期。

贾根良：《国内大循环：经济发展新战略与政策选择》，中国人民大学出版社 2020 年版。

靳林、王东波、张百炼：《电子商务与物流配送》，机械工业出版社 2009 年版。

景维民、张景娜：《市场分割对经济增长的影响：基于地区发展不平衡的视角》，《改革》2019 年第 9 期。

李锦莹：《共建西部陆海新通道 共享中国发展新机遇》，《中国物流与采购》2019 年第 24 期。

李娟、王琴梅：《我国西部地区物流业发展质量及其影响因素研究——基于物流业效率视角》，《北京工业大学学报》（社会科学版）2020 年第 2 期。

李牧原：《西部陆海新通道的前世今生与当下行动》，《中国远洋海运》2019 年第 10 期。

李牧原：《西部陆海新通道开启西部开放新时代》，《中国远洋海运》2019 年第 9 期。

李晓雯：《新一代信息技术背景下广西现代物流业发展对策探讨》，《广西教育》2020 年第 11 期。

梁雯、孙红、刘宏伟:《中国新型城镇化与物流协同发展问题研究——以长江经济带为例》,《现代财经》(天津财经大学学报)2018 年第 8 期。

林兰、叶森、曾刚:《长江三角洲区域产业联动发展研究》,《经济地理》2010 年第 1 期。

刘华军、郭立祥、乔列成、石印:《中国物流业效率的时空格局及动态演进》,《数量经济技术经济研究》2021 年第 5 期。

刘明、李颖祖、曹杰、章定:《突发疫情环境下基于服务水平的应急物流网络优化设计》,《中国管理科学》2020 年第 3 期。

刘娴:《建设西部陆海新通道:中国广西的现状、问题及对策》,《东南亚纵横》2019 年第 6 期。

刘小军、张滨:《我国"一带一路"沿线国家的跨境物流协作发展》,《中国流通经济》2016 年第 5 期。

刘雪妮、宁宣熙、张冬青:《产业集群演化与物流业发展的耦合分析——兼论长三角制造业集群与物流产业的关系》,《科技进步与对策》2007 年第 9 期。

刘志彪:《重塑中国经济内外循环的新逻辑》,《探索与争鸣》2020 年第 7 期。

龙少波、张梦雪、田浩:《产业与消费"双升级"畅通经济双循环的影响机制研究》,《改革》2021 年第 2 期。

卢耿锋、王柏玲:《西部陆海新通道建设发展的对策研究》,《当代经济》2021 年第 3 期。

罗纳德·科斯:《企业的性质》,载盛洪主编《现代制度经济学》,北京大学出版社 2003 年版。

马子红:《陆海新通道建设与西部开发格局重塑》,《思想战线》2021 年第 2 期。

闵思奇:《"一带一路"推进下西部地区物流产业竞争力评价及对青海的启示》,《物流工程与管理》2020 年第 8 期。

宁坚：《促进四川南向物流降本增效，推动西部陆海新通道高质量发展》，《交通建设与管理》2020 年第 4 期。

庞春宁：《"一带一路"战略下广西现代物流业的发展现状与对策研究》，《中国物流与采购》2019 年第 24 期。

覃家珍、冯琼琼、黄秋艳、翁世洲：《基于物流热度的广西物流业空间格局分析》，《农村经济与科技》2021 年第 1 期。

全毅：《西部陆海通道建设与西南开放开发新思路》，《经济体制改革》2021 年第 2 期。

荣晨、盛朝迅、易宇、靳晨鑫：《国内大循环的突出堵点和应对举措研究》，《宏观经济研究》2021 年第 1 期。

尚盈盈：《我国西部物流发展问题及对策》，硕士学位论文，对外经济贸易大学，2016 年。

石明明、江舟、周小焱：《消费升级还是消费降级》，《中国工业经济》2019 年第 7 期。

石云勇、刘松竹：《西部陆海新通道背景下广西物流产业发展策略研究》，《市场论坛》2019 年第 12 期。

司志阳、王芳、王巍、刘岩、来守林：《西部陆海新通道背景下广西现代物流体系构建研究》，《物流研究》2021 年第 1 期。

孙春晓、裴小忠、刘程军、卜庆军：《中国城市物流创新的空间网络特征及驱动机制》，《地理研究》2021 年第 5 期。

孙志燕、侯永志：《对我国区域不平衡发展的多视角观察和政策应对》，《管理世界》2019 年第 8 期。

唐永波：《电子商务与现代物流的相互关系研究》，《湖南工业职业技术学院学报》2010 年第 2 期。

王成林、王琦：《我国现代物流发展特征研究》，《物流工程与管理》2013 年第 4 期。

王颢澎、赵振智：《新发展格局下我国物流业发展的国际比较》，《山东社会科学》2021 年第 2 期。

王惠敏：《跨境电子商务与国际贸易转型升级》，《国际经济合作》2014年第10期。

王景敏：《"西部陆海新通道"物流系统建设面临的挑战与应对之策》，《对外经贸实务》2019年第5期。

王娟娟：《新通道贯通"一带一路"与国内国际双循环——基于产业链视角》，《中国流通经济》2020年第10期。

王娟娟：《以产业链促进"双循环"新发展格局的思考》，《当代经济管理》2021年第5期。

王水莲：《推动西部陆海新通道建设走深走实》，《开放导报》2020年第5期。

王曙光、郭凯：《要素配置市场化与双循环新发展格局——打破区域壁垒和行业壁垒的体制创新》，《西部论坛》2021年第1期。

王洧、唐鹏程：《畅通西部陆海新通道 支撑外贸发展新格局》，《中国交通报》2021年5月14日。

韦锦泽、提达·昂：《"一带一路"倡议下的国际陆海贸易新通道建设》，《中国—东盟研究》2019年第2期。

韦琦：《制造业与物流业联动关系演化与实证分析》，《中南财经政法大学学报》2011年第1期。

韦小蕾、王寅婷：《广西跨境电商物流发展趋势与策略——以西部陆海新通道为背景》，《江苏商论》2021年第2期。

魏后凯：《外商直接投资对中国区域经济增长的影响》，《经济研究》2002年第4期。

魏际刚：《中国物流业发展的现状、问题与趋势》，《中国经济报告》2019年第1期。

魏梦豪：《国际陆海贸易新通道建设研究》，硕士学位论文，广西民族大学，2020年。

魏修建、陈恒、尹筱雨：《中国物流业发展的非均衡性及其阶段特征——基于劳动力投入的视角》，《数量经济技术经济研究》2016年第11期。

吴俊：《以新基建助推西部陆海新通道建设提速升级》，《当代广西》2020年第21期。

谢名雪：《新形势下广西发展现代物流业现状及对策研究》，《市场论坛》2018年第1期。

许娇、陈坤铭、杨书菲、林昱君：《"一带一路"交通基础设施建设的国际经贸效应》，《亚太经济》2016年第3期。

杨海生、聂海峰、徐现祥：《我国FDI区位选择中的"第三方效应"——基于空间面板数据的实证研究》，《数量经济技术经济研究》2010年第4期。

杨骏：《陆海内外联动 东西双向互济 推进西部大开发形成新格局》，《重庆日报》2020年4月9日。

杨曦宇：《试论经济全球化进程中的国际垂直分工和水平分工》，《经济师》2001年第2期。

杨祥章、郑永年：《"一带一路"框架下的国际陆海贸易新通道建设初探》，《南洋问题研究》2019年第1期。

杨小凯、张永生：《新兴古典经济学与超边际分析》，人民出版社1999年版。

杨耀源：《"双循环"新发展格局下推进西部陆海贸易新通道高质量发展的关键路径》，《商业经济研究》2021年第7期。

杨志梁、张雷、程晓凌：《区域物流与区域经济增长的互动关系研究》，《北京交通大学学报》（社会科学版）2009年第1期。

姚树洁、欧璟华、房景：《"一带一路"框架下国际陆海贸易新通道与中蒙俄经济走廊建设——基于打造重庆内陆开放高地视角的研究》，《渭南师范学院学报》2018年第24期。

叶昌友、王遐见：《交通基础设施、交通运输业与区域经济增长——基于省域数据的空间面板模型研究》，《产业经济研究》2013年第2期。

易城：《加快发展广西现代物流业的研究》，《市场论坛》2020年第4期。

余川江、龚勤林、李宗忠等：《开放型通道经济发展模式视角下"西部陆海新通道"发展路径研究》，《重庆大学学报》（社会科学版）2022

年第 1 期。

余丽燕：《广西多式联运智慧物流体系建设面临的挑战与对策》，《中国物流与采购》2021 年第 9 期。

袁伟彦：《西部陆海新通道建设效应：内涵、方法与研究框架》，《广西师范大学学报》（哲学社会科学版）2019 年第 6 期。

岳阳：《西部陆海新通道交通运输系统发展策略研究》，《城市交通》2020 年第 3 期。

张会清、翟孝强：《中国参与全球价值链的特征与启示——基于生产分解模型的研究》，《数量经济技术经济研究》2018 年第 1 期。

张家寿：《打造西部陆海新通道 提升广西服务"一带一路"能力研究》，《桂海论丛》2019 年第 6 期。

张立国：《我国西部地区物流业升级水平测度与分析》，《技术经济与管理研究》2019 年第 10 期。

张亮亮、苏涛永、张健：《中国物流产业技术效率：时空分异、影响因素与演进逻辑——基于 PP – SFA 模型的实证分析》，《商业经济与管理》2019 年第 4 期。

张倩：《"西部陆海新通道"战略下的广西北部湾经济区：机遇、挑战与对策》，《产业与科技论坛》2020 年第 22 期。

张五常：《经济组织与交易成本》，《新帕尔格雷夫经济学大辞典》，经济科学出版社 1996 年版。

张晓林：《乡村振兴战略下的农村物流发展路径研究》，《当代经济管理》2019 年第 4 期。

张艳、吴中、席俊杰：《区域创新系统的内部机制研究》，《工业工程》2006 年第 3 期。

张治栋、吴迪、周姝豆：《生产要素流动、区域协调一体化与经济增长》，《工业技术经济》2018 年第 11 期。

赵光辉、谢柱军、任书玉：《西部陆海新通道枢纽经济效益分析》，《东南亚纵横》2020 年第 2 期。

赵明飞、昌亭、况野：《陆海新通道建设14省区市经济一体化资源配置效率实证研究——对重庆市交通运输业的效率对比分析》，《统计理论与实践》2021年第2期。

赵晓敏、佟洁：《基于VAR模型的中国物流业与经济发展互动关系研究》，《工业技术经济》2019年第3期。

郑联盛：《共享经济：本质、机制、模式与风险》，《国际经济评论》2017年第6期。

钟昌标：《外商直接投资地区间溢出效应研究》，《经济研究》2010年第1期。

周凌云：《区域物流多主体系统的演化与协同发展研究》，博士学位论文，北京交通大学，2012年。

周泰：《区域物流能力与区域经济协同发展研究》，博士学位论文，西南交通大学，2009年。

庄堇洁：《西部地区开发开放的新机遇——陆海贸易新通道》，《中国外资》2019年第1期。

卓乘风、邓峰：《创新要素流动与区域创新绩效——空间视角下政府调节作用的非线性检验》，《科学学与科学技术管理》2017年第7期。

An, C., C. Macharis, and G. K. Janssens, Corridor Network Design in Hinterland Transportation Systems, *Flexible Services & Manufacturing Journal*, 2012, 24（3）.

Constantinides, G. M., "Mutiperiod Consumption and Investment Behavior with Convex Transaction Costs", Management Science, No.25, 1979: 1127 – 1137.

Dttaviano, G., Tabuchi, T., Thisse, J. F., Agglomeration and Tracle Revisited, *Internation Economic Review*, 2002: 409 – 435.

Fraser, D., and T. Notteboom, A Strategic Appraisal of the Attractiveness of Seaport-based Transport Corridors: the Southern African Case, *Journal of Transport Geography*, 2014, 36: 53 – 68.

Fritsch, M., and Slavtchev, V., "Determinants of the Efficiency of Regional

Innovation Systems", *Regional Studies*, 2011, 45 (7): 905 -918.

Giuliani, Elisa, et al., "Upgrading in global value chains: Lessons from Latin American cluster", *World Development*, 2005, 33 (4): 1 -25.

Jiang, Y., G. Qiao, and J. Lu, Impacts of the New International Land-Sea Trade Corridor on the Freight Transport Structure in China, Central Asia, the ASEAN countries and the EU, *Research in Transportation Business and Management*, 2019: 100419.

Krugman, P., What's New About the New Economic Geography?, *Oxford Review of Economic Policy*, 1998, 14 (2): 7 -17.

North, Douglass C., "Institutions Transaction Costs and Economic Growth", Economic Inquiry, 1987, 25 (3): 419 -428.

Oliver E. Williamson, *The Economic Institution of Capitalism*, New York: Free Pree, 1985.

Regmi, M. B., and S. Hanaoka, "Assessment of intermodal transport corridors: Cases from North-East and Central Asia", *Research in Transportation Business and Management*, 2012, 5: 27 -37.

Tsekouras, K., Chatzistamoulou, N., Kounetas, K., and Broadstock, D., "Spillovers, Path Dependence and the Productive Performance of European Transportation Sectors in the Presence of Technology Heterogeneity", *Technological Forecasting and Social Change*, 2016, 102.

Ward, W. W., Stevens, T., "Pricing Linkages in the Supply Chain: the Case for Structural Adjustments in the Beef Industry"; *American Journal of Agricultural Economics*, 2000 (5): 1112 -1122.